Sigrid Grabner · Mahatma Gandhi

W0046206

Sigrid Grabner

Mahatma Gandhi

Politiker, Pilger und Prophet

Biographie

EVANGELISCHE VERLAGSANSTALT
LEIPZIG

Die Autorin

Sigrid Grabner wurde 1942 in Tetschen an der Elbe (Böhmen) geboren. Sie studierte in Berlin Indonesienkunde und Kulturwissenschaft, promovierte zum Dr. phil. und arbeitet seither mit Unterbrechungen als freie Schriftstellerin. 1983 erschien ihre Gandhi-Biographie im Verlag Neues Leben. Aufmerksamkeit fand außerdem ihr 1992 veröffentlichter Roman »Christine. Rebellin auf Schwedens Thron«. Sigrid Grabner lebt in Potsdam.

Deutsche Bibliothek – CIP-Einheitsaufnahme

Grabner, Sigrid:
Mahatma Gandhi : Politiker, Pilger und Prophet / Sigrid Grabner. –
Leipzig : Evang. Verl.-Anst., 2002
ISBN 3-374-01940-4

Das Buch wurde erstmals 1983 im Verlag Neues Leben, Berlin
veröffentlicht, 1992 erschien es im Verlag Ullstein GmbH,
Frankfurt/M. – Berlin.

ISBN 3-374-01940-4
© 2002 by Evangelische Verlagsanstalt GmbH, Leipzig
Alle Rechte vorbehalten.
Printed in Germany · H 6733
Umschlag: Kai-Michael Gustmann, Leipzig
Satz: DZA Satz und Bild GmbH, Altenburg
Druck und Binden: AALEXX Druck GmbH, Großburgwedel

INHALTSVERZEICHNIS

Für Jeanne und Olaf

VORWORT

Es ist ein Irrtum zu meinen, der Autor entscheide sich immer frei für ein Thema. Manchmal läuft der Stoff dem Autor hinterher und drängt sich ihm auf. So erging es mir mit der vorliegenden Gandhi-Biographie.

1974 hängte ich meine wissenschaftliche Karriere als Indonesienkundlerin an den sprichwörtlichen Nagel und begann, Sachbücher über Asien zu schreiben. Der damalige Leiter des Verlags Neues Leben, Hans Bentzien, riet mir zu einer Gandhi-Biographie. Ich lehnte ab: Über Gandhi gebe es Häuser voller Bücher, außerdem interessiere mich dieser »Fakir« nicht. Bentzien wandte ein, diese Häuser stünden im unzugänglichen Westen, aber in den sozialistischen Ländern existiere keine einzige Biographie über Gandhi. Ich blieb bei meiner Ablehnung.

1975 erzählte mir mein Mann, er habe einen Mann getroffen, der einen Mann kenne, der Gandhi gekannt habe. Ob ich mit diesem Herbert Fischer, bis kurz zuvor Botschafter der DDR in Indien, nicht einmal sprechen wolle. Ich wollte nicht. Nach dem Tode meines Mannes im April 1976 fand sich unter den Kondolenzbriefen einer von jenem »Mann, der einen Mann kennt, der Gandhi gekannt hat«. Wir hatten in der Folgezeit öfter dienstlich miteinander zu tun, und jedesmal erwähnte er seinen Freund Herbert Fischer, den ich unbedingt kennen lernen müsse. Da ich nichts dergleichen tat, meldete er mich bei Fischer an, und um nicht unhöflich zu sein, ging ich hin. Das war 1977. Herbert Fischer und seine jamaikanische Frau Lucille empfingen mich in ihrer bescheidenen Zweieinhalbzimmerwohnung herzlich wie einen lange erwarteten Gast. In meiner Verlegenheit – ich wusste ja kaum etwas von Gandhi und wollte auch nichts wissen – begann ich das Gespräch mit der Frage, ob Gandhi Humor besessen habe. Herbert Fischer antwortete lächelnd, er sei in seinem Leben keinem zweiten Menschen begegnet, der so lachen konnte wie Gandhi. Dann erzählte er, wie er 1936 als Zweiundzwanzigjähriger zu Gandhi gepilgert war. Seine Geschichte fesselte mich so, dass ich beschloss, über Herbert Fischer zu schreiben und Gandhi nur am Rande zu erwähnen. Damit aber war der Verlag nicht einverstanden: entweder ein Buch über Gandhi in der Biographienreihe oder gar keins.

Mit Fischers verband mich bald eine enge Freundschaft. Nie verließ ich ihre Wohnung ohne einen Packen Bücher über Gandhi – Schätze, die in der ganzen DDR in keiner Bibliothek zu finden waren. Die Persönlichkeit Gandhis begann mich zu fesseln und besiegte meinen Widerstand. 1978 machte ich mich ans Schreiben, obwohl der Verlag kein sonderliches Interesse mehr an diesem Buch zeigte, obwohl alle Türen verschlossen blieben, an die ich mit der Bitte klopfte, in Indien Studien vor Ort treiben zu dürfen. So bin ich nie in Indien gewesen, nur mein Buch ist später dorthin gekommen, ich sah es in einer TV-Berichterstattung über eine Buchmesse in Delhi. Aber in dem Indienkenner Herbert Fischer hatte ich einen kundigen Ratgeber und kritischen Erstleser.

Zwei Jahre lang, 1981 bis 1983, lag das Manuskript beim Verlag. 1983, auf dem Höhepunkt der Friedensbewegung gegen die Raketenstationierung, schien es dann doch opportun, eine Biographie über den »Pazifisten« Gandhi zu publizieren. Ich widmete sie meinen Kindern zur Ermutigung, hatten sie doch gerade um diese Zeit in der Schule und anderswo viel Ärger wegen des von ihnen getragenen Abzeichens »Schwerter zu Pflugscharen«. Das Buch war sofort vergriffen. Die Presse nahm kaum

Notiz davon. Ich hatte den falschen Helden gewählt. Die Leser empfanden das anders. Ich erhielt bewegende Briefe und immer wieder Einladungen zu Lesungen.

Zwischen 1983 und 1989 sprach ich in ungezählten Kirchengemeinden, in Betrieben, Klubs, Schulen, Hauskreisen über Gandhis Leben und seine Botschaft der Gewaltlosigkeit. Immer mündeten die Gespräche in die Fragen: Was können wir tun, um gewaltlos die uns bedrückenden Verhältnisse zu ändern? Braucht es dazu einen Gandhi? Reicht unser, mein Mut zur Gewaltlosigkeit?

Dabei war schon jede dieser Veranstaltungen für alle Beteiligten eine Mutprobe. Oft zitterten mir hinterher die Knie, oder ich hatte ein ungutes Gefühl im Rücken. Denn dass die Stasi mitten unter uns war, wissen wir nicht erst seit der Öffnung der Stasi-Akten. Immer wieder ermutigte ich mich und die anderen mit Gandhis Wort »Nur auf gebeugten Rücken sitzen die Tyrannen sicher«. Sich nicht um die »Firma« kümmern, tun, was einem das Gewissen sagt, die Angst überwinden! Gesellschaftliche Veränderungen können nicht von oben dekretiert werden, sie beginnen in den Herzen, Gedanken und Handlungen jedes einzelnen Menschen. Nur der Freie schafft Freiheit.

Noch in der Information der Potsdamer Bezirksverwaltung für Staatssicherheit an den SED-Bezirkschef vom 26. Oktober 1989 hielt man es für wichtig zu informieren: »Pfarrer Kwaschik hat Vorbereitungen unternommen, um die Schriftstellerin Sigrid Grabner für eine Lesung zu gewinnen. Im Mittelpunkt soll dabei ihre Arbeit über Mahatma Gandhi und dessen Wirken für den gewaltlosen Widerstand stehen.« Da waren schon neunzehn Tage vergangen, seit etwa zweitausend Potsdamer und Hunderttausende in der ganzen DDR gewaltlos gegen den gewalttätigen Staat demonstriert hatten. Die Wende vollzog sich ohne Gewalt. Für einen glücklichen Augenblick der Geschichte waren wir in Deutschland wirklich Brüder und Schwestern.

Heute eskaliert die Gewalt wieder – auf den Straßen, in den Büros, Labors, Wohnungen –, und gebeugte Rücken gibt es mehr als genug. So bleibt Gandhis Botschaft vom gewaltlosen Widerstand gegen eine zunehmend entmenschlichte Zivilisation aktuell.

Potsdam, Januar 2002   Sigrid Grabner

KINDHEIT UND JUGEND

»Eines schlug tiefe Wurzeln in mir: die Überzeugung, dass Moral die Grundlage aller Dinge und dass Wahrheit die Substanz aller Moralität ist.«*

Die weiße Stadt am Meer

Im altindischen Epos Mahabharata wird erzählt, dass der Baumeister Visvakarma auf Geheiß des göttlichen Krishna in einer einzigen Nacht die Stadt Dvarika auf der Halbinsel Kathiawar im Nordwesten Indiens errichtete. Die Stadt am Meer wuchs und gedieh dank dem Fleiß der Bewohner und der Weisheit ihrer Herrscher. Doch es kam eine Zeit, da Reichtum und Macht die Herrscher verdarben. Der Luxus machte ihren Geist träge und ihre Begierden unersättlich. Sie zerstörten einander und das Land in trunkenem Streit. Etwa hundert Kilometer südlich des sagenumwobenen Dvarika liegt die Stadt Porbandar. In ihr lebten 1872 fünfzehntausend Einwohner – Hindus, Moslems, Parsen und Christen. Innerhalb der dicken hohen Stadtmauern drängten sich die meisten einstöckigen Kalksteinhäuser um die Paläste und Gärten des herrschenden Prinzen. Von den grünen Hügeln im Osten wanderte die Sonne über die Stadt hinweg und ließ die Häuser wie weißen Marmor erstrahlen, ehe sie im Meer versank. In den Straßen wuchsen weder Bäume noch Büsche. Nur in den Häusern und Tempeln leuchteten in Töpfen die sattgrünen Blätter und lilafarbenen oder rotweißen Blüten des Glück verheißen-

---

* Die Zitate an den Kapitelanfängen stammen von Gandhi.

den Basilienkrautes. Die Hindus trugen Armbänder und Ketten aus seinem Samen und verrichteten ihre Gebete vor den würzig duftenden Pflanzen.

Seit Hunderten von Jahren bewegte sich das Leben in Porbandar in den vorgeschriebenen Bahnen uralter Traditionen. Selbst das Meer vor der Stadt, das Ideen und Waren aus aller Welt an die Küste trug, konnte nicht das in früher Vorzeit entstandene System gesellschaftlicher Verflechtung und gleichzeitiger Isolation unterspülen: das Kastenwesen.

Vor mehr als dreitausend Jahren aus Stammes- und Sippenüberlieferungen hervorgegangen, durch die fortschreitende Arbeitsteilung ständig ausgebaut, widerstand das Kastensystem allen Angriffen von innen und außen. Seine Hauptpfeiler – das Karma (der Glaube an die Wiedergeburt in höherer oder niederer Form) in Abhängigkeit von der Befolgung des Dharma (der Gesamtheit aller religiösen und ethischen Pflichten einer jeden Gruppe) – wiesen jedem Menschen von Geburt an einen festen Platz in der Gesellschaft zu. Die Kastenzugehörigkeit regelte das Leben des Einzelnen bis ins Detail: die Geburts-, Heirats- und Totenzeremonien, wie man sich zu kleiden, was man zu essen hatte und was nicht, mit wem man Umgang pflegen durfte und auf welche Weise.

Jeder wusste von früher Kindheit an, dass er sein Dharma befolgen musste, wenn er den sozialen Schutz seiner Kaste nicht verlieren und im nächsten Leben nicht als Angehöriger einer niederen Kaste oder gar als Tier wiedergeboren werden wollte. Auflehnung gegen das Dharma gefährdete die eigene Existenz, seine bedingungslose Befolgung erhöhte die Aussicht auf eine vorteilhaftere Wiedergeburt. An diesem im Laufe der Jahrtausende erstarrten System änderten auch die vielen Einwanderer nichts. Ob sie als Flüchtlinge oder als Eroberer kamen, immer passten sie sich dem vorgefundenen Gesellschaftssystem an oder bedienten sich seiner, um zu herrschen: die aus Persien geflohenen Anhänger der Religion des Zarathustra – die Parsen, die islamischen Moguln, die christlichen Missionare und schließlich die Briten.

Die vier ursprünglichen Hauptkasten – Brahmanen (Priester), Kshatriya (Krieger), Vaishya (Händler und Bauern) und Shudra* – spalteten sich in eine Vielzahl von Unterkasten. Sie bildeten eine streng hierarchische Ordnung. Angehörige höherer Kasten durften nicht mit denen niederer Kasten verkehren. Die Arbeit war das einzige Bindeglied zwischen allen Kasten. Die Dienstleistung, die hergestellte Ware galten als »rein«.

Die Moslems und die Parsen von Porbandar betrieben vor allem Handel. Das Meer öffnete ihnen den Weg in die Welt. Sie kannten sich in den Häfen von Aden und Sansibar besser aus als auf dem indischen Festland, wohin man nur mühselig zu Fuß oder mit dem Ochsenkarren gelangte.

Den Hindus verbot ihr Glaube, die »schwarzen Wasser« zu überqueren. Taten sie es dennoch, verhängten die Kastenältesten schwere Strafen über sie – bis zum Ausschluss aus der Kaste, was einem Todesurteil gleichkam, denn nun durften die Betroffenen nicht einmal mehr den gemeinsamen Brunnen benutzen. So gingen die Hindus zu Hause ihrem Handwerk nach. Sie webten die begehrten Seiden- und Baumwollstoffe, welche die geschäftstüchtigen Moslems und Parsen in arabischen und afrikanischen Häfen mit gutem Gewinn verkauften.

---

* Die Angehörigen dieser Kaste mussten die niedrigsten Arbeiten verrichten und bildeten offenbar den Grundstock für die »Unberührbaren«.

Die Familie Gandhi gehörte zur dritten der vier Hauptkasten, den Vaishyas, und zur Unterkaste der Modh Bania, der Kaufleute. Der Name Gandhi bedeutet Kaufmann oder Krämer. Aber seit langer Zeit übte die Familie diesen Beruf nicht mehr aus. Irgendwann einmal hatte sich ein Gandhi dem Herrscherhaus von Porbandar unentbehrlich gemacht. Er vererbte seine Stellung bei Hofe seinem Sohn und dieser wieder dem seinen. 1777 konnte es sich ein Harijivan Gandhi als die rechte Hand des regierenden Ministers von Porbandar leisten, ein stattliches zweistöckiges Haus für seine Familie zu bauen. Harijivans Sohn Uttamchand brachte es durch Intelligenz und Geschick zum Premierminister des Zwergstaates Porbandar. Doch er behielt dieses Amt nicht lange. In einem Streit stellte Uttamchand die Gerechtigkeit höher als die Interessen der anstelle ihres minderjährigen Sohnes regierenden Herrscherin. Die erboste Rani ließ das Haus der Gandhis von Palastwachen umstellen und beschießen. Uttamchand entzog sich der Rache der Regentin durch die Flucht in den Nachbarstaat Junagadh. Als er dem dortigen Herrscher seine Reverenz erwies, grüßte er mit der bei den Hindus als unrein geltenden linken Hand. »Meine rechte Hand«, sagte er, »ist Porbandar verpflichtet.« Der Prinz bestrafte Uttamchand für seine kühne Geste, indem er ihn zehn Minuten barfuß und barhäuptig in der brennenden Sonne stehen ließ. Doch die Loyalität des ehemaligen Premierministers gegenüber dem Fürstenhaus von Porbandar, das ihm so viel Unrecht angetan hatte, beeindruckte den Prinzen von Junagadh. Nur ungern ließ er den tüchtigen Mann wieder ziehen, als zehn Jahre später die Regentin von Porbandar starb und ihr Nachfolger Uttamchand zurückrief. Der folgte dem Ruf des Herrschers, doch das ihm erneut angetragene Amt des Dewan schlug er aus. Sein jüngster

Sohn Karamchand übernahm das silberne Schreibbesteck und den Sandstreuer als Insignien des Dewan von Porbandar.

Karamchand Gandhi versah sein Amt mit Würde, Gerechtigkeitssinn und großem Fleiß. Wie sein Vater galt er als unbestechlich und mutig. Doch ein Kummer überschattete das Leben dieses angesehenen Mannes. Ihm blieb der Sohn versagt, der einmal seine Nachfolge antreten sollte. Dreimal heiratete er, aber die Frauen starben jung oder gebaren ihm nur Mädchen. Nach eingehenden Beratungen mit Priestern und der Familie entschloss sich Karamchand, es ein viertes Mal zu versuchen. Er nahm die um vierundzwanzig Jahre jüngere Putaliba zur Frau. Der Himmel erhörte Karamchands und Putalibas heiße Gebete. Nach dem Mädchen Raliat wurden ihnen die Söhne Lakshmidas und Karsandas geboren.

Am 2. Oktober 1869 kam Mohandas zur Welt. Als der stolze Vater den Neugeborenen im Arm hielt, wusste er, dass Mohandas der Jüngste bleiben würde. Für die zarte Putaliba konnte eine fünfte Schwangerschaft den Tod bedeuten. Karamchand Gandhi war mit seinen siebenundvierzig Jahren fast ein alter Mann. Er behandelte alle seine Kinder gleich, aber den letztgeborenen Sohn Mohandas liebte er am zärtlichsten.

Im Haus seiner Väter bewohnte er mit Putaliba und den vier Kindern das Erdgeschoss: einen vierundzwanzig Quadratmeter großen Raum, in dem es selbst mittags so dunkel war, dass man die Kerosinlampe brennen lassen musste. Zur Wohnung gehörten eine Küche, die nicht mehr als zwei Personen Platz bot, und eine kleine dunkle Kammer, in der Mohandas geboren wurde. In den darüberliegenden zwei Stockwerken wohnten Karamchands fünf Brüder mit ihren Familien. Der Innenhof und die beiden Tempel rechts und links vom Haus boten der großen Kinderschar genügend Raum zum Spielen. Zum Mittagessen fanden sich selten weniger als zwanzig Personen ein. Warum sollte jede Familie für sich kochen, wo es doch billiger und zweckmäßiger war, die Einkommen zusammenzulegen und gemeinsam zu wirtschaften? In der Großfamilie lernten die Kinder frühzeitig, sich in die Gemeinschaft einzufügen. Takt, Rücksicht und Geduld waren nötig, um Reibungen zu vermeiden.

Der Haushalt beanspruchte den größten Teil von Putalibas Zeit. Nicht selten ließ die Gemahlin des Herrschers von Porbandar Putaliba zu sich rufen, um ihren Rat in verschiedenen Angelegenheiten einzuholen. Man schätzte bei Hof den Charakter und die Intelligenz der jungen Frau.

Karamchand oblag neben seinen Pflichten als regierender Minister die Sorge um das Wohlergehen eines jeden Mitglieds der großen Familie. Hochzeiten mussten ausgerichtet, Arbeit vermittelt, Streit geschlichtet werden. Er hielt es auch nicht für unter seiner Würde, Putaliba bei der Hausarbeit zu helfen. Er putzte das Gemüse fürs Essen, während er sich mit Besuchern über Staatsangelegenheiten unterhielt. Der kleine Mohandas wuchs inmitten seiner Geschwister und Vettern auf. Da er der Jüngste war, mussten sich die Älteren um ihn kümmern. Als er sich beim Vollmondfest einmal den Magen verdarb, weil er die aus den Haaren der Mädchen herausgefallenen Blumen gegessen hatte, wurde für ihn das Kindermädchen Rambha angestellt. Mohandas nutzte jede Gelegenheit, sich ihrer Aufsicht zu entziehen, um an den verlockenden Spielen der Älteren teilzunehmen. Am liebsten ahmten sie Hindufeste nach. Sie schmückten sich und vollzogen die Zeremonien, die sie bei Erwachsenen gesehen hatten. Doch die aus Lehm nachgebildeten Götterstatuen befriedigten ihre Einbildungskraft nicht. Eines Tages schlug einer der Knaben vor, aus dem nahen Tempel echte Bronzestatuen zu holen. Als die Sonne hoch am Himmel stand und der Brahmane seine Mittagsruhe hielt, schlichen die Jungen in den Tempel. Auf dem Rückweg stolperte einer der Knaben und stieß mit seiner erbeuteten Figur an eine andere. Der helle Klang des Metalls weckte den Priester. Unverzüglich verfolgte er die Missetäter. Sie entwischten ihm auf flinken Beinen, aber er konnte noch sehen, wie sie im Haus der Gandhis verschwanden. Der Onkel befragte die Jungen. Alle leugneten standhaft, an der Sache beteiligt gewesen zu sein, bis die Reihe an Mohandas kam. Seine Lippen begannen zu zittern, stammelnd berichtete er, was sich abgespielt hatte. Er begriff nicht, warum ihn die anderen verächtlich anschauten und in den nächsten Tagen mieden. Lehrten Vater und Mutter nicht, dass man immer die Wahrheit sagen sollte?

So vieles verstand der Fünfjährige nicht. Warum fastete die Mutter? Putaliba gehörte einer besonders strengen Hindusekte an, deren Gebote sie durch Gebete und häufiges Fasten peinlich genau befolgte. Mohandas aß gern und viel und begriff nicht, wie man auf all die schmackhaften Speisen freiwillig verzichten konnte. Manchmal legte Putaliba das Gelübde ab, so lange zu fasten, bis die Sonne wieder schien. Dann stand Mohandas vor der Tür und hielt ungeduldig Ausschau nach der Sonne. Wenn sie endlich durch die dichten Monsunwolken brach, lief er eilends in die Küche und rief die Mutter. Sie folgte ihm ins Freie, doch da war die Sonne oft schon wieder verschwunden. »Macht nichts«, sagte Putaliba dann lächelnd und strich Mohandas tröstend über den Kopf, »Gott wollte nicht, dass ich heute etwas esse.« Mohandas hatte Angst, die Mutter könnte verhungern.

Auch die Nächte erfüllten ihn mit Furcht. Die Mutter musste eine kleine Lampe in den Schlafraum stellen. Aber der flackernde Schein beruhigte ihn nicht. Lauerten in den Ecken nicht böse Geister oder Diebe, schlich in den zitternden Schatten nicht eine giftige Schlange an sein Lager? Das Kindermädchen Rambha kannte seine Ängste. Sie drückte ihn an sich und flüsterte: »Wenn du dich fürchtest, dann rufe laut ›Rama‹ (Inkarnation des Gottes Vishnu, d. Verf.), immer wieder. Das hilft.« Mohandas sprach ihr nach. Darüber vergaß er seine Schreckensphantasien und schlief ein.

Doch es lag mehr Licht als Schatten auf den frühen Kindheitstagen des Mohandas Gandhi. Schön war es, morgens zum Waschen an den Brunnen zu laufen und übermütig mit Wasser zu planschen. Schön waren die Stunden im Garten und die Spiele mit den anderen Kindern, schön die religiösen Gesänge der Erwachsenen im Tempel. An Abenden, wenn der Mondschein silbern auf den Dächern der weißen Stadt lag, durften die Kinder noch eine Stunde nach dem Essen im Freien spielen. An Streichen beteiligten sie den kleinen Mohandas nicht mehr. Es hatte sich herumgesprochen, dass er vor den Erwachsenen nichts verheimlichen konnte. Aber wenn ein Streit ausbrach, wenn ein Schiedsrichter gebraucht wurde, dann erwies sich die Wahrheitsliebe des jüngsten Gandhi als hilfreich.

1876 wurde der Vater zum Dewan des Prinzen von Rajkot ernannt und siedelte mit seiner Familie in die fast zweihundert Kilometer nordöstlich von Porbandar gelegene Stadt um. Die Reise auf einem Ochsenkarren dauerte fünf Tage.

Die Briten hatten Rajkot zum Sitz ihrer Politischen Agentur bestimmt. Von hier aus überwachten sie aufmerksam das Geschehen in den mehr als zweihundert

Zwergstaaten auf der Halbinsel Kathiawar. Diese Staaten waren oft nicht größer als eine Stadt oder ein Dorf. Die Macht ihrer Herrscher hing von deren Wohlverhalten gegenüber der Kolonialregierung von Britisch-Indien ab. Die Briten hatten Rajkot wie vielen anderen Städten in Indien ihren Stempel aufgedrückt. In überfüllten schmutzigen Mietshäusern wohnten die Inder, während die Kolonialbeamten in komfortablen Bungalows inmitten weiträumiger Gärten residierten.

Die Gandhi-Kinder sehnten sich nach dem frischen Atem der weißen Stadt am Meer, nach den vertrauten Spielgefährten und dem Guavenbaum mit den weißen Blüten und leuchtendgelben Früchten im Innenhof des alten Hauses. Für Mohandas begann der Ernst des Lebens. Er besuchte die Alfred-High School, die ihre Schüler auf das Universitätsstudium vorbereitete. Obwohl er seinen schulischen Pflichten mit Ernst und Eifer nachkam, erzielte er nur mäßige Noten. Der Unterricht wurde in Englisch erteilt. Die fremde Sprache, die weder Vater noch Mutter beherrschten, fiel ihm schwer. Auch für Sanskrit, die Sprache der heiligen indischen Bücher, konnte er sich nicht begeistern. Mit der Multiplikation stand er auf Kriegsfuß, und vor dem Turnunterricht versuchte er sich zu drücken.

Vierzig Jahre zuvor hatten die Briten in Indien das westliche Bildungssystem eingeführt. Welche Ziele sie damit verfolgten, formulierte der damalige Gouverneur von Agra, Lord Macauly, so: »Wir müssen im Augenblick alles tun, um eine Klasse zu formieren, die zwischen uns und den Millionen von Menschen vermittelt, über die wir herrschen; eine Klasse von Personen, Inder in Blut und Farbe, aber Engländer im Geschmack, in den Meinungen, in den Moralvorstellungen und im Intellekt.« Britische Bildung prägte seither in wachsendem Maße das geistige Antlitz der privilegierten Schicht Indiens.

Mohandas empfand die von außen kommenden Zwänge besonders schmerzhaft. Er klammerte sich an die Nabelschnur, die ihn mit seinem traditionell ausgerichteten Elternhaus verband, und wehrte sich unbewusst gegen die Schule mit ihren ganz anderen Wertmaßstäben. Obwohl mit einem lebhaften Verstand und einem guten Gedächtnis begabt, versagte er häufig gegenüber den schulischen Anforderungen, weil er sich trotz guten Willens nur schwer anpassen konnte. Sein Englischlehrer meinte gar, der Junge sei dumm. Während des Besuches eines englischen Schulinspektors sollten die Jungen fünf englische Wörter schreiben. Mohandas war der einzige, der das Wort »kettle« falsch schrieb. Der Lehrer gab dem Jungen durch Zeichen zu verstehen, er möge das Wort richtig von seinem Nachbarn abschreiben. Mohandas dachte gar nicht daran und verdarb dem Lehrer seinen Triumph. Er blieb dabei, richtig gehandelt zu haben. Wenn Abschreiben Betrug war, wie der Lehrer so oft gesagt hatte, dann musste dieser Satz immer gelten. Mohandas wurde scheu, unsicher, fürchtete, sich lächerlich zu machen. Die Eltern verstanden seine Sorgen nicht. Sie lebten in einer anderen Welt. Zu ihrer Zeit machte man noch nicht so viel Aufhebens von der Schule. Karamchand Gandhi hatte drei oder vier Jahre eine Schule besucht und las und schrieb nur in der Landessprache Gujarati. Putaliba konnte weder lesen noch schreiben. Dennoch rühmte ein jeder Karamchands geistige und charakterliche Vorzüge und Putalibas Klugheit und Gerechtigkeitssinn. Was sagten Zensuren schon über einen jungen Menschen aus! Auf den Charakter kam es an. Der britische Schulinspektor war anderer Meinung. Ein guter Untertan brauchte keinen Charakter, nur ein gewisses Maß an Bildung. Menschen mit eigenen Ideen und dem Willen, sie in die Tat umzusetzen, erschwerten erfahrungsgemäß das Regieren.

Nicht nur in der Schule, auch zu Hause geriet Mohandas in Schwierigkeiten. Eines Tages unterhielt er sich mit Uka, einem Straßenkehrer, der Hof und Toilette reinigte. Solch eine Arbeit verrichten nur Kastenlose. Jeder Kastenhindu vermeidet es, Fäkalien oder Schmutz zu berühren. Auch der Umgang mit jenen, die das tun, macht unrein. Putaliba rief Mohandas zu sich, wies ihn an, sofort eine reinigende Waschung vorzunehmen und im Tempel zu beten, um auch seine Seele zu reinigen, die durch das Gespräch mit Uka beschmutzt worden sei. Der Junge schaute die Mutter erstaunt an. So erregt, ja böse hatte er sie noch nie erlebt. Er verstand ihren Zorn nicht.

»Wieso ist das, was ich getan habe, eine Sünde, wenn im ›Ramayana‹ einer, der heute als Unberührbarer gilt, den Gott Rama in seinem Boot über den Ganges fuhr?« fragte er. Die Mutter ging nicht auf den Vergleich mit dem altindischen Epos ein, sie verbot ihm jeglichen Umgang mit Kastenlosen. Mohandas war traurig, dass sie ihm seine Frage nicht beantwortet hatte. Er verstand nicht, wie man Rama durch Gebete und Fasten ehren und ihn gleichzeitig der Sünde des Umgangs mit einem Kastenlosen zeihen konnte. Oder gab es auch hier verschiedene Maßstäbe? Mohandas wollte schnell erwachsen werden, um die Welt der Erwachsenen zu begreifen. Er kam auf die Idee, das Rauchen mache aus einem Knaben einen Mann. Gemeinsam mit einem Vetter sammelte er weggeworfene Zigarettenkippen und rauchte. Aber die kurzen Züge reichten nicht aus, elegante Rauchkringel in die Luft zu blasen, wie sie es bei den Erwachsenen gesehen hatten. Für ein paar gestohlene Kupfermünzen kauften sie sich billige Zigaretten. Doch wo sie verstecken? Es würde großen Ärger geben, wenn der Vater oder die Mutter sie fanden. Im Haushalt des Gandhis war es verpönt, zu rauchen, Alkohol zu trinken oder Fleisch zu essen. Also drehten die Knaben Zigaretten aus getrockneten Kräutern. Aber die brannten nicht. Verzweifelt, weil es ihnen nicht gelang, erwachsen zu werden, wollten die Jungen lieber sterben als Kinder bleiben. Sie sammelten im Wald den Samen einer Pflanze, von dem sie wussten, dass sein Genuss giftig ist. Eines Abends schlichen sie in einen Tempel, um an heiliger Stätte von der Welt Abschied zu nehmen. Doch dann verließ sie der Mut. Sie gelobten einander, mit dem Rauchen zu warten, bis ihnen niemand mehr Vorschriften machen konnte.

Ehe auf indisch

Für Mohandas rückte die Zeit des Erwachsenseins schneller heran, als er geahnt hatte. 1882 beschloss Karamchand Gandhi, den knapp dreizehnjährigen Mohandas und seinen älteren Bruder Karsandas zu verheiraten. Karamchand Gandhi war nun sechzig Jahre alt. Es dünkte ihm höchste Zeit, seine irdischen Angelegenheiten zu ordnen, wozu er auch die Verheiratung seiner beiden jüngsten Söhne zählte. Für Mohandas hatte er die gleichaltrige Kasturba zur Frau bestimmt. Sie war die Tochter von Gokuldas Makanji, einem Kaufmann aus Porbandar und guten Freund der Familie. Der Junge fügte sich in den Willen des Vaters nur allzugern, weil er so für einige Monate die Schule in Rajkot verlassen und nach Porbandar zurückkehren konnte.

Im Hause der Gandhis in Porbandar bereitete man eine dreifache Hochzeit vor – die der Gandhi-Brüder und einer ihrer Vettern. Die Gandhis waren keine reichen

Leute und konnten es sich nicht leisten, jedem der Knaben eine kostspielige Hochzeitsfeier auszurichten.

Karamchand Gandhi hielten seine Amtspflichten bis zum letzten Augenblick in Rajkot fest. Die Tradition verlangte, dass der Vater auf der Hochzeit seiner Söhne anwesend war. Die Reise von Rajkot nach Porbandar dauerte gewöhnlich fünf Tage, Karamchand Gandhi aber trieb zur Eile, er musste die Strecke in drei Tagen zurücklegen. Kurz vor dem Ziel verunglückte der überstrapazierte Wagen. Rechtzeitig, aber mit schweren Verletzungen erreichte Karamchand das Hochzeitshaus. Von diesem Unfall sollte er sich nie wieder erholen.

Am Hochzeitstag bestieg Mohandas zur festgesetzten Stunde ein mit Federbüscheln und vergoldetem Zaumzeug geschmücktes Pferd und ritt in feierlicher Prozession inmitten der Verwandten zum Haus seiner Braut. Dort erwartete ihn, auf einem Podest sitzend, die kleine Kasturba. Sie war ein hübsches Mädchen mit einem ovalen Gesicht, großen dunklen Augen, vollen Lippen und einem Kinn, das Willensstärke verriet. Mohandas setzte sich steif neben sie. Als die Kinder die vorgeschriebenen Gebete verrichtet hatten, erhoben sie sich, umrundeten mit sieben Schritten das heilige Feuer und sprachen dabei das Heiratsgelübde der Hindus:

»Tu den ersten Schritt«, begann Mohandas, »damit wir Willensstärke haben.« – »Jedem deiner Schritte werde ich folgen.« – »Tu den zweiten Schritt, damit Lebenskraft in uns einströmt.« – »Jedem deiner Schritte werde ich folgen.« – »Tu den dritten Schritt, damit wir in wachsendem Wohlstand leben.« – »Deine Freuden und Sorgen werde ich teilen.« – »Tu den vierten Schritt, damit wir immer voller Freude sind.« – »Mein Leben soll dir geweiht sein. Ich werde Worte der Liebe zu dir sprechen und für dein Glück beten.« – »Tu den fünften Schritt, damit wir dem Volk dienen.« – »Ich werde dir immer folgen und dir helfen, dein Gelübde, dem Volk zu dienen, zu halten.« – »Tu den sechsten Schritt, damit wir unseren religiösen Gelübden im Leben folgen.« – »Ich werde dir folgen, unsere religiösen Gelübde und Pflichten zu erfüllen.« – »Tu den siebten Schritt, damit wir immer als Freunde leben.« – »Es ist die Frucht meiner guten Taten, dich als Ehemann bekommen zu haben. Du bist mein bester Freund, mein religiöser Lehrer und mein unumschränkter Gebieter.«

Als sie so gesprochen hatten, schob Mohandas Kasturba ein Stück süßes Weizengebäck in den Mund und empfing ein ebensolches aus Kasturbas Händen. Nun waren beide nach dem Hinduritus Mann und Frau. Ungleich noch jüngeren Paaren, wo die Braut im Haus ihrer Eltern blieb, wurden Mohandas und Kasturba als reif genug angesehen, die Hochzeit auch körperlich zu vollziehen. Kasturba folgte Mohandas in das Haus der Gandhis, wo sie von nun an lebte. Vor der Hochzeitsnacht nahm die Frau des ältesten Bruders Lakshmidas Mohandas beiseite und klärte ihn in wenigen Worten über seine ehelichen Rechte und Pflichten auf.

So begann nach altem indischem Brauch eine der Ehen, die in vielen Fällen zu einem vorzeitigen körperlichen Verfall der jungen Inder führten. Zwei Kinder wurden in den Ozean des Lebens geworfen, ohne vorher die Fähigkeit erworben zu haben, sich in ihm zu behaupten. Sie kannten einander nicht. Niemand fragte danach, ob sie überhaupt zusammenpassten. Seit alters her suchten die Eltern für ihre Söhne die Bräute aus. Das Mädchen musste aus derselben Kaste stammen, eine gute Mitgift einbringen und gesund sein. Es war dazu erzogen, im Mann und in der Familie den Sinn seines Lebens zu sehen. Nach der Hochzeit folgte das Mädchen dem Ehemann in dessen elterliches Haus. Es stand auf der untersten Stufe der Familienhierarchie, und wenn es keinen Sohn gebar, wurde es oft schlechter behandelt als eine Dienstmagd. Eine Scheidung war unmöglich. Schutzlos lieferte das Gewohnheitsrecht die Braut dem Wohlwollen oder der Ungunst des Schwiegervaters aus. Er und nach seinem Tode ihr Mann bestimmten ihr Leben. Wenn der Mann starb, musste sie als Dienstmagd im Hause seiner Verwandten bleiben. Nach dem Hinduglauben hatte die Frau den frühen Tod ihres Mannes durch ihre Sünden in einem früheren Leben verursacht. Kehrte sie dennoch zu ihren eigenen Verwandten zurück, hörte sie dort dieselben Vorwürfe. Für eine kinderlose Frau oder eine Witwe konnte die Ehe zur Hölle werden.

Die familiären Beziehungen im Hause der Gandhis waren auf gegenseitige Rücksichtnahme, Achtung und Verehrung gegründet. Kasturba brauchte keinen tyrannischen Schwiegervater zu fürchten. Die Problematik der Ehe zwischen Mohandas und Kasturba wurde vor allem durch das kindliche Alter der Eheleute bestimmt. Ihre geistige und charakterliche Entwicklung lag noch weit hinter ihrer körperlichen Reife zurück. Mohandas war sehr verliebt in Kasturba und nahm seine neue Rolle als Ehemann ernst. Eifersüchtig verfolgte er jeden ihrer Schritte, machte ihr heftige Szenen, wenn sie ohne seine Erlaubnis das Haus verließ oder gar mit anderen Kindern spielte. Sie hatte nur ihm zu gehorchen. Kasturba, ein eigenwilliges Mädchen, dachte gar nicht daran. Je mehr er ihr seinen Willen aufzwingen wollte, desto zäher widersetzte sie sich. Sie schaute ihn aus ihren großen schönen Augen an, drehte sich um und ließ ihn einfach stehen. Dann sprachen sie tagelang kein Wort miteinander. Während der Schulstunden konnte Mohandas kaum an etwas anderes denken als an die Nächte mit Kasturba. Er hatte durch die Hochzeit ein Schuljahr verloren und lief nun Gefahr, ein weiteres Schuljahr zu verpassen. Zum Glück für das junge Paar holten Kasturbas Eltern das Mädchen oft für Wochen und Monate zu sich nach Hause, so dass dem ungebärdigen jungen Ehemann nichts anderes übrig blieb, als seufzend zu seinen Büchern zurückzukehren. Er widmete sich ihnen so intensiv, dass es ihm gelang, in kurzer Zeit das Versäumte aufzuholen.

Gandhis bester Freund in Rajkot war der gleichaltrige Moslem Sheikh Mehtab. Der starke athletische Junge zog Mohandas an wie ein Magnet. Mehtab lachte über seine Ängste vor Dieben, Geistern und Schlangen. Er fürchtete sich vor nichts und niemandem. Die Eltern, der Bruder und Kasturba warnten Mohandas vor der Freundschaft mit Mehtab, der als Taugenichts galt. Mohandas aber ließ sich nicht beirren. Obwohl er hohe moralische Anforderungen an sich selbst stellte und eigene Fehler ihn in Tränen ausbrechen ließen, faszinierte ihn an Mehtab gerade die Unbekümmertheit, mit der sich dieser über die gängigen Moralvorstellungen hinwegsetzte. Mehtab überredete Mohandas dazu, Fleisch zu essen. Diese Sitte fand unter den Jugendlichen von Rajkot immer mehr Anhänger. Sie argumentierten, dass die Engländer Indien nur beherrschen könnten, weil sie Fleisch aßen. Das mache sie stärker und klüger als die Inder, die nur vegetarisch lebten. Anders konnten sich die Jungen die Macht der weißen Sahibs nicht erklären. Auch den vierzehnjährigen Mohandas beeindruckte dieses Argument. In ihm wuchs die Überzeugung, dass Fleischessen gut war, dass es ihn stark und mutig machen würde und dass, wenn alle Inder zu Fleisch übergingen, die Engländer bezwungen werden könnten. So traf er sich denn klopfenden Herzens mit Mehtab am einsamen

Flussufer des Aji, um sich dem verbotenen Fleischgenuss hinzugeben. Das schlecht zubereitete Ziegenfleisch schmeckte wie Leder. Nur mühsam überwand Mohandas den aufsteigenden Ekel. Doch gegen sein schlechtes Gewissen und die Alpträume vermochte er nichts auszurichten. Nachts schreckte er aus dem Schlaf, weil er meinte, die Ziege in sich meckern zu hören.

Mohandas war von seinen Eltern als Vegetarier erzogen worden. Sie verehrten den Hindugott Vishnu, gehörten also zu der religiösen Gruppe der Vaishnavas. Wie die Religionsgemeinschaft der Jains lebten die Vaishnavas streng vegetarisch. Der Jainismus, im sechsten Jahrhundert vor der Zeitrechnung als eine Reformbewegung gegen den orthodoxen Hinduismus entstanden, ohne sich je von ihm zu lösen, spielte in der Gandhi-Familie eine große Rolle. Jainpriester gingen in ihrem Haus aus und ein. Die Jains glauben, dass alle Lebewesen, selbst die kleinsten und unsichtbaren, eine Seele haben. Ihre Priester binden sich deshalb ein weißes Tuch vor Mund und Nase, um auch nicht das kleinste Lebewesen einzuatmen. Sie vermeiden nächtliche Gänge, auf denen sie unbeabsichtigt Käfer und anderes Kleingetier zertreten könnten. Jegliche Tötung oder Gewalt gegen Leben gilt bei ihnen als Sünde. Ihre Doktrin der Gewaltlosigkeit (ahimsa) sollte in Gandhis Leben einmal eine entscheidende Rolle spielen.

Für Karamchand und Putaliba war der Genuss von tierischem Fleisch deshalb unvorstellbar. Mohandas kämpfte tapfer gegen seine Ängste und seinen Widerwillen an. Oft trafen sich die Jungen an geheimen Orten und hielten ausgiebige Fleischmahlzeiten. Zu Hause sorgte sich die Mutter um Mohandas, weil er nichts essen wollte. Er fühlte sich erbärmlich, wenn er sie so belog. Von klein auf geradezu besessen von dem Wunsch, die

Wahrheit zu sagen, litt er darunter, seine Eltern zu betrügen. So schwor er sich endlich, kein Fleisch mehr zu essen, solange die Eltern lebten. Der Bruder Karsandas aber aß weiterhin Fleisch. Er machte Schulden, die Gläubiger drängten. Mohandas und er beschlossen, das geliehene Geld mit dem Glied eines goldenen Armbands zurückzuzahlen. Den Eltern blieb der Verlust nicht verborgen. Sie befragten die Brüder, und beide beteuerten, nicht zu wissen, wo das Kettenglied geblieben sei. Tagelang quälte sich Mohandas, dann ertrug er sein schlechtes Gewissen nicht länger. Er schrieb ein Geständnis nieder und gab es dem Vater. Die gefürchtete Bestrafung blieb aus, aber der Kummer und die Tränen des Vaters schmerzten ihn schlimmer als Schläge.

Auch das Bordell ersparte Mehtab Mohandas nicht. Stocksteif und halb bewusstlos vor Scham saß Mohandas neben einer Frau, bis man ihn zornig davonjagte. Ein zweites Mal betrat er ein solches Etablissement nicht mehr.

Viel Zeit verbrachte der junge Mohandas am Krankenbett seines Vaters. Nach dessen Unfall hatte sich eine Fistel im Körper gebildet, die das Gewebe zerstörte. Gegen eine Operation wehrte sich Karamchand aus religiösen Gründen. Bald konnte er sein Lager nicht mehr verlassen und musste gepflegt werden. Mohandas wusch den Vater, massierte ihn, las ihm vor. Er tat das alles gern und voller Hingabe. In ihm wurde der Wunsch wach, Arzt zu werden. Doch er behielt diesen Gedanken für sich, um den Vater nicht zu betrüben. Der Glaube seiner Eltern verbot »die Zerstückelung toter Körper«.

Karamchands Religiosität war von einer anderen Art als die seiner Frau. Putaliba lagen philosophische Gedanken fern. Sie hatte ihren Gott gefunden. Karamchand aber suchte seinen Gott. Um das Krankenbett des angesehenen Ministers scharten sich oft Freunde und Priester verschiedener Glaubensrichtungen. Mullahs lasen aus dem Koran, Parsen trugen die Lieder des Zarathustra vor, Jainpriester den »Heiligen See der Taten Ramas«, eine Bearbeitung des altindischen Epos »Ramayana« aus dem sechzehnten Jahrhundert. Die Männer diskutierten über religiöse Fragen. Es ging ihnen nicht darum, ihren Glauben als den allein selig machenden hinzustellen, sondern die gemeinsame Wurzel ihrer Religionen zu finden. Mohandas hörte ihnen aufmerksam zu. Vieles verstand er noch nicht, aber einige Sätze gruben sich tief in sein Gedächtnis ein, so zum Beispiel die des Dichters Tulsidas: »Wenn du Licht in dir und um dich haben willst, dann nimm Ramas Namen auf deine Zunge, wie man eine Rubinlampe auf die Türschwelle stellt.« Hatte das Kindermädchen Rambha nicht dasselbe gemeint? Der freie Geist, der Ernst und die Toleranz dieser Gespräche formten Mohandas nachhaltig. Aber er war auch ein Jüngling von sechzehn Jahren und ein Ehemann dazu. Es klang schön, wenn Tulsidas sagte: »Wer frei ist von jeder Begierde und in der Verehrung Ramas aufgeht, der hat sein Herz zu einem Fisch im Nektar-See der Liebe zum Namen Gottes gemacht.« Das Verlangen nach Kasturba war stärker.

Eines Abends ließ er den Vater in der Obhut eines Onkels zurück und eilte zu seiner hochschwangeren Frau. Zehn Minuten später klopfte ein Diener an seine Tür. Der Vater war tot. Wenige Tage zuvor hatte Karamchand gesagt: »Manu (so nannte er seinen jüngsten Sohn, d. Verf.) wird der Stolz unserer Familie sein; er wird meinem Namen Ruhm bringen.« Mohandas war untröstlich. Wie hatte er seinen Vater so enttäuschen können! Statt in der letzten Minute bei ihm zu sein, war er seinem sexuellen Trieb gefolgt. Verbot doch der

Glaube ohnehin den Geschlechtsverkehr mit einer schwangeren Frau. Wenige Tage später gebar Kasturba ihr erstes Kind. Es lebte nur kurze Zeit. Mohandas machte sich zeit seines Lebens bittere Vorwürfe.

Nach dem Tod des Vaters geriet die Familie in finanzielle Schwierigkeiten. Karamchand Gandhi hatte während seiner Amtszeit keine Reichtümer erworben. Er hätte eher gebettelt, als auch nur einen Ana unrechtmäßig an sich zu nehmen. Seine Kinder waren ihm Reichtum genug.

Während der Krankheit des Vaters hatte Mohandas keine Zeit gefunden, sich für das Aufnahmeexamen in ein College vorzubereiten. Nur mühsam bestand er schließlich die Prüfung für das Samalda College in Bavnagar. Die Mühe erwies sich als vergeblich. Mohandas konnte sich in Bavnagar nicht eingewöhnen. Seine Englischkenntnisse waren schlecht, er kam mit dem Unterrichtsstoff nicht zurecht, Kopfschmerzen und Heimweh plagten ihn. Ein Freund der Familie, den die Mutter um Rat fragte, meinte, der Junge solle in England studieren. Wenn er einmal in die Fußstapfen seiner Väter treten wolle, reichten Intelligenz und Geschick nicht mehr aus, den Posten eines Dewan zu bekleiden. Englische Bildung und englisches Benehmen waren auch in den Fürstenstaaten zunehmend gefragt. Jedermann im Haus erinnerte sich, welche Aufregung geherrscht hatte, wenn Karamchand einmal zu einem Empfang beim britischen Gouverneur geladen war. Wie unbeholfen hatte der sonst so selbstbewusste Dewan in den engen Beinkleidern und den ungewohnten Schuhen gewirkt. Schon Tage zuvor war er nervös gewesen, weil er des Englischen nicht mächtig war und sich fürchtete, etwas falsch zu machen.

Die Mutter widersetzte sich der Absicht, Mohandas nach England zu schicken. Ihr Jüngster sollte nicht in dem »Sündenbabel« London untergehen, wo, wie man hörte, alle Fleisch aßen, Alkohol tranken, rauchten und Bordelle besuchten. Doch Mohandas war von dem Gedanken, in London zu studieren, ganz besessen. London – das Zentrum der Welt und der Zivilisation! Dort würden ihm alle seine Fragen beantwortet werden.

Die Gandhis hielten Familienrat. Der älteste Bruder von Karamchand, nach dessen Tod das Oberhaupt der Familie, gab zu bedenken, dass eine Reise über die »schwarzen Wasser« Ausschluss aus der Kaste bedeutete. Doch wenn die Mutter einverstanden sei, wolle er nicht im Wege stehen. Putaliba war dagegen, aber Mohandas blieb hartnäckig. Wenn er nur das Geld für das Studium beschaffen konnte, dann würde die Mutter sicher nachgeben. Die Regierungen von Porbandar und Rajkot hatten gegenüber seinem Vater noch finanzielle Verpflichtungen, groß genug, ihm ein Stipendium zu gewähren. Sorgfältig bereitete sich Mohandas auf einen Besuch bei Mister Lely, dem britischen Administrator, vor. Er lernte einige Sätze auswendig, übte tiefe und korrekte Verbeugungen und verwandte viel Zeit auf sein äußeres Erscheinungsbild. Hoffnungsvoll machte er sich auf den Weg, der schon an der Tür des Administrators endete. Mister Lely fertigte ihn kurz und unfreundlich ab. Der junge Mann, sagte er, solle erst einmal sein Staatsexamen in Indien ablegen, ehe er große Pläne schmiede. Dann könne man weitersehen.

Lakshmidas konnte den Kummer seines kleinen Bruders nicht länger ertragen. Irgendwie gelang es ihm, das Geld für die Reise und das Studium zusammenzuborgen. Wenn Mohandas mit einem akademischen Titel aus London zurückkehrte, würde er genug verdienen, um sie alle zu ernähren. Blieb die Frage des Studienfachs. Mohandas gab seinen geheimen Wunsch preis, Medizin zu studieren. Lakshmidas war entsetzt. Hatte Mohandas denn ganz vergessen, dass ihm der Glaube seiner Väter verbot, Arzt zu werden? Nein, er sollte Jura studieren, damit er einmal die Stelle des Vaters am Hof einnehmen konnte oder gar einen Platz in der britischen Verwaltung erhielt. Mohandas fügte sich, Hauptsache, er konnte nach England fahren. Aber die Mutter wollte sich nicht umstimmen lassen. Ein Jainmönch kam Mohandas zu Hilfe. Er ließ ihn im Beisein von Putaliba das feierliche Gelübde ablegen, in England keinen Alkohol, kein Fleisch und keine Frau anzurühren. Damit waren zwar ihre Bedenken zerstreut, aber nicht ihr Kummer aus der Welt geschafft, dass ihr Jüngster sie verließ. Unter Tränen legte sie ihm ein Halsband aus Samen des Basilienkrautes um, das ihn beschützen sollte. Die Reise war nun für Mohandas beschlossene Sache. Der Schwiegervater war außer sich, Kasturba weinte, Freunde und Bekannte warnten den jungen Mann. Der achtzehnjährige Mohandas durchlebte schwere Monate. In Bombay, wo er einige Zeit vor seiner Abreise weilte, trat der Kastenrat der Modh Bania zusammen und stellte ihn zur Rede. Mohandas verteidigte seinen Entschluss, in London zu studieren. Wenn noch kein Modh Bania im Ausland gewesen sei, dann würde er eben der erste sein, meinte er. Er verwies auf sein Gelübde. Die Kastenältesten ließen sich nicht überzeugen, sie verboten die Reise. Wenn der junge Gandhi sie trotzdem antrete, schließe man ihn aus der Kaste aus und jene, die mit ihm verkehrten, ebenfalls. Der Ausschluss aus der Kaste bedeutete für den Betroffenen die Loslösung aller bisherigen gesellschaftlichen, ja sogar familiären Bindungen. Er musste fortan das rechtlose Leben eines Kastenlosen führen. Gandhi war bereit, diesen Preis zu zahlen.

An einem Septembertag des Jahres 1888 bestieg Mohandas Gandhi in Bombay die »S. S. Clyde«. Hinter ihm lag ein schwerer Abschied von der Mutter, die er nicht mehr wiedersehen sollte, von Kasturba und dem wenige Monate alten Sohn Harilal. Der Urteilsspruch des Kastenrates klang ihm noch in den Ohren: »Von heute an soll dieser Jüngling als Kastenloser behandelt werden. Wer immer ihm hilft oder ihn am Hafen verabschiedet, wird mit einer Strafe von einer Rupie und vier Anas belegt.«

Bombay versank hinter dem Horizont und mit ihm die Kindheit und Jugend von Mohandas. Die Grundmuster des Menschen, der einmal Mahatma – die große Seele – genannt werden sollte, waren geprägt. Doch niemand, am wenigsten er selbst, erkannte sie in diesem schüchternen, ein wenig schwerfälligen Jungen. Einzig der sterbende Vater hatte sie mit der Klarsichtigkeit des Leidenden erahnt.

JAHRE IN ENGLAND

»Meine Schüchternheit ist in Wirklichkeit mein Schirm und Schild gewesen. Sie hat mir erlaubt zu wachsen.«

In der zweiten Hälfte des neunzehnten Jahrhunderts besaß Großbritannien das größte Kolonialreich der Weltgeschichte. Der Union Jack wehte auf allen Kontinenten. Englische Schiffe beherrschten die Meere. Im Zentrum der Macht, in London, stapelten sich Waren aus aller Herren Länder in riesigen Lagerhäusern, lenkten die allmächtige Bank von England und Handelshäuser mit klingenden Namen den Welthandel. In den Fabriken von Manchester, Birmingham und Sheffield klapperten die Webstühle, dröhnten die Dampfhämmer. Schornsteine überzogen die Industriegebiete mit Ruß und Asche. England war die Werkstatt der Welt. Königin Victoria, seit 1876 nannte sie sich auch Kaiserin von Indien, sonnte sich im Glanz des einhundertsechskarätigen Kohinoors, einem »Geschenk« aus Indien. Die Blütezeit des englischen Kapitalismus erhielt nach ihr den Namen Viktorianisches Zeitalter.

Das Großbürgertum mehrte seinen Reichtum, die einfachen Arbeiter und Angestellten jedoch fristeten ein trostloses Dasein. Zwölf Stunden am Tag und mehr schufteten Männer, Frauen und Kinder für einen Hungerlohn. Sie vegetierten in Elendsquartieren, starben in jungen Jahren an Unterernährung und Krankheiten. Empört über die sozialen Missstände, bildeten sich erste

Arbeiterorganisationen. Die machtvolle Chartistenbewegung, in der auch Friedrich Engels mitarbeitete, stritt für politische Rechte. Eine Londoner Druckerei druckte das Kommunistische Manifest, in London schrieb Karl Marx das »Kapital«.

England entwickelte sich zum Zentrum der internationalen Arbeiterbewegung. Eine Periode geistigen Umbruchs erschütterte die Gesellschaft. Der Kapitalismus hatte die alten Normen der christlichen Moral zerstört und an ihre Stelle das erbarmungslose Recht des Stärkeren gesetzt. Das allgemeine Unbehagen an der menschenfeindlichen Natur einer auf Erfolg und Profit aufgebauten Gesellschaft brachte eine Vielzahl geistiger Strömungen hervor. 1864 wurde in London die 1. Internationale gegründet, 1871 erschien Darwins Buch »Von der Entstehung der Arten«, 1889 veröffentlichte Bernard Shaw seine »Fabianischen Essays«, Kropotkin schrieb an seiner »Gegenseitigen Hilfe in der Menschen- und Tierwelt«.

Von alledem hatte Mohandas Gandhi noch nie etwas gehört. Den feudalen Zwergstaat Porbandar trennte von London nicht nur der halbe Erdball, sondern auch eine ganze historische Epoche. Die Lehrer in Rajkot hatten den Glanz und die Glorie Britanniens gepriesen, Shakespeare und Milton zitiert und Admiral Nelson gefeiert. Politische Ökonomie und gesellschaftskritische Schriften jedoch standen nicht auf dem Lehrplan.

Mohandas Gandhi beschäftigten näherliegende Dinge. Nun, da er dem Ziel seiner Sehnsucht nahe war, verließen ihn alle Energie und aller Mut. Der Achtzehnjährige fühlte sich auf dem Schiff nach England recht hilflos. Sein mangelhaftes Englisch erschwerte ihm den Umgang mit den Passagieren. Die Speisekarte war ihm ein Buch mit sieben Siegeln. Er hatte nicht gelernt, mit

Messer und Gabel umzugehen. So blieb er tagelang in seiner Kabine und ernährte sich von den getrockneten Früchten und den Süßigkeiten, die ihm die Mutter reichlich mitgegeben hatte. Endlich lernte er einen jungen Inder kennen, der wie er nur fleischlose Kost aß. Mit seiner Hilfe drang er in die Geheimnisse der Speisekarte ein. Wieder ausreichend ernährt und einigermaßen sicher im Umgang mit dem Essbesteck, schwand Gandhis Scheu vor den anderen Passagieren. Doch was sie ihm über England und die dortigen Sitten erzählten, war nicht dazu angetan, sein Selbstvertrauen zu stärken. In England, so sagte man ihm, müsse er seine guten Vorsätze über Bord werfen. Bei einem solchen Klima ohne Alkohol und vor allem ohne Fleisch auskommen zu wollen, bedeute glatten Selbstmord. Die Nordländer wüssten schon, warum sie keine Vegetarier seien. Und was die Frauen beträfe, so brauchtes sie ihn wohl nicht aufzuklären. Mohandas spürte die Kette seiner Mutter auf der Haut. Ein einmal abgelegtes Gelübde war ihm heilig. Er würde es halten. Mit diesem Vorsatz ging er am 27. Oktober 1888 in Southampton an Land. Er fror in seinem so wenig der Jahreszeit angepassten weißen Flanellanzug. Irgend jemand in Indien hatte ihm gesagt, die Engländer trügen nur weiße Anzüge. In dem teuren Hotel, wo er die ersten Tage nach seiner Ankunft logierte, fühlte sich Gandhi wie ein gestrandeter Fisch. Die Fahrstühle und die livrierten Diener, die hohen Preise und das Selbstbewusstsein der Hotelgäste verwirrten ihn.

Er war froh, als ihm indische Bekannte bald ein billigeres Quartier bei einer Familie in Richmond und später in West-Kensington vermittelten.

Der angehende Student der Rechte schrieb sich am Inner Temple, einer alten Rechtsschule in London, ein. Vom zwölften bis vierzehnten Jahrhundert Ordenssitz der Tempelritter, hatte Jakob I. das reizvolle Gelände an der Themse 1608 zwei juristischen Vereinigungen als Eigentum überlassen. Nur wenige Meter von der Fleet Street in der geschäftigen City von London entfernt, genoss man hier die Stille und Abgeschiedenheit altertümlicher Gebäude und ineinander verschachtelter Höfe und Gärten. Doch das moderne Leben faszinierte Gandhi mehr. Er bewunderte seine Landsleute, die sich sicher und elegant in jeder Gesellschaft bewegten. Wenn er nicht zum Gespött der Leute werden wollte, musste er sich anpassen. Energisch ging er daran, »englischer als ein Engländer« zu werden. In der Bond Street, dem Modezentrum von London, ließ er sich einen teuren Anzug schneidern, kaufte sich einen Zylinder, seidene Hemden, gestreifte Hosen und Krawatten. Von zu Hause erbat er sich eine schwere goldene Uhrkette, wie man sie hierzulande trug. Er verbrachte viel Zeit vor dem Spiegel, übte Gesten und Bewegungen, frisierte sein volles Haar, mühte sich, die Krawatte modisch zu binden. Mit Hilfe eines Lehrers übte er sich in der Kunst der englischen Konversation. Er nahm Tanzunterricht. Doch es gelang ihm nicht, die Füße nach dem Rhythmus der ihm ungewohnten Musik zu bewegen. Also kaufte er eine Violine und versuchte während teurer Privatstunden, in die Geheimnisse der europäischen Musik einzudringen. Die Ergebnisse standen in keinem Verhältnis zum Aufwand. Zwar verbesserte sich sein Englisch, und seine Kleidung ließ nichts mehr zu wünschen übrig, aber ein Salonlöwe wurde trotzdem nicht aus ihm.

Noch größere Sorgen bereitete ihm seine Ernährung. Die Marmeladenbrote, das Obst und Gemüse regten seinen Appetit mehr an, als dass sie ihn stillten. Er hatte ständig Hunger. Die duftenden Fleischgerichte auf den Tischen, an denen er saß, reizten seine Magennerven.

Längst war sein anfänglicher Widerwille gegen Fleisch geschwunden. Er hielt es für ganz natürlich, dass die anderen Fleisch aßen, und er hätte es ihnen gleichgetan, wäre da nicht das Versprechen gegenüber seiner Mutter gewesen. Tapfer widerstand er allen Versuchungen. Die Freunde warnten ihn, er ruiniere seine Gesundheit, wenn er nicht endlich Steaks esse wie jeder hier in England, der es sich leisten könne.

Eines Tages lud ihn ein Freund in ein vornehmes Restaurant ein. Er bestellte ein kräftiges Mahl für zwei und rechnete damit, dass Gandhi aus Höflichkeit nicht ablehnen würde. Als der Kellner die Suppe brachte, fragte Gandhi ihn, ob sie aus Fleischbrühe gemacht sei. Der Kellner bejahte. Gandhi schob den Teller von sich.

»Wenn du dich nicht benehmen kannst, iss woanders oder warte draußen«, sagte der Freund, aufgebracht über so viel Starrsinn. Wortlos erhob sich Gandhi und verließ das Lokal. Eine Stunde später trat der Freund gesättigt und wieder guter Laune auf die Straße, um, wie verabredet, mit Gandhi ins Theater zu gehen. Vor der Tür erwartete ihn der hungrige, ein wenig durchfrorene Gandhi, freundlich, ohne Groll, als sei nichts geschehen. Von diesem Zeitpunkt an versuchte ihn niemand mehr zu einer Fleischmahlzeit zu überreden.

Gandhi lief durch die Straßen von London. Hunger und Heimweh quälten ihn. Er fühlte sich einsam in dieser großen verwirrenden Stadt. Sollte alles zu Ende sein, noch ehe es richtig begonnen hätte? Ohne die entsprechende Ernährung waren seine Tage in London gezählt. Auf einem seiner langen Spaziergänge entdeckte er in der Farringdon Street ein vegetarisches Restaurant, das nicht nur schmackhafte Speisen anbot, sondern auch Schriften über vegetarische Diät. Als sich Gandhi zum ersten Mal in London satt gegessen hatte, las er das »Plädoyer für den Vegetarismus« von Henry Salt. Dieses Buch machte ihn zum überzeugten Vegetarier. Er erfuhr, dass es in England eine vegetarische Bewegung gab. Ihre Anhänger vertraten die Meinung, dass es für die Zivilisation und den einzelnen Menschen sinnvoll sei, im Einklang mit der Natur zu leben, anstatt sie gedankenlos auszubeuten und sich selbst durch übersteigerte Bedürfnisse und falsche Ernährung zugrunde zu richten. Sie beriefen sich auf Pythagoras, Sokrates, Leonardo da Vinci und Schopenhauer, die alle Vegetarier gewesen waren.

Die englische vegetarische Bewegung artikulierte das Unbehagen an den gesellschaftlichen Missständen. Sie begegnete dem menschenverachtenden, die Natur zerstörenden Kapital mit der Aufforderung: Zurück zur Natur! Ungleich der amerikanischen Bewegung, die von Emerson, Thoreau und Walt Whitman ausging, trug der englische Vegetarismus einen sozialökonomischen Charakter und vereinte ein weites Spektrum von Gesellschaftsreformern in seinen Reihen. Den jungen Gandhi überzeugten vor allem die ethischen Argumente der Vegetarier. Das Studium ihrer Schriften ließ ihn sein gesamtes bisheriges Tun in einem anderen Licht erscheinen. Es kam ihm albern, nutzlos und verschwenderisch vor. Warum schämte er sich eigentlich, ein Inder zu sein? Gandhi verkaufte seine Violine, bestellte die Privatlehrer ab und mietete sich eine eigene billige Wohnung. Hier bereitete er sich seine Mahlzeiten nach Rezepten selbst zu. Ernsthafter als zuvor widmete er sich dem Studium. Wenn er sich nicht mit Latein und römischem Recht herumschlug, traf er sich mit seinen neuen Freunden von der Vegetarischen Gesellschaft. Er zog mit ihnen von Haus zu Haus und pries die vegetarische Lebensweise als ein universelles Heilmittel gegen alle Krankheiten der Zivilisation. In der Zeitschrift »The Vegetarian« erschienen Artikel von ihm über die Lebens- und Essgewohnheiten in Indien.

Das Schreiben ging ihm leicht von der Hand, doch fiel es ihm schwer, vor vielen Menschen zu reden. Wenn er die Augen eines erwartungsvollen Auditoriums auf sich gerichtet sah, war ihm die Zunge wie gelähmt. Ein anderer musste die Rede für ihn verlesen.

Gandhis Freunde in London waren Christen. In Kathiawar hatten ihn der dogmatische Eifer und die Intoleranz der christlichen Missionare abgestoßen, erst hier lernte er Anhänger dieser Religion kennen, die seine Sympathie erweckten. Vom Elternhaus brachte er ein lebhaftes Interesse für religiöse Fragen mit, ohne dass er sich selbst als Gläubigen ansah. Er las also die Bibel. Außer der Bergpredigt im Neuen Testament beeindruckte sie ihn nicht sonderlich.

Das Buch, welches sein weiteres Leben entscheidend bestimmen sollte, lernte er im zweiten Jahr seines Londoner Aufenthalts kennen. Eines Tages fragten ihn englische Freunde, ob er die Bhagavadgita kenne. Die Bhagavadgita – »Gesang vom Erhabenen« – ist eine Episode aus dem indischen Heldenepos »Mahabharata«, das zwischen dem fünften und dem zweiten Jahrhundert vor unserer Zeitrechnung entstand.

Als die Heere der Pandawas und Kaurawas aufeinander trafen, zögerte der Held der Pandawas, Arjuna, den Kampf gegen seine Verwandten im Heer der Kaurawas aufzunehmen. Sein Wagenlenker gab sich ihm als Gott Krishna zu erkennen und überzeugte ihn, dass er ohne Rücksicht auf die Folgen pflichtgemäß handeln müsse. Dieses religionsphilosophische Gedicht in achtzehn Gesängen gilt als heiliges Buch der Hindus. Gandhi hatte den Vater manchmal daraus rezitieren hören, ohne viel vom Inhalt zu verstehen. Nun las er es in der englischen

Übersetzung. Die Lektüre elektrisierte ihn geradezu. Das war es, wonach er so lange gesucht hatte – ein ethischer Leitfaden zum Handeln. Die Bhagavadgita wurde für Gandhi »ein Buch par excellence für die Erkenntnis der Wahrheit«, ein »geistliches Nachschlagewerk«. Er sah darin eine Allegorie auf das Schlachtfeld der menschlichen Seele, in der Böses und Gutes beständig miteinander ringen.

Viele Jahre nach der ersten Lektüre schrieb Gandhi: »Wenn Zweifel mich quälen, wenn die Enttäuschung mir ins Gesicht sieht und ich keinen Hoffnungsstrahl am Horizont entdecken kann, greife ich zur Bhagavadgita, und dort finde ich einen Vers, der mich tröstet, und ich beginne mitten im tiefsten Leid zu lächeln.«

Durch die Lektüre der Bhagavadgita angeregt, beschäftigte sich Gandhi nun intensiv mit den Religionen und Philosophien Asiens. Edwin Arnolds »Light of Asia« erschloss ihm das Leben und die Lehre Buddhas, Carlyles »Das Leben Mahomets« begeisterte ihn für den arabischen Religionsstifter. Von Kindheit an zur religiösen Toleranz erzogen, überzeugte Gandhi der Gedanke, dass die Religionen nur verschiedene Ausdrucksformen derselben grundlegenden Wahrheit seien. Der Glaube, wenn er gelebt wird, trennt nicht, sondern verbindet Hindus, Christen, Moslems und Juden. Die Worte, die Lessing seinen Nathan sagen lässt: »Es eifre jeder seiner unbestochnen, von Vorurteilen freien Liebe nach! Es strebe von euch jeder um die Wette, die Kraft des Steins in seinem Ring' an Tag zu legen!«, treffen die Erkenntnis, die Gandhi in jener Zeit gewann.

Er war nach England gekommen, um die Quellen zu finden, aus denen die Engländer ihre Macht schöpften, und fand – die Bhagavadgita. Es mutet wie eine Ironie an, dass Gandhi in der Hochburg des Kapitalismus auf die uralten Weisheiten Asiens stieß. Zufällig war es nicht. Während die Briten in Indien alles daransetzten, die privilegierte Schicht des Landes ihrer eigenen Kultur zu entfremden, entdeckten englische Gelehrte den Reichtum des indischen Kulturgutes. Eine Reihe von hervorragenden Übersetzungen brachte interessierten Lesern die Werke der alten indischen Literatur nahe. Indische Studenten in England gewannen durch sie ein neues Selbstverständnis. Die Renaissance der indischen Kultur verband sich in ihnen mit progressivem europäischem Gedankengut, beförderte Indiens Erwachen und mündete in den breiten Strom der nationalen Befreiungsbewegung des zwanzigsten Jahrhunderts.

Aus Mohandas Gandhi war ein disziplinierter Student geworden. Doch er gab sich auch den bescheidenen Freuden des Studentenlebens hin. Er hatte einen großen Bekanntenkreis, genoss die Ferien an der See. Es blieb nicht aus, dass die Mütter heiratsfähiger Töchter in dem hübschen jungen Mann einen geeigneten Ehekandidaten sahen. Wie die anderen indischen Studenten verschwieg Gandhi, dass er bereits verheiratet war. Zwar dachte er oft an Kasturba, aber ihr Bild verblasste in London. Insgeheim verglich er seine Frau mit den englischen jungen Mädchen, die er kennenlernte. Die Vergleiche fielen selten zugunsten Kasturbas aus. Die Engländerinnen waren gebildet, bewegten sich ungezwungen in der Gesellschaft, sprachen über Literatur und Philosophie wie ihre männlichen Altersgefährten. Kasturba konnte weder lesen noch schreiben, der Haushalt war ihre Welt. So blieben die Briefe, die Gandhi an sie schrieb, unbeantwortet. Nur Grüße ließ sie ihm durch die Brüder bestellen. Er wusste nicht, was sie dachte und fühlte. Gandhi war verheiratet und doch kein Ehemann. Viele Sonntage verlebte er in der Gesellschaft eines jungen Mädchens, dessen Mutter die beiden oft allein ließ. Es dauerte eine Weile, bis Gandhi begriff, was man von ihm erwartete. Verwirrt und beschämt, dass er den Frauen so lange seine Ehe verheimlicht hatte, schrieb er der Mutter einen langen Brief. Die freundliche Frau nahm ihm ihre enttäuschte Hoffnung nicht weiter übel, aber von nun an war Gandhi im Umgang mit jungen Mädchen zurückhaltender.

1890 fuhr er zur Weltausstellung nach Paris. Es war dies sein einziger Ausflug über die Grenzen Englands hinaus. Er bestieg den vielgerühmten, vielgeschmähten Eiffelturm. Seine Größe imponierte ihm, doch fand er ihn kalt und seelenlos. Die alten Kirchen von Paris zogen ihn mehr an.

Im Dezember 1890 legte Gandhi am Inner Temple sein juristisches Examen ab. Indisches Recht war nicht gelehrt worden, und wenn er daran dachte, wie er in Indien seinen Beruf ausüben sollte, beschlich ihn ein leises Unbehagen. Er hatte das Gefühl, dass er mit seinen so mühsam erworbenen Kenntnissen über römisches Recht nicht viel würde anfangen können. Über seine Befürchtungen sprach er mit einem Rechtsanwalt und Parlamentsmitglied, bei dem sich indische Studenten gern einen Rat holten. Der Mann beruhigte ihn. Ein ehrlicher und fleißiger Rechtsanwalt werde seinen Platz in Indien finden, meinte er. Das sei alles nur eine Frage der Erfahrung.

Vor der Abreise gab Gandhi für seine Freunde ein vegetarisches Abschiedsessen im »Holborn«, jenem Restaurant, in dem er vor fast drei Jahren die Einladung zu einer Fleischmahlzeit abgelehnt hatte. Zu einem solchen Essen gehörte auch eine Tischrede. Sorgfältig hatte Gandhi sich vorher die Worte zurechtgelegt, doch seine

Schüchternheit machte ihm wieder einmal einen Strich durch die Rechnung. Er brachte nur einen einzigen Satz heraus: »Ich danke Ihnen, meine Herren, dass Sie meiner Einladung gefolgt sind.« Es dauerte einige peinliche Sekunden, bis die Gäste begriffen, dass keine weiteren Worte folgen würden.

Am 11. Juni 1891 konnte sich Gandhi beim Obersten Gerichtshof in London eintragen. Er erwarb damit die Berechtigung, überall dort, wo englisches Recht gesprochen wurde, als Anwalt zu arbeiten. Schon einen Tag später bestieg er ein Schiff nach Bombay. Im »Vegetarian« hatte er geschrieben: »Ich verlasse das liebe London nicht ohne tiefes Bedauern. Gleichzeitig bin ich froh, nach einer so langen Zeit meine Verwandten und Freunde wiederzusehen.« Gandhi ließ in London gute Freunde zurück. Ihre Disziplin, Einfachheit, Zurückhaltung und ihr gesunder Menschenverstand hatten ihn tief beeindruckt. Mit sich nahm Gandhi den Glauben an die Überlegenheit der britischen Demokratie gegenüber jeder anderen Regierungsform. Es bedurfte vieler Jahre schmerzlicher Erfahrungen, bis diese Überzeugung endgültig zerstört war. England – das bedeutete für den jungen Inder von dem noch tief im Feudalismus steckenden indischen Subkontinent Presse-, Rede- und Gedankenfreiheit, die Dreiteilung der Gewalten, Toleranz, Vernunft, Vorurteilslosigkeit gegenüber Rasse und Religion. Seine Herkunft und auch ein mangelndes Interesse ließen ihn nicht die sozialökonomischen Ungerechtigkeiten erkennen, die trotz Demokratie in England herrschten. Aber er hatte in London das Rüstzeug erworben, das ihn einmal befähigen sollte, auf seine Weise den Kampf gegen die Schattenseiten dieser Demokratie aufzunehmen.

BITTERE ERFAHRUNGEN

»Ein Wissen, das sich auf den Kopf beschränkt und nicht im Herzen Wurzel fasst, ist in den Krisenzeiten der Lebenserfahrung von geringem Nutzen.«

Der 12. Juni 1891 war ein strahlendblauer Sommertag, wie es selten einen in England gibt. Mohandas Gandhi stand an Deck des komfortablen Dampfschiffes »Ozeania« und schaute gedankenvoll auf die Stadt und den Hafen zurück, deren Umrisse langsam im Meer versanken. London gehörte der Vergangenheit an. Aus dem linkischen unfertigen Jungen war ein Mann geworden, der sich anschickte, sein Glück in Indien zu versuchen. Er sah sich schon in einem Rechtsanwaltsbüro in Bombay, träumte von Klienten, die sich die Türklinke in die Hand gaben, von Erfolg und einem gesicherten Auskommen für sich und die Familie.

In Aden musste Gandhi auf ein kleineres Schiff umsteigen. Es fuhr sehr langsam, die Stewards waren schmutzig, ihr Englisch klang haarsträubend. Der stürmische Ozean spielte mit dem Schiff wie ein Kind mit dem Ball. Je näher Gandhi der Heimat kam, umso gedrückter wurde seine Stimmung.

Bombay empfing den Heimkehrer mit strömendem Regen. Der Bruder Lakshmidas holte ihn vom Hafen ab. Er brachte eine erschütternde Nachricht: Putaliba, die Mutter, war gestorben. Die Familie hatte es Gandhi nicht geschrieben, weil sie fürchtete, dass sein Schmerz den Abschluss des Studiums gefährden könnte. Dann wären alle finanziellen Opfer vergeblich gewesen. Hoffte doch jeder der großen Familie, dass der approbierte Rechtsanwalt in Indien die Ausgaben für das Studium mit Zins und Zinseszins begleichen würde. Putalibas Tod traf Gandhi schwer. Die Mutter hatte ihm von allen Menschen am nächsten gestanden. Wie oft waren seine Gedanken bei ihr gewesen, wenn ihn in London Verzweiflung und Einsamkeit zu übermannen drohten.

Nun würde er nie mehr Putalibas Lächeln sehen, nie mehr ihren leichten Schritt hören. Zerronnen war der Traum, vor die Mutter hintreten und sagen zu können: Sieh, ich bin im fernen London nicht untergegangen, ich habe den Schwur gehalten. Es blieb ihm nur noch, den letzten Wunsch der Mutter zu erfüllen und sich mit der Kaste auszusöhnen. Gemeinsam mit Lakshmidas pilgerte er nach Nasik, einem Ort hundert Meilen nordöstlich von Bombay. Dort stieg er in die heiligen Wasser des Godavari-Flusses, um sich von dem Makel seines Englandaufenthaltes rein zu waschen. Wieder in Rajkot, teilte Lakshmidas den Kastenältesten mit, sein Bruder habe Buße getan und lade sie zu einem Essen ein. Wenn sie der Einladung folgten, bedeutete das, dass sie ihn wieder als einen der ihren ansahen. Aber nur wenige kamen. In Bombay und Porbandar galt Gandhi weiter als Kastenloser.

Der Bruder hatte für Mohandas und seine Familie eine Wohnung eingerichtet. Nach der ersten Wiedersehensfreude bemerkte Kasturba mit Schrecken, wie sehr ihr Mann sich verändert hatte. Seine quälende Eifersucht und seinen Jähzorn hatte sie schon früher kennen gelernt, nun aber brachte er den Haushalt noch mit englischen Sitten durcheinander. Da musste Hafergrütze gegessen und Kakao getrunken werden, Tee und Kaffee verschwanden vom Tisch. Gandhi unterwies den knapp vierjährigen Sohn Harilal und seinen Neffen in Leibesübungen und verlangte, dass sie europäisch gekleidet wurden.

Kasturba wunderte sich, begehrte manchmal auf und verfiel schließlich auf den uralten weiblichen Trick: sich fügen und dennoch den eigenen Kopf durchsetzen. In Anwesenheit ihres Ehemannes wurde alles so gehalten, wie er es wollte. Sobald er aber das Haus verließ, kehrte man wieder zu den vertrauten indischen Sitten zurück. Gandhi fand es beschämend, dass die Frau eines viel versprechenden Anwalts nicht lesen und schreiben konnte. Wie anders waren doch die Frauen gewesen, die er in England kennen gelernt hatte – gebildet, an allem interessiert, womit sich die Männer beschäftigten. Kasturba sollte ihnen ähnlich werden. Eifrig ging er daran, sie zu bilden. Aber Kasturba sah nicht ein, wozu das gut sein sollte. Erfüllte sie nicht alle ihre Aufgaben vorbildlich? Sie kümmerte sich um den Haushalt und kam ihren religiösen Pflichten nach. Sie lebte eben in Rajkot und nicht in London.

Alle fühlten sich unbehaglich: die Kinder – inzwischen war der zweite Sohn Manilal geboren –, Kasturba in der ihr aufgezwungenen Rolle als Schülerin und schließlich auch Mohandas, weil er mit seinem Reformwerk nicht recht vorankam. Zudem überstiegen die Haushaltskosten seine finanziellen Mittel. Immer noch musste Lakshmidas, der als Rechtsberater arbeitete, den Unterhalt für seine Brüder und deren Familien bestreiten. Er erwartete, dass wenigstens Mohandas seinen Teil beisteuerte. Aber der frisch gebackene Rechtsanwalt fühlte sich unsicher. Er verstand nichts von indischer Rechtsprechung. Lakshmidas schlug ihm vor, sich in Bombay mit den Verhältnissen bei Gericht vertraut zu machen und sein Glück zu versuchen. Doch in Bombay wollten viele Rechtsanwälte ihr Brot verdienen, die meisten waren erfahrener und älter als Mohandas. Sechs Monate lang ging er täglich zum Gericht und wohnte ermüdenden Verhandlungen bei. Erstaunt stellte er fest, dass man einen »Fall« nur erhielt, wenn man Bestechungsgelder zahlte. Das, meinte Gandhi, widerspreche der Berufsehre. Er zahlte nicht und wartete vergeblich auf Klienten.

Unmittelbar nach seiner Rückkehr aus England hatte Gandhi in Bombay den fünfundzwanzigjährigen Shrimat Rajchandra kennen gelernt und sich mit ihm angefreundet. Jetzt verbrachte er viele Stunden bei diesem bemerkenswerten Mann. Der junge Dichter und Philosoph, der der Religion des Jainismus anhing, war Juwelenhändler. Er galt als Saptavadhani, als ein Mann, der sieben Dinge zugleich tun kann. Obwohl ein erfolgreicher Geschäftsmann – seine Transaktionen gingen in die Hunderttausende –, lebte er äußerst einfach. Rajchandra besaß ein enzyklopädisches Wissen über die Weltreligionen. Im Mittelpunkt seines Lebens stand, wie Gandhi später schrieb, »das Verlangen, Gott von Angesicht zu Angesicht zu sehen«.

Gandhi faszinierten Männer wie Rajchandra, die sich dem Leben stellten und gleichzeitig nach sittlicher und geistiger Vervollkommnung strebten.

Es verlangte Gandhi immer mehr nach einem lebendigen Glauben, der nicht vom Leben wegführte, sondern zu ihm hin. Die Erlebnisse seiner Kindheit, das Studium religiöser Schriften und die Freundschaft mit Rajchandra ließen ihn zu der Überzeugung gelangen, »dass Moral die Grundlage der Dinge und dass Wahrheit die Substanz aller Moralität ist«.

Dem jung verstorbenen Rajchandra bewahrte Gandhi zeitlebens eine dankbare Erinnerung. Er bezeichnete ihn neben Tolstoi und Ruskin als seinen Lehrmeister.

Nach einigen Monaten bekam der junge Rechtsanwalt endlich einen Fall übertragen. Gründlich bereitete er sich auf die Verteidigung seines Mandanten vor. Doch dann geschah das, wovor er sich gefürchtet hatte. Als er einen Zeugen verhören sollte, fiel ihm nicht eine einzige Frage ein. Nach einigen wenigen Sätzen blieb er hoffnungslos stecken. Er verlor die Nerven und lief aus dem Gerichtssaal – um ihn niemals wieder zu betreten. Seine schlimmsten Ahnungen hatten sich bestätigt. Er war ein Versager. Niedergeschlagen kehrte er nach Rajkot zurück. Doch er musste Geld verdienen. Auf eine Zeitungsannonce hin meldete er sich als Englischlehrer für eine Oberschule. Er wurde abgewiesen, nicht weil es ihm an den nötigen Kenntnissen gefehlt hätte, sondern weil Stempel und Unterschrift einer entsprechenden Hochschule in England fehlten. So verfasste er Denkschriften und Petitionen, die ihm Rechtsanwälte in Rajkot von ihren Klienten vermittelten. Dafür musste er den Kollegen Provision zahlen und obendrein noch dankbar sein.

All diese Erlebnisse ließen Gandhi ein Jahr später in einem »Führer nach London« schreiben, dass es für einen Inder sinnlos sei, in London zu studieren in der Annahme, dadurch in Indien ein besseres Auskommen zu finden. Diese Hoffnung sei ein Trugschluss. Für einen studierten Inder gab es keine Arbeit in seinem Heimatland.

Laut Proklamation der Königin Victoria von 1858 genossen zwar alle Untertanen Ihrer Majestät die gleichen Rechte, aber die Praxis sah anders aus. Noch 1913 bekleideten Engländer mehr als achtzig Prozent der höchsten und bestbezahlten Posten in Indien. Nur reiche Inder, deren finanzielle Mittel sich durch ein Studium in England nicht erschöpft hatten, konnten die Situation auf dem Arbeitsmarkt gelassen hinnehmen. Die Gandhis gehörten nicht zu den Reichen. Sie hatten sich für das Studium von Mohandas in Schulden gestürzt und wussten nun nicht, wie sie sie abzahlen sollten. Mit seinem »Führer nach London« hoffte Gandhi, anderen seine eigenen bitteren Erfahrungen ersparen zu können.

Doch die schlimmste Demütigung stand ihm noch bevor. Sein Bruder Lakshmidas war Sekretär und Ratgeber des jungen Prinzen Rana Bhavsingh von Rajkot. Der Prinz hatte dem Staatsschatz Juwelen entnommen, um damit seine kostspieligen Vergnügungen zu finanzieren. Neider und Intriganten verbreiteten das Gerücht, Lakshmidas habe von diesem »Raub« gewusst. Das blieb dem Politischen Agenten Charles Ollivant nicht verborgen. Ollivant vertrat die britische Macht am Fürstenhof von Rajkot. Er zeigte sich sehr erbost darüber, wie der junge Prinz mit letztlich britischem Eigentum umging. In Lakshmidas fand er den geeigneten Prügelknaben. In arge Bedrängnis geraten, flehte der Bruder Mohandas an, bei Ollivant ein gutes Wort für ihn einzulegen. Schließlich waren Charles Ollivant und Mohandas Gandhi einander auf Gesellschaften in London begegnet. Das konnte jetzt von Nutzen sein. Mohandas hielt nichts von Empfehlungsschreiben und Bittgängen in eigener Sache, aber er ließ sich überreden. Hatte doch der Bruder sein Studium finanziert und ein Recht auf Hilfe in der Not.

Gandhi kannte Ollivant als einen umgänglichen Mann. Ein freundschaftliches Gespräch unter gebildeten Männern, wie sie es in London geführt hatten, musste auch in Rajkot möglich sein und Missverständnisse aus der Welt schaffen helfen. Ollivant zerstörte diese Illusion schnell und gründlich. Er empfing Gandhi wie einen Fremden. Als er hörte, worum es ging, verlor er die Beherrschung. Was in Rajkot Recht oder Unrecht sei, schrie er, entscheide allein er und nicht ein Lakshmidas oder sonst einer von dem »indischen Gesindel«. Er ließ keinen Zweifel daran, dass er den Bittsteller zu diesem Gesindel zählte. Gandhi sah den Bekannten von einst fassungslos an. Noch ehe er etwas erwidern konnte, wies ihm Ollivant die Tür. Da der unwillkommene Besucher keine Anstalten machte, dem Wink des weißen Sahib zu folgen, ließ Ollivant ihn durch einen Diener hinauswerfen. Zuerst konnte der junge Gandhi vor Zorn und Scham keinen klaren Gedanken fassen. Als er sich schließlich etwas beruhigt hatte, schrieb er Ollivant, dass er ihn wegen »tätlicher Beleidigung« verklagen würde. Der damals berühmte Rechtsanwalt von Bombay, Pherozeshah Mehta, den er in dieser Angelegenheit um Rat fragte, ließ ihm durch einen Freund ausrichten, dass dies die Erfahrungen vieler Rechtsanwälte seien. Er komme frisch von England und kenne die britischen Beamten nicht. Wenn er etwas verdienen und es hier nicht allzu schwer haben wolle, solle er das Schriftstück zerreißen und die Beleidigung einstecken. Er müsse das Leben erst noch kennen lernen. Pherozeshah Mehta war zu lange im politischen Geschäft, um sich noch Illusionen über den Charakter der britischen Herrschaft hinzugeben. Die »souveränen« indischen Fürstenstaaten existierten nur auf dem Papier. Der Politische Agent, Repräsentant der britischen Krone an den Fürstenhöfen, bestimmte uneingeschränkt die Politik der Feudalstaaten. Sein Wille war Gesetz.

Die Fürsten, bar jeglicher Macht und Verantwortung, führten das Leben von Drohnen. An ihren Höfen blühte das Intrigantentum, kämpfte jeder gegen jeden um des eigenen Vorteils willen. Dekadenz und Degeneration breiteten sich aus. Den britischen Herren auf Gnade und Ungnade ausgeliefert, rächten sich die Fürsten für ihre Ohnmacht oft durch grausame Behandlung ihrer Untertanen. Mehr vermochten sie nicht.

Charles Ollivant warf Gandhis Brief in den Papierkorb. Dessen Aufbegehren vergaß er jedoch nicht. Wohin sich der junge Rechtsanwalt auf seiner Stellensuche auch wandte, immer versperrte ihm der Streit mit dem Politischen Agenten den Weg. Er wusste nicht mehr, was er tun sollte. Das Leben in Indien erschien ihm wie ein Labyrinth, in dem er gefangen war. Da wies ihm der Zufall einen Ausweg: Gandhis Bruder erfuhr, dass ein Geschäftsmann aus Porbandar, der in Südafrika ein Unternehmen aufgebaut hatte, für etwa ein Jahr Hilfe in einem Rechtsstreit brauchte. Nicht unbedingt einen Rechtsanwalt, den besaß er schon, sondern einen rechtskundigen Schreiber. Viel Stolz auf seinen Anwaltstitel besaß Gandhi nach den Erlebnissen der letzten beiden Jahre ohnehin nicht mehr. Einhundertfünf Pfund bei freier Überfahrt und kostenlosem Aufenthalt in Südafrika für ein Jahr waren nicht viel, aber mehr, als Gandhi bei seiner jetzigen Lage erwarten konnte. Er nahm also an, ohne lange zu zögern. Im April 1893 bestieg er in Bombay ein Schiff nach Durban. Kasturba blieb mit den beiden Söhnen Harilal und Manilal zurück. Was ihn erwartete, wusste er nicht. Er fühlte nur Erleichterung bei dem Gedanken, seine Heimat mit all den quälenden Problemen hinter sich lassen zu können.

ALS RECHTSANWALT IN SÜDAFRIKA

*» Um den allgemeinen und alles durchdringenden
Geist der Wahrheit von Angesicht zu Angesicht
zu schauen, muss man fähig sein, das geringste
Geschöpf zu lieben wie sich selbst. Und jemand, der
danach strebt, kann es sich nicht leisten, sich aus
allen Bereichen des weltlichen Lebens herauszuhal-
ten. Deshalb hat meine Hingabe an die Wahrheit
mich ins Feld der Politik getrieben. «*

Der Kampf ums Gold

Südafrika 1867. Zwei Männer ritten müde von der Jagd
heim. Der Oranje-Fluss leuchtete in der Ferne, die Farm
konnte nicht mehr weit sein. Plötzlich zupfte Schalk van
Niekerk den Jäger O'Reilly aufgeregt am Ärmel. Am
Wegrand spielten ein paar Kinder mit Murmeln. Sie
hoben erstaunt die schwarzen Wuschelköpfe, und auf
ihren dunklen Gesichtern lag noch der Abglanz selbst-
vergessenen Spiels, als Niekerk vom Pferd sprang und
sich zu ihnen niederhockte. Er griff aus den runden Kie-
seln einen besonders schimmernden heraus. Bewundernd
ließ er ihn auf der Handfläche rollen und dachte daran,
wie gut er sich in seiner Mineraliensammlung ausnehmen
würde. Die Mutter der Kinder trat hinzu. »Wenn er
Ihnen gefällt, so nehmen Sie ihn«, sagte sie.

Ein Mineraloge, dem Niekerk den Stein zeigte, stellte
fest, dass der vermeintliche Kiesel ein einundzwanzig-
einhalbkarätiger Diamant mit einem Wert von fünfhundert englischen Pfund war. Niekerk schien das Glück zu
verfolgen. Zwei Jahre später begegnete er einem afrikanischen Medizinmann, der einen funkelnden Stein als
Zauberstein benutzte. Diesmal war Niekerk klüger, aber

auch der Medizinmann trennte sich nicht leicht von seinem Besitz. Zaubersteine standen höher im Kurs als Murmeln. Der Farmer gab dem Medizinmann alles, was er besaß: fünfhundert Schafe, zehn Ochsen, ein Pferd, und konnte nun den später unter dem Namen »Stern von Südafrika« berühmt gewordenen Diamanten sein eigen nennen. Die elftausend Pfund, die er dafür bekam, enthoben ihn aller Sorgen. Der Diamant aber erzielte einen Endpreis von fünfundzwanzigtausend Pfund.

Diamantenfunde bei Kimberley, entlang des Vaal und in Griqualand West versetzten Südafrika in eine hektische Aktivität. Dem Diamantenrausch folgte der Goldrausch. Im selben Jahr, da Niekerk seinen ersten Diamanten fand, erschien Pieter Jacobus Marais vor dem Volksraad der Burenrepublik mit einem Felsklumpen, in dem es golden glänzte. Die Abgeordneten waren entsetzt und verpflichteten Marais, seinen Fund geheim zu halten. Der Burenführer Paul Krüger warnte: »Wer Gold findet, findet Ärger.« Natürlich sprach sich das Ereignis schnell herum. Zehntausende »Schatzsucher« aus aller Welt eilten nach Pietersburg, Leydenburg, Barberton, Witwatersrand und in das gefährliche Tal am Fuße der Drakensberge.

Durch die Gold- und Diamantenfunde spitzten sich die Widersprüche in Südafrika aufs äußerste zu. In der Mitte des siebzehnten Jahrhunderts hatte die Holländisch-Ostindische Kompanie am Kap der Guten Hoffnung einen Stützpunkt für ihre Fahrten in den Fernen Osten errichtet. Den holländischen Siedlern schlossen sich bald französische Hugenotten und Niederdeutsche an. Sie trieben Ackerbau und Viehzucht und nannten sich Buren (Bauern). Sie entwickelten eine eigene Sprache, die vom Holländischen erheblich abweicht und heute Afrikaans genannt wird. Die weißen Siedler ver-

54

trieben die Ureinwohner, die wehrhaften Buschmänner, in die Kalahari-Wüste und rotteten sie aus. Die Hottentotten wurden durch Alkohol und eingeschleppte Krankheiten dezimiert, die Überlebenden zu Sklaven gemacht. Der Landhunger der Buren war unersättlich. Die notwendigen Arbeitskräfte importierten die Siedler aus Westafrika, Madagaskar und Malaya. Der Religion des Kalvinismus anhängend, fühlten sich die Buren als auserwähltes Volk, das Gott zum Gelobten Land führen würde. Mit Gewehr und Peitsche verliehen sie dieser ihrer Überzeugung entschiedenen Nachdruck.

1806 besetzten die Briten das Kap. Sie erließen Gesetze, durch die die Buren sich diskriminiert fühlten. 1833 schaffte das britische Parlament die Sklaverei ab. Die englischen Einwanderer, vor allem Händler, traf dies nicht, wohl aber die Buren, deren Wohlstand sich auf die Arbeitssklaven gründete. Zwischen 1836 und 1840 wanderten sechstausend Buren aus der Kapkolonie in Richtung Norden ab, unter ihnen ein zehnjähriger Junge namens Paul Krüger. Die Auswanderer gründeten in Natal eine Burenrepublik mit der Hauptstadt Pietermaritzburg. Die Briten aber dachten gar nicht daran, die Unabhängigkeit dieser Republik anzuerkennen. Ihr Grundsatz war: »Einmal britischer Untertan, immer britischer Untertan.« 1845 annektierten sie Natal. Die Buren, nicht gewillt, sich den Briten zu beugen, zogen noch weiter nach Norden. Als sie fast tausend Meilen vom Kap trennten, reichte die Kraft der Briten nicht mehr aus, den Burenstaat zu verwalten. In der Sand River Convention von 1852 und in einem Vertrag von 1854 erkannten die Briten die Unabhängigkeit der Transvaal-Republik und des Oranje Free State an. Die Buren verpflichteten sich ihrerseits, in ihren Staaten die Sklaverei abzuschaffen. Die in dem Gebiet der Buren gefundenen Schätze weckten den Appetit der Briten aufs Neue. In Cecil Rhodes (1853–1902) fanden sie den geeigneten Mann, der ihren Hunger stillen konnte. Rhodes, der von einem britischen Einflussgebiet vom Kap bis Kairo träumte, ging energisch ans Werk: »Wir müssen in unseren Beziehungen mit den Barbaren von Südafrika ein System des Despotismus errichten«, sagte er, »wie es so gut in Indien funktioniert.« Mit Bestechung, Raub, Mord eroberte Rhodes das Zulu-, das Matabele- und das Pondoland, um einen Korridor nach dem Norden zu brechen. Doch die Buren unter der Führung ihres streitbaren Präsidenten Paul Krüger boten ihm die Stirn. Der Versuch, Paul Krüger 1895 durch eine Intrige zu stürzen, misslang und kostete Rhodes das Amt des Premierministers der Kapkolonie. Krügers Popularität stieg, 1896 wählten ihn die Buren zum viertenmal zu ihrem Präsidenten.

1893 gab es in Südafrika die Burenrepublik, bestehend aus der Republik Transvaal und dem Oranje Free State, die britische Kronkolonie Natal und die britische Kapkolonie. Siebenhunderttausend Europäer bestimmten über das Schicksal von mehr als drei Millionen Afrikanern und Asiaten. In der Burenrepublik lebten die Farbigen (coloured people) in Ghettos, sie durften die Gehwege nicht betreten, sich abends nach neun Uhr nicht mehr auf der Straße aufhalten, mussten für jede Reise einen Reisepass beantragen. Sie durften nur eins: für ihre weißen Herren arbeiten. Wenn die Sklaverei auch offiziell abgeschafft worden war, so betrachteten die Buren die Farbigen doch nach wie vor als Sklaven. Die moralische Entrüstung der Briten über die Rassenpolitik der Buren gründete sich mehr auf ökonomische Überlegungen denn auf humanitäre Überzeugung. Die Briten strebten die Vorherrschaft in Südafrika an, und dafür war ihnen jedes Mittel recht. Worum es ihnen wirklich ging, sagte der Missionar Henry Martin Stanley vor der Handelskammer in Manchester: Zivilisation und Christentum würden die »nackten Neger des Kongo lehren, wenigstens sonntags dezente Baumwollkleidung zu tragen, ein Sonntagsanzug für jeden Eingeborenen würde 320 Millionen Yards (1 Yard = 0,914 m) Manchester-Baumwolle bedeuten. Wenn die Eingeborenen gelernt haben werden, ihre Nacktheit sonntags wie wochentags zu bedecken, wird die benötigte Kleidung einen Wert von 26 Millionen englische Pfund pro Jahr erreichen.« Das kapitalistische Großbritannien brauchte Konsumenten, keine Sklaven. Deshalb und nur deshalb gestanden die Briten ihren farbigen Untertanen in der Kapkolonie und in Natal mehr Freiheiten zu als die Buren. Eine gewaltsame Lösung des Konflikts zwischen Briten und Buren war Ende des neunzehnten Jahrhunderts unvermeidlich geworden.

Die Nacht von Maritzburg

Die Hafenstadt der Provinz Natal, Durban, machte auf Gandhi einen überwältigenden Eindruck. Nach den endlosen Tagen auf dem Meer genoss er den Anblick der breiten Boulevards, der leuchtenden Badestrände an der Küste und der welligen bewaldeten Hügel im Hintergrund. Die Stadt erschien ihm wie das verheißungsvolle Versprechen auf eine bessere Zukunft.

Dada Abdullah Sheth erwartete Gandhi am Hafen. Der Arbeitgeber des jungen Rechtsanwalts stammte aus Porbandar. Er besaß eine eigene Passagierlinie zwischen Indien und Südafrika und betrieb ausgedehnte Geschäfte in Natal und in Transvaal. Bevor Gandhi nach Pretoria weiterreiste, wo das Gerichtsverfahren stattfand, verbrachte er eine Woche in Durban. Ihn erstaunte das demütige Verhalten der Inder gegenüber den Europäern. Dada Abdullah klärte ihn auf. Es gab drei Kategorien von Indern in Südafrika: die Geschäftsleute, meist Moslems, ihre parsischen Angestellten und die Hindus. Die meisten Angehörigen der dritten Gruppe waren seit 1860 als Kontraktarbeiter für fünf Jahre nach Natal gekommen, da die Engländer billige und ausdauernde Arbeitskräfte für ihre Teeplantagen und Zuckerpflanzungen brauchten. Nach Ablauf ihrer Kontraktzeit blieben sie oft als Arbeiter, Handwerker oder Kleinhändler im Land. Die Briten bezeichneten alle Inder ohne Unterschied als Kulis. Es gab Kuli-Doktoren, Kuli-Beamte, Kuli-Rechtsanwälte. Um dieser diskriminierenden Bezeichnung zu entgehen, nannten sich die moslemischen Inder Araber, die Parsen Perser und trugen auch die entsprechende Kleidung. Gandhi war ein Kuli-Rechtsanwalt. Als er einige Tage nach seiner Ankunft einer Sitzung im Gericht von Durban beiwohnte, forderte ihn der Vorsitzende auf, seinen schwarzen Turban abzunehmen. Gandhi weigerte sich. In Indien trug jeder Rechtsanwalt vor Gericht einen schwarzen Turban als äußeres Zeichen seines Berufes. Er musste den Saal verlassen. Sollte wegen dieser Sache schon wieder alles zu Ende sein, fragte er sich. Was machte es schon aus, vor Gericht europäisch gekleidet zu erscheinen? Dada Abdullah widersprach: »Sie werden wie ein Kellner aussehen und damit die Inder beleidigen.« Das überzeugte Gandhi, und er betrat den Gerichtssaal wieder im Gehrock und schwarzen Turban. Zwischen ihm und den Richtern entwickelte sich ein Streit, in dessen Verlauf Gandhi durchsetzte, mit Turban vor Gericht erscheinen zu dürfen. Die Zeitungen von Durban zeterten, einige bezeichneten ihn als »unwillkommenen Besucher«, der schnell wieder dorthin zurückkehren sollte, woher er gekommen war.

Vor seiner Abreise nach Pretoria warnte Dada Abdullah Gandhi vor der Gegenpartei: »Vor allem keinen Umgang mit ihnen, sie sind gerissen und nützen jedes Wort gegen uns aus.« Gandhi sah seinen Arbeitgeber erstaunt an. Bei jedem Streit musste man auch den Gegner kennen und verstehen. Das ermöglichte vielleicht eine gütliche Regelung. Dada Abdullah seufzte. Was für einen seltsamen jungen Mann hatten sie ihm da nur aus Indien geschickt? Aber Allahs Wille mochte geschehen.

Gandhi saß bequem in einem Wagen erster Klasse. Der Zug von Durban nach Charlestown lief gegen neun Uhr abends in den Bahnhof von Maritzburg ein. Maritzburg war die Hauptstadt der britischen Kronkolonie Natal. Ein weißer Passagier betrat das Abteil, musterte den Inder in seiner modischen europäischen Kleidung eingehend und verschwand dann wortlos. Kurze Zeit später erschien der Schaffner und bedeutete Gandhi, dass er sich in den Gepäckwagen begeben müsse. Gandhi schaute ihn fragend an und reichte ihm seine Fahrkarte erster Klasse. Der Beamte würdigte die Karte keines Blickes. Er habe sofort das Abteil zu verlassen, sagte er nochmals, sonst werde ihn ein Polizist hinauswerfen. Gandhi lehnte sich entrüstet zurück. »Tun Sie das. Ich weigere mich, freiwillig auszusteigen.« Der Polizist war schnell zur Stelle. Ehe Gandhi sich versah, stand er auf dem Bahnsteig. Der Zug fuhr ohne ihn weiter.

Es war Juni, also Winter auf der südlichen Halbkugel. Eisig blies der Wind von den Drakensbergen herunter. Gandhi hockte allein in dem dunklen, kalten Warteraum. Später sollte er auf die Frage, was seine »schöpferischste Erfahrung« im Leben gewesen sei, antworten: die Winternacht auf dem Bahnhof von Maritzburg. In jenen Stunden stand er am Scheideweg seines Lebens. Er konnte den Zwischenfall vergessen und Südafrika so schnell wie möglich den Rücken kehren. Die Frage aber war nicht, ob er es konnte, sondern ob er es durfte. Durfte er diese Demütigung, die mit ihm alle Inder traf, widerspruchslos hinnehmen?

Die Eltern hatten ihn gelehrt, dass Wahrheit und Gerechtigkeit höher standen als der eigene Vorteil. Als Anwalt war er dazu berufen, das Recht zu verteidigen. Königin Victoria hatte erklärt, alle britischen Untertanen seien gleich vor dem Gesetz. Doch in der britischen Kronkolonie Natal durften die Inder straflos gedemütigt werden, obwohl sie wie die Weißen britische Untertanen waren. Schon in Durban hatte sich Gandhi gefragt, warum seine Landsleute nicht gegen das Unrecht aufbegehrten. Nun, da er frierend auf dem Bahnhof von Maritzburg saß, verstand er plötzlich, warum sie es nicht taten. Sie fürchteten Unannehmlichkeiten, wie er sie jetzt erlebte. Doch verdiente er, Gandhi, noch den Titel eines Rechtsanwalts, wenn er sich damit abfand, dass Gewalt auf der einen Seite und Furcht auf der anderen das Recht außer Kraft setzten? Gandhi beschloss zu bleiben und auf seinem Recht zu bestehen.

Am nächsten Morgen beschwerte er sich telegrafisch beim Generaldirektor der Eisenbahn. Gleichzeitig benachrichtigte er Dada Abdullah von dem Vorfall. Indische Geschäftsleute aus Pietermaritzburg besuchten Gandhi auf dem Bahnhof. Sie sahen nichts Ungewöhnliches in dem Vorfall, diese Welt sei eben so eingerichtet, meinten sie. Jeder von ihnen wusste noch Schlimmeres zu berichten. Auf die Frage, wie sie so leben könnten, zuckten sie nur mit den Schultern. Sie seien eben Geschäftsleute. Was kümmere sie da die Achtung der anderen.

Deprimiert fuhr Gandhi am Abend nach Charlestown. Dort endete die Eisenbahnlinie von Natal. Von Charlestown aus konnte man Johannesburg nur mit der Kutsche erreichen. Jetzt erst begann der eigentliche Leidensweg Gandhis. Sein Entschluss von Maritzburg wurde auf eine harte Probe gestellt. Er durfte sich nicht in die Kutsche zu den weißen Passagieren setzen, sondern bekam einen Platz neben dem Kutscher zugewiesen. Nach einiger Zeit wollte der Reiseführer eine Zigarre rauchen. Er verließ das Innere der Kutsche und befahl Gandhi, seinen Platz zu räumen und sich derweil auf einen schmutzigen Sack zu Füßen des Kutschers zu setzen. Gandhi blieb, wo er war, er hatte ja bezahlt wie jeder andere. Der Mann wurde wütend. Er ohrfeigte den widersetzlichen Inder und versuchte, ihn von der Kutsche hinunterzustoßen.

»Ich klammerte mich an die Räder der Kutsche …, darauf bedacht, mich festzuhalten, selbst auf das Risiko hin, mir die Handgelenke zu brechen«, schrieb Gandhi in seiner Autobiographie. Der ungleiche Kampf zwischen dem großen kräftigen Mann und dem schmächtigen Inder empörte die Mitreisenden. Sie ergriffen Partei für den Schwachen. Gandhi behielt seinen Platz, der Hottentottendiener auf der anderen Seite des Kutschers setzte sich auf den Fußboden, während der Reiseführer rauchte und unausgesetzt den Inder bedrohte. Alle Knochen würde er dem dreckigen Kuli brechen, wenn sie nur erst am Ziel der Reise wären. Gandhi hielt sich an seinem Sitz fest, sein Herz schlug zum Zerspringen, aber er besiegte die Furcht.

Die indischen Bekannten Dada Abdullahs in Johannesburg nahmen Gandhis Bericht gleichmütig auf. So war eben der Alltag in Krügers Transvaal. Sie warnten Gandhi, eine Fahrkarte erster Klasse von Johannesburg nach Pretoria zu kaufen. Gandhi versuchte es trotzdem. Der Stationsvorsteher war kein Bure. Er verkaufte dem tadellos gekleideten Gentleman eine Fahrkarte erster

Klasse unter der Bedingung, dass er sich nicht bei der Eisenbahnverwaltung beschwere, wenn ihn die Zugkontrolle unterwegs in ein Abteil dritter Klasse verweise. Das geschah dann auch prompt. Gandhi bestand gegenüber dem Schaffner darauf, erster Klasse zu reisen. Er entging dem Hinauswurf nur, weil ein mitreisender Engländer erklärte, es störe ihn nicht, mit einem Inder im gleichen Abteil zu reisen.

In Pretoria fand Gandhi nach langem Suchen endlich ein Hotel, dessen Besitzer, ein Engländer, ihn aufnehmen wollte, wenn er sich bereit erklärte, seine Mahlzeiten nicht mit den übrigen Gästen im Speiseraum einzunehmen. Der Mann beteuerte, er habe keine Rassenvorurteile, sondern fürchte nur um seine europäische Kundschaft. Gandhi musste darauf eingehen, wenn er die Nacht nicht im Freien verbringen wollte.

Am nächsten Tag suchte er sich ein billiges Privatquartier. Der Prozessbevollmächtigte Dada Abdullahs nahm sich seiner freundschaftlich an. Gandhis Aufgabe war es, Informationen über den Rechtsstreit zu sammeln und auszuwerten. Er ging dabei äußerst sorgfältig vor, denn er war davon überzeugt, dass, wie er es einmal formulierte, »Fakten Wahrheit bedeuten, und wenn wir der Wahrheit folgen, kommt uns das Recht auf ganz natürliche Weise zu Hilfe«.

Da seine Tätigkeit nicht viel Zeit beanspruchte, konnte Gandhi schon eine Woche nach seiner Ankunft in Pretoria seinen Plan verwirklichen, eine Versammlung aller Inder von Pretoria einzuberufen. Er wollte mit seinen Landsleuten über die Erkenntnisse sprechen, die er auf der Reise von Durban nach Pretoria gewonnen hatte. Die geladenen Inder wunderten sich über das Thema seiner Rede. Der junge Rechtsanwalt sprach über die Wahrhaftigkeit in geschäftlichen Dingen. Er verlangte, dass sie die Gebote ihrer Religion auch im täglichen Leben befolgten. Als er sagte, dass die Inder von sich aus den ersten Schritt tun müssten, um einen geachteten Platz in der Gesellschaft einzunehmen, nickten schon viele beifällig. Hatte er denn nicht Recht, wenn er die miserablen sanitären Zustände und die schlechten Sitten anprangerte, die in so manchem indischen Haushalt herrschten und mit dazu beitrugen, dass die Europäer überheblich auf sie herabblickten? Was dieser Rechtsanwalt vorbrachte, war nicht neu. Aber wie er es sagte! Es lag so viel Wohlwollen, Verständnis und Überzeugungskraft in seinen Worten, dass sich ein jeder angesprochen fühlen musste. Keiner der Zuhörer ahnte, wie schwer es Gandhi gefallen war, seine Scheu vor dem öffentlichen Auftreten zu überwinden, welche Angst er ausstand, die Worte könnten ihm ausbleiben. Doch sein in Maritzburg gefasster Entschluss, die Zustände innerhalb der indischen Gemeinschaft zu verändern, verlieh ihm Kraft für seine Rede. Sein Vorschlag, eine Vereinigung zu gründen, die gegenüber den Behörden die Interessen der Inder vertrat, wurde enthusiastisch begrüßt. Man beschloss, sich regelmäßig zu treffen und praktische Fragen zu besprechen. Schon nach kurzer Zeit kannte Gandhi alle Inder in Pretoria. Er verhandelte mit den Eisenbahnbehörden und mit dem Vertreter der britischen Krone in Transvaal. Erste kleine Erfolge ließen allmählich das Selbstvertrauen der Inder von Pretoria wachsen.

Nach sorgfältigem Faktenstudium erkannte Gandhi, dass Dada Abdullah in dem vorliegenden Streit im Recht war. Aber weiteres Prozessieren hätte beide Parteien ruiniert. Es musste eine gütliche Einigung gefunden werden. Er wagte den Versuch und hatte Erfolg. Beide Parteien fanden sich außerhalb des Gerichts zu einem Vergleich bereit. Gandhi überredete Dada Abdullah, das ihm zustehende Geld in Ratenzahlungen anzunehmen und dadurch den Bankrott der anderen Partei zu verhindern. Beide Seiten waren mit dem Resultat zufrieden. Gandhis Freude war nach seinen eigenen Worten grenzenlos; er lernte die echte Praxis des Rechts kennen. Zum ersten Mal hatte er als Rechtsanwalt Erfolg gehabt. Aber nicht das allein machte ihn so glücklich. Am Gericht von Bombay hatte er versagt, weil ihm die übliche Praxis widerstrebte, den Gegner zu vernichten. Hier war es ihm gelungen, einen Kompromiss zu finden, dem sich beide Parteien freiwillig unterwarfen. Diese Art des Vorgehens sollte für Gandhis weitere juristische und politische Tätigkeit charakteristisch werden.

Lehrmeister Tolstoi

Während seines Aufenthaltes in Pretoria setzte Gandhi die Suche nach einer ihm gemäßen Religion und Lebensweise fort. Es blieb nicht aus, dass Christen wie Moslems sich bemühten, den jungen Mann zu ihrem Glauben zu bekehren. Gandhi war mit Europäern befreundet, die wie er die Rassenpolitik in Krügers Transvaal verurteilten. Für sie waren alle Menschen, ungeachtet ihrer Hautfarbe und Religion, vor Gott gleich. Obwohl Gandhi an ihren Gebeten teilnahm, ihre Bücher las und mit ihnen über das Christentum sprach, konnte er sich nicht entschließen, den christlichen Glauben anzunehmen. Ihn überzeugte nicht, dass Jesus Gottes einziger Sohn und der Mittler zwischen Gott und den Menschen sein sollte. Waren nicht alle Menschen Kinder Gottes? Ihm widerstrebte der Gedanke, ein sündiges Wesen zu sein, dazu verurteilt, Sünden zu begehen und Gott zu bitten, sie ihm zu vergeben. »Ich suche nicht Erlösung von den

Folgen meiner Sünde. Ich will von der Sünde selbst erlöst werden oder sogar von dem Gedanken an Sünde«, erklärte Gandhi. Er las mit großem Interesse eine Übersetzung des Korans und von Washington Irving »Das Leben des Propheten Mohammed«. Aber die eigene religiöse Tradition widerstand letzten Endes allen Überlegungen, einen anderen Glauben anzunehmen. Diskussionen und Korrespondenzen mit Freunden in Pretoria, England und Indien festigten in ihm die Überzeugung: Alle Religionen sind zugleich vollkommen und unvollkommen. Ihr Wesen ist gleich, nur die Formen differieren. Deshalb ist es unsinnig, eine Religion um einer anderen willen aufzugeben.

Religion war für Gandhi keine mystische Doktrin. »Sie bedeutet nicht nur intellektuelles Wissen von oder den Glauben an gewisse Doktrinen«, schrieb er. »Sie ist eine angeborene Eigenschaft der Seele. Sie ist das, was es uns ermöglicht, im Leben unsere Pflichten als menschliche Wesen zu erkennen und eine richtige Beziehung zu unseren Mitmenschen aufzubauen. Aber zuvor müssen wir unsere eigene wirkliche Natur erkennen. Religion ist deshalb in erster Linie das Mittel zur Selbstverwirklichung oder zur wirklichen Natur unseres Selbst … « Was aber war Gott für Gandhi? »Nenne es Lebenskraft, nenne es Wahrheit, nenne es Liebe, nenne es, wie du willst. Dies ist die letzte Realität, die ich, Gandhi, Gott nennen möchte.« Für ihn war jeder, der die Wahrheit suchte, der seinem Gewissen folgte, ein Gläubiger, auch wenn er sich als Atheist bezeichnete. Die Wahrheit wiederum konnte man nur durch die Tat herausfinden, denn es gab keine ewigen, unveränderlichen Wahrheiten.

Den tiefsten Eindruck in dieser Zeit des Suchens nach einer Lebenskonzeption machte auf Gandhi die Lektüre des Buches »Das Reich Gottes in uns« von Lew Tolstoi.

Eigenen Aussagen zufolge las er es zu einem Zeitpunkt, da er von Skeptizismus und Zweifeln geplagt wurde.

»Ich war aufgewühlt davon. Angesichts der Unabhängigkeit im Denken, der tiefen Sittlichkeit und der Aufrichtigkeit des Buches erschienen mir alle anderen blass und unbedeutend … «, schrieb Gandhi später. Die »große Seele Russlands« übte eine kaum zu überschätzende Wirkung auf den jungen Gandhi aus.

Die moderne Zivilisation, lehrte Tolstoi, beruhe auf dem Recht des Stärkeren, leide unter dem Teufelskreis von Gewalt und Gegengewalt und ersticke das »urwüchsige Verlangen nach dem Guten in der menschlichen Natur«. Einen Ausweg aus ihrer Krise könne die Menschheit nur finden, wenn sie sich auf die ewigen Wahrheiten der Religion besänne, ganz gleich, welchen Namen diese Religion trage. Liebe, nicht Hass, sei das Gesetz, unter dem die Menschen angetreten seien, und Gewaltlosigkeit die einzige Möglichkeit, im Einklang mit diesem Gesetz und damit der Welt zu leben.

»… es handelt sich darum«, schrieb Tolstoi, »was man den Verzicht auf allen Widerstand durch Gewalt heißt, worin sich aber letzten Endes nichts anderes ausdrückt als die durch Truggespinste noch nicht entstellte Lehre vom Gesetz der Liebe. Die Liebe, mit anderen Worten das Streben der Menschenseelen nach Vereinigung und ihr daraus sich ergebendes Verhalten untereinander, stellt das höchste und einzige Gesetz des Lebens dar.« Um das Gesetz der Liebe zu erfüllen, bedurfte es der Bereitschaft, die Wahrheit zu suchen, und des Mutes, ihr gemäß zu leben. Tolstoi wies darauf hin, dass man die Welt nur so weit zum Besseren verändern könne, wie jeder Einzelne sein Leben in diese Richtung verändere.

Diese Stimme verstand Gandhi, schlug sie doch verwandte Saiten in seinem Wesen an. Ahimsa (Gewaltlosigkeit), Ehrfurcht vor dem Leben, Liebe zu jeglichem Geschöpf – das hatten auch die Jainpriester im Hause seines Vaters gelehrt. Bei Tolstoi fand er die Einheit von Wort und Tat, die er erstrebte, und den tiefen Glauben, nach dem er sich sehnte.

Die Lehre des großen Russen spiegelte die Stimmung der russischen Bauernschaft in der Periode zwischen der Aufhebung der Leibeigenschaft und der Revolution wider. Es herrschte eine tiefe Unsicherheit, die die Bauern Zuflucht in vergangenen Zeiten suchen ließ, als die Welt noch »heil« gewesen war. Tolstoi zog daraus den Schluss, die Menschen müssten sich nur wieder auf die »ewigen« Werte und Wahrheiten der von Entstellungen gereinigten Religionen besinnen, um von den Übeln des Kapitalismus »erlöst« zu werden. Er begriff die Geschichte als das zeitlose Walten eines Weltgeistes. So verschwommen Tolstois Zukunftsvisionen auch waren, sie hinderten ihn nicht daran, mit einer Klarheit und Scharfsichtigkeit, die ihresgleichen suchten, die herrschenden Zustände zu kritisieren.

Diese Art der Kritik faszinierte Gandhi, zumal er auf ähnlichem Boden stand wie Tolstoi. Auch Indien befand sich im Umbruch: Die Mehrzahl der Bevölkerung bestand aus armen Bauern, die in immer größeres Elend gestürzt wurden. Zwischen ihnen und der gebildeten städtischen Mittel- und Oberschicht lagen Welten. Eine Arbeiterklasse bildete sich nur langsam heraus. Tolstoi überzeugte Gandhi, weil er seine eigene religiöse Auffassung von der Welt und dem Leben bestätigte. Auch Gandhi war eine konkret-historische Fragestellung fremd. Er bemerkte einmal, dass es ihn nicht interessiere, ob die Jesus-Überlieferung historisch wahr sei oder nicht. »Für mich ist sie jedenfalls wahrer als die Geschichte, weil ich sie für möglich halte und sie ein ewiges

Gesetz verkörpert.« An Tolstois Lehre fesselte Gandhi vor allem die Haltung, die dieser zugrunde lag: die unbedingte Ehrlichkeit und der Mut zur Wahrheit. Auf diesem Weg folgte er seinem Lehrmeister und wuchs über ihn hinaus.

Ein Abschiedsessen mit Folgen

»Der Mann auf der Straße hasst ihn, bespuckt ihn und stößt ihn vom Gehweg ... Die Straßenbahnen sind nicht für Inder. Die Eisenbahnbeamten können die Inder wie Vieh behandeln. Ungeachtet wie sauber er ist, beleidigt schon sein bloßer Anblick jeden weißen Mann in der Kolonie so, dass er sich weigern würde, sich auch nur für eine kurze Zeit in dasselbe Abteil mit einem Inder zu setzen. Die Hotels verschließen ihre Türen vor ihnen.« Mit diesen Worten umriss Gandhi in einem offenen Brief an die Presse von Natal die Lage der Inder in der britischen Kolonie.

1833 hatte das englische Parlament die Sklaverei abgeschafft. Doch die englischen Siedler in der Kolonie brauchten nach wie vor billige Arbeitskräfte. Die einheimischen Zulus waren nicht als Lohnsklaven zu gewinnen. Sie entzogen sich der brutalen Ausbeutung durch Flucht in die Berge. Es blieben die Inder, mit denen man auf Mauritius, Trinidad, Jamaika und in Britisch-Guyana schon gute Erfahrungen gemacht hatte. Sie waren fleißig, genügsam und leicht als Kontraktarbeiter zu gewinnen. Die ersten einhundertfünfzig Kontraktarbeiter aus Südindien gingen am 16. November 1860 in Durban an Land. Ihnen folgten geschäftstüchtige Händler aus Nordwestindien. Sie entwickelten sich schnell zu einer unerwünschten Konkurrenz für die Europäer und beschworen damit deren Feindschaft herauf. Die billigen

Kulis wollten die Europäer gern behalten, nicht aber die zugereisten oder frei gewordenen Händler. Die europäischen Einwohner von Natal beschimpften die Inder als den »Schmutz Asiens«, den »Krebs, der an der Lebenskraft der Gemeinschaft zehrt« oder ganz einfach als »Schweine«.

Nach einem Gesetz von 1856 war jeder männliche Einwohner der Kolonie wahlberechtigt, sofern er über ein unbewegliches Eigentum im Werte von fünfzig englischen Pfund oder über ein regelmäßiges Einkommen von zehn Pfund verfügte. Weil dieses Gesetz theoretisch auch den Indern das Wahlrecht einräumte, missfiel es den Europäern schon lange. 1894 sollte deshalb ein neues Gesetz verabschiedet werden, das den Indern ausdrücklich das Wahlrecht verweigerte. Dieser Schritt wurde damit begründet, dass die meisten Inder kaum Englisch könnten und deshalb nicht in der Lage wären, sich ausreichend zu informieren; sie hätten sich nicht um die Kolonisierung von Natal verdient gemacht; sie wären parasitär in ihren Gewohnheiten; ihre Namen auf den Wahllisten untergrüben die politische Moral.

25. Juni 1894. Gandhi, dem zu Ehren Dada Abdullah ein Abschiedsessen gab, griff in einer Pause nach der neuesten Ausgabe des »Natal Mercury«. Mit wachsender Erregung überflog er einen Artikel. Dann konnte er nicht mehr an sich halten und las laut vor: »Der Asiate entstammt einer Rasse mit abgenutzter Zivilisation, die nicht die geringste Kenntnis von den Prinzipien und Traditionen einer repräsentativen Regierung besitzt. Was seinen Instinkt und seine Erfahrungen betrifft, so ist er ein Kind von politisch rückständigster Art, von dem man gerechterweise nicht erwarten kann, dass er mit unseren politischen Bestrebungen in irgendeiner Weise sympathisiert.«

»Wißt ihr, was das bedeutet?« fragte Gandhi. »Dieses Wahlgesetz ist der erste Nagel zu unserem Sarg, es rührt an die Wurzeln unserer Selbstachtung.«

In das betroffene Schweigen, das seinen Worten folgte, sagte Dada Abdullah ratlos: »Wie sollen wir diese Sache verstehen? Wir verstehen nur das, was unser Geschäft betrifft.« Die anderen nickten. Plötzlich schlug jemand vor, Gandhi solle seine Abreise nach Indien verschieben und sie im Kampf gegen dieses Wahlgesetz führen.

Gandhi schaute auf die Männer, die ihn bittend und vertrauensvoll ansahen. »Gut«, sagte er, »einen Monat bleibe ich noch, wenn mir alle dabei helfen.« Ein tiefes Aufatmen ging durch die Reihen.

Schon drei Tage später lag dem Parlament von Natal eine Petition vor, in der fünfhundert Inder die Rücknahme des neuen Wahlgesetzes verlangten. Trotz der Proteste verabschiedete das Parlament am 3. Juli 1894 das diskriminierende Gesetz. Gandhi und seine Freunde gaben jedoch nicht auf. Das Gesetz bedurfte der Zustimmung der englischen Königin, bevor es rechtskräftig wurde. Dies galt es zu verhindern.

Junge Inder, die sich nie zuvor mit Politik beschäftigt hatten, waren unermüdlich unterwegs, ihren Landsleuten den Sinn der Petition zu erklären und Unterschriften zu sammeln. Reiche Händler stellten Fahrzeuge und Geld zur Verfügung. Innerhalb von zwei Wochen wurden zehntausend Unterschriften gesammelt, die Petitionen an die Presse und an Persönlichkeiten des öffentlichen Lebens in England und Indien geschickt. Am 17. Juli überreichte der Gouverneur von Natal die Petition mit den Unterschriften an den Staatssekretär für die Kolonien. Gandhi sah seine Aufgabe für beendet an und rüstete zur Abreise. Er blieb, als ihm seine Freunde sagten, wenn er jetzt ginge, sei alles vergeblich gewesen. Allerdings machte er zur Bedingung, dass er für seine Arbeit zum Nutzen der Allgemeinheit kein Geld erhielte, um so seine Unabhängigkeit zu wahren. Zwanzig Geschäftsleute übertrugen ihm daraufhin für ein Jahr die Vollmachten, sie juristisch zu vertreten. Damit war sein Lebensunterhalt gesichert. Die meiste Zeit widmete Gandhi der öffentlichen Arbeit. Er erkannte bald, dass Petitionen allein nicht ausreichten. Die öffentliche Meinung musste mobilisiert werden. Am 22. August 1894 gründete er den Natal Indian Congress (NIC). Diese Organisation sollte die Freundschaft zwischen Indern und Europäern in der Kolonie fördern, Informationen über Indien und die Inder verbreiten, den Armen und Bedürftigen helfen und die Inder politisch, sozial und moralisch bilden. Im ersten Monat traten dem Kongress dreihundert Hindus, Moslems, Parsen und Christen aus allen sozialen Schichten bei. Sie zahlten, abhängig von ihrem Einkommen, Beiträge und besuchten die regelmäßigen Versammlungen. Hier lernten sie, öffentlich über ihre Probleme zu sprechen. Freiwillige reisten durch die Kolonie, warben für die Ideen des Kongresses und sammelten Geld. Gandhi verlangte von seinen Mitarbeitern Disziplin und Pünktlichkeit. Schluderei war ihm verhasst. Mit der indischen Gemeinschaft ging eine Veränderung vor. Bisher hatte sich jeder nur um sich selbst und seine Familie gekümmert, mochten die anderen doch sehen, wie sie mit ihren Schwierigkeiten fertig wurden. Nun lernten die Inder etwas völlig Neues kennen: die Solidarität. Gandhi packte sie bei ihrer Ehre. Sie waren nicht der »Schmutz Asiens«, sondern Angehörige eines alten Kulturvolkes. Das wollten sie beweisen. Sie richteten Kurse für Hygiene und Hauswirtschaft ein, die ihnen helfen sollten, sich besser ihrer Umgebung anzupassen.

Für die Kinder gründete Gandhi die Natal-Indische Erziehungsvereinigung. Er selbst und andere freiwillige Helfer unterrichteten die Kinder in der Geschichte und Kultur ihrer Heimat Indien, die sie noch nie gesehen hatten.

Am Gericht von Durban erwarb sich Gandhi bald ein hohes Ansehen. Obwohl die europäischen Rechtsanwälte nichts unversucht gelassen hatten, seine Zulassung bei Gericht zu verhindern, konnten sie dem ungeliebten Kollegen auf die Dauer doch nicht ihre Achtung versagen. Seine Genauigkeit und Objektivität machten ihn bald zu einem brillanten Rechtsanwalt. Da die Inder den Schikanen der Europäer schutzlos ausgesetzt waren, brauchte sich Gandhi über Mangel an Arbeit nicht zu beklagen. Aber all das war ihm noch zu wenig. Jung, politisch unerfahren, grenzenlos vertrauend auf Vernunft, Gerechtigkeit und die christliche Ethik der Europäer, wollte er sie von der gerechten Sache der Inder überzeugen. Er verfasste einen offenen Brief an die beiden Häuser des Parlaments von Natal und die Schrift »Das indische Wahlrecht: Ein Appell an jeden Briten in Südafrika«. Es war, als hätte Gandhi damit in ein Wespennest gestochen. Seine Argumente lösten in der Presse hier und da zwar Verständnis aus, vor allem aber heftige Kritik. Die »Star of Johannesburg« fragte ironisch, wie es denn möglich sei, dass die Briten mit einer Garnison Soldaten ein Volk von zweihundertfünfzig Millionen Indern beherrschen. Hatte nicht jedes Volk die Herrschaft, die es verdiente? Die »Critic« aus Johannesburg riet Gandhi, sich doch einmal darüber zu informieren, wie die Inder mit ihren Kastenlosen umgingen. Die Europäer aber klage er an, dass sie diese Parias – denn solche waren die Kontraktarbeiter ja in der Mehrzahl – nicht wie freie Männer behandelten. Gandhi war nicht so wirklichkeits-

fremd, diese Anschuldigungen als pure Demagogie ab-
zutun. Selbst in der unsachlichsten Kritik liegt ja be-
kanntlich ein Körnchen Wahrheit. Hier aber war es
gleich ein ganzer Brocken. Sklaverei erwächst zwar aus
den Waffen der Eroberer, aber sie ruht auf den gebeugten Rücken der Eroberten. Deshalb muss der Kampf um
die Freiheit, soll er Erfolg haben, auf zwei Ebenen geführt
werden: gegen die Arroganz der Unterdrücker und gegen die Schwächen der Unterdrückten. Um ihrer eigenen Würde willen und ihres Ansehens in der Welt durften die Inder die Kastenlosen nicht länger wie Aussätzige
behandeln. Gandhi sollte diese Lehre nie vergessen. Und
dennoch: Wie schwer ihn diese Vorwürfe auch trafen,
nichts konnte den fünfundzwanzigjährigen Rechtsanwalt
davon abbringen, sein Ziel weiter zu verfolgen: die
rechtliche Gleichstellung der Inder in Südafrika. Er
dachte nicht in Kategorien von Erfolg oder Misserfolg,
er tat seine Pflicht, wie es ihm sein Gewissen gebot. In
zahlreichen Briefen, Artikeln, Diskussionen argumentierte er sachlich und geduldig, immer auf die Vernunft
und Menschlichkeit seiner Widersacher bauend.

In diesen ersten Jahren in Südafrika offenbarte sich,
aus welchem Holz Gandhi geschnitzt war. Hier bildeten
sich jene Charaktereigenschaften heraus, die einer seiner
Biographen so beschreibt: »Ruhig inmitten des Sturms,
wach, wenn sich andere in falscher Sicherheit wiegten,
der Gefahr gewärtig, wenn auf der Oberfläche alles glatt
schien … «

Der Fall Balasundaram

Heftiges Klopfen an der Tür seines Büros ließ Gandhi
von seinen Schriftstücken aufsehen. Ehe er noch selbst
die Tür öffnen konnte, stand vor ihm ein Tamile in zer-

rissenen Kleidern, die Kopfbedeckung in der Hand. Aus seinem Mund rann Blut. Gandhi hatte Mühe, den Mann zu überreden, seinen Turban aufzusetzen und zu sprechen. Anfangs fiel es ihm schwer, der wirren Rede seines Besuchers zu folgen.

Balasundaram, so hieß der Mann, stammte aus Südindien und war als Kontraktarbeiter nach Durban gekommen. Sein Herr hatte ihn wieder und wieder misshandelt. Er hielt diese Behandlung nicht länger aus, aber er wusste nicht, was er tun sollte. Ein Kontraktarbeiter gehörte wie ein Sklave seinem Herrn. Gandhi versprach, ihm zu helfen, und setzte bei Gericht durch, dass Balasundaram seine Arbeitsstelle wechseln durfte.

Die Nachricht von Balasundarams »wunderbarer Rettung« eilte von Plantage zu Plantage. Ungläubig lauschten die indischen Arbeiter der Geschichte. Noch nie zuvor hatte sich jemand ihrer angenommen. Ein nicht abreißender Strom von indischen Kontraktarbeitern ergoss sich nun in Gandhis Büro unweit der West Street in Durban. Was sie Gandhi erzählten, klang unglaublich. Berufsmäßige Werber, »Schlepper« genannt, zogen durch hungernde Dörfer und Pilgerzentren Südindiens und lockten ihre Opfer durch Versprechungen auf ein besseres Leben in Rekrutierungsbüros. Dort erhielten die Schlepper für jeden Mann drei Pfund, für jede Frau drei Pfund und sechzehn Shilling, während den Angeworbenen alles genommen wurde, was irgendeinen Wert besaß. Flucht war unmöglich. Die Opfer wurden auf Schiffe gebracht und unter Deck auf engstem Raum zusammengepfercht. Die Nahrung reichte nicht aus, es gab zu wenig Wasser. Fieber, Vitaminmangelkrankheiten und Dysenterie waren die Folge. Die Toten warf man einfach ins Meer, die Überlebenden erwartete ein Dasein in der Hölle. Der Kontrakt, den sie mit Fingerabdrücken

»unterschrieben« hatten, lieferte sie auf Gnade und Ungnade ihren Arbeitgebern aus. Sie mussten von der Morgendämmerung bis zum Anbruch der Dunkelheit auf den Tee- und Zuckerrohrplantagen arbeiten. Schon die geringsten Vergehen wurden hart bestraft. Arbeiter, die mehr als eine Meile von ihrem Arbeitsplatz entfernt ohne schriftliche Erlaubnis angetroffen wurden, nahm man fest und brachte sie auf eigene Kosten zu ihrem Herrn zurück. Wer einem Flüchtigen Unterkunft gewährte, musste mit einer Strafe von zehn Pfund rechnen und acht Shilling für jeden Tag bezahlen, den der Arbeiter seiner Arbeit ferngeblieben war. Die Arbeiter starben wie die Fliegen. Den Farmern bedeuteten sie weniger als die Tiere, denn sie waren billiger. Wollte sich ein Inder über seinen Arbeitgeber beschweren, brauchte er dazu dessen schriftliche Erlaubnis. Gelang es ihm dennoch, seine Klage vor Gericht vorzutragen, konnte er keine Gerechtigkeit erwarten. Die Richter waren die Söhne ihrer Arbeitgeber. Geflohene Arbeiter zogen Gefängnis oder Freitod oft einer Rückkehr auf die Plantagen vor. Die einzige Hoffnung für einen Kontraktarbeiter bestand darin, die fünf Jahre seines Kontraktes irgendwie zu überstehen und sich dann als Straßenhändler in Südafrika eine eigene Existenz aufzubauen. Doch diese Hoffnung sollte ihnen jetzt auch noch genommen werden. Das Parlament von Natal bereitete ein Gesetz vor, nach dem die Arbeiter, deren Kontrakt abgelaufen war, nach Indien zurückkehren mussten, wenn sie nicht einen neuen Kontrakt unterschrieben oder eine jährliche Steuer von fünfundzwanzig Pfund bezahlten. In zehn Jahren verdiente ein Kontraktarbeiter aber ganze siebenundachtzig Pfund. Wie sollte er da fünfundzwanzig Pfund im Jahr allein für die Steuer aufbringen? Ebenso hoffnungslos war eine Rückkehr nach Indien. Dort geriet er, vor Jahren aus seiner Gemeinschaft herausgerissen, in ein noch tieferes Elend als je zuvor.

Gandhi zögerte keinen Augenblick, sich der Sache der Kontraktarbeiter anzunehmen. Bis jetzt hatte er nur mit wohlhabenden Indern zu tun gehabt. Balasundarams Auftauchen gab seiner Tätigkeit eine neue Dimension. Der Indian Natal Congress organisierte einen Feldzug gegen das Wahlgesetz und das beabsichtigte Gesetz gegen die Kontraktarbeiter. Das trug Gandhi den Hass der Europäer ein und die Liebe der indischen Arbeiter, die ihn »Bhai« (Bruder) nannten.

Drei Jahre war Gandhi nun schon in Südafrika. Er besaß eine gut gehende Rechtsanwaltspraxis und genoss hohes Ansehen. Für immer nach Indien zurückzukehren, wie er es gewollt hätte, verbot ihm sein Gewissen. Die Inder in Südafrika brauchten ihn dringender denn je. So entschloss sich Gandhi, Frau und Kinder nach Südafrika zu holen. Am 5. Juni 1896 bestieg er in Durban die »Pongola« in Richtung Kalkutta. Vierundzwanzig Tage später betrat Gandhi wieder indischen Boden. Er nahm den nächsten Zug nach Bombay und erreichte am 9. Juli Rajkot. Doch Kasturba bekam ihren Mann kaum zu Gesicht. Schon wenige Tage nach seiner Ankunft hatte er eine Broschüre über die Leiden der Inder in Südafrika geschrieben. Er verschickte sie an alle, von denen er Hilfe erhoffte.

Der Ausbruch einer Pestepidemie im Gebiet von Bombay hinderte ihn, sofort seine geplante Reise durch Indien anzutreten, während der er die indische Öffentlichkeit auf die Zustände in Südafrika aufmerksam machen wollte. Gandhi bot den Behörden seine Hilfe bei der Pestbekämpfung an. Als Mitglied eines Komitees für Vorsorgemaßnahmen inspizierte er die sanitären Anlagen. Was er sah, verschlug ihm fast den Atem: überall Schmutz, aufgetürmter Unrat, Ungeziefer. Reiche Bürger weigerten sich, ihm ihre Toiletten zu zeigen, die jeder Beschreibung spotteten. Die Tempel starrten vor Schmutz, obwohl der Hinduismus jeden Gläubigen zur Sauberkeit verpflichtet. Als Gandhi auch die Viertel der Unberührbaren besuchen wollte, hoben die Mitglieder des Komitees abwehrend die Hände. Pest hin, Pest her, der Kontakt mit Unberührbaren war für sie schlimmer als die Pest. Gandhi ließ sich nicht beirren. Die Wohnungen der Ärmsten der Armen waren oft nur dunkle Löcher, Toiletten gab es keine. Aber überall herrschte äußerste Sauberkeit. »Keine Gefahr eines Ausbruchs der Pest in diesen Quartieren«, erklärte Gandhi seinen erstaunten Kollegen. Nach dem Abklingen der Pest reiste Gandhi nach Bombay. Als er auf einer großen Versammlung über sein Anliegen sprechen wollte, überfiel ihn sein altes Übel, das er schon überwunden glaubte. Vor Aufregung und Schüchternheit versagte ihm die Stimme. Ein anderer musste die vorbereitete Rede verlesen.

In Poona traf Gandhi mit den Großen der indischen Politik zusammen. Da war Sir Pherozeshah Mehta, der ihm einst geraten hatte, die Beleidigung von Ollivant widerspruchslos einzustecken. »Wie der Himalaja, unbezwingbar«, beschrieb ihn Gandhi. Bal Gangadhar Tilak, das Idol von Maharashtra, erschien ihm wie »der Ozean, grenzenlos, majestätisch, unergründlich«. Mit Gokhale, den er mit der »Mutter Ganges« verglich, verband ihn vom ersten Augenblick an eine tiefe persönliche Zuneigung. Er wurde Gandhis politischer Mentor.

In Madras, der Heimat von Balasundaram, schlug Gandhi eine Woge der Sympathie entgegen. Alle führenden Zeitungen berichteten von ihm und seiner selbstlosen Arbeit in Südafrika. Die zehntausend Exemplare der Broschüre über Südafrika waren längst vergriffen.

Gandhi ließ noch einmal viertausend Stück drucken, sie wurden ihm aus den Händen gerissen. Dagegen wirkte Kalkutta, wo er am 10. November 1896 eintraf, wie eine kalte Dusche auf ihn. Die indischen Zeitungen nahmen keine Notiz von ihm und der Sache, die er vertrat, oder bezeichneten ihn als »wandernden Juden«.

Die Maharadschas und die Britisch-Indische Gesellschaft, eine Vereinigung von Grundbesitzern, zeigten ihm die kalte Schulter. Südafrika war weit. Lediglich englische Zeitungen interessierten sich für Gandhi, der dennoch alles daransetzte, auch in Kalkutta öffentlich zu sprechen. Ehe er noch sein Ziel erreicht hatte, traf ein dringendes Telegramm aus Südafrika ein, in dem er gebeten wurde, im Januar wieder in Durban zu sein. Ohne Verzug reiste Gandhi nach Bombay zurück, um für seine Familie alle Reisevorbereitungen zu treffen. Gokhale und Tilak versprachen ihm, der indischen Regierung eine Denkschrift über die Lage der Inder in Südafrika vorzulegen. In fünf Monaten hatte Gandhi eine gewaltige Arbeit vollbracht. Von nun an konnten die Inder in Südafrika auf Beistand aus der Heimat hoffen.

Am 30. November ging Gandhi mit seiner Familie an Bord der »Courland«. Zur selben Zeit stach ein zweites Schiff von Bombay nach Durban in See. Keiner der achthundert Passagiere auf beiden Schiffen ahnte, dass sie statt in neunzehn erst in vierundvierzig Tagen wieder festen Boden unter den Füßen haben sollten.

»Schlagt Gandhi tot!«

Gandhi war nun schon in der Welt herumgekommen. Mit seiner Familie reiste er jedoch zum ersten Mal. Für Kasturba und die Kinder war das kein ungetrübtes Vergnügen. Gandhi legte Wert darauf, dass seine Familie

»zivilisiert« aussah und sich den europäischen Verhaltensnormen anpasste. Schon in Rajkot hatte er die Kinder gelehrt, die britische Nationalhymne in korrektem Englisch und nach englischer Manier zu singen. Großbritanniens Herrschaft hielt er für »insgesamt segensreich für die Welt«. Amtsmissbrauch durch einzelne Beamte widerlegte in seinen Augen nicht den Vorzug des britischen Systems. Gandhi fühlte sich ganz und gar als loyaler Untertan Ihrer Britischen Majestät. Kasturba musste ihren Sari nach Art der parsischen Frauen tragen, die beiden Söhne parsische Hemden und Hosen, weil die Parsen als die zivilisiertesten Inder galten. Gandhi selbst war nach der letzten europäischen Mode gekleidet. Die Jungen schwitzten in den Strümpfen, die ungewohnten Schuhe drückten. Kasturba ging es nicht anders. Die Mahlzeiten wurden mit Messer und Gabel eingenommen und nicht, wie in Indien üblich, mit den Fingern. Hätte Kasturba auch nur geahnt, was sie in Südafrika erwartete – ihr Unmut wäre noch größer gewesen.

Als die beiden Schiffe am 18. Dezember 1896 in den Hafen von Durban einliefen, stellte sie ein an Bord kommender Gesundheitsoffizier sofort unter Quarantäne, obwohl sich auf den beiden Schiffen kein einziger Kranker befand. Sechsundzwanzig Tage lang wehte die gelbe Flagge über den Schiffen. Unklare Nachrichten aus Durban gaben Anlass zu Gerüchten. Dann trafen unmissverständliche Drohungen ein: »Wenn ihr nicht sofort zurückfahrt, werdet ihr ins Meer geworfen.« Gandhi riet den Passagieren, Ruhe zu bewahren, und sie befolgten seinen Rat vorbildlich. Geduldig warteten sie darauf, an Land gehen zu können. In Durban aber herrschte Pogromstimmung. Ausgelöst worden war sie durch folgenden tendenziösen Bericht der Reuter-Agentur: »14. September. In einer in Indien veröffentlichten

Flugschrift wird behauptet, die Inder in Natal würden ausgeraubt, angegriffen und wie Tiere behandelt und dass es ihnen nicht gelinge, Abhilfe zu schaffen. Die Zeitung ›Times of India‹ fordert, dass die Anschuldigungen untersucht werden.« Mit der Flugschrift war Gandhis Broschüre über die Lage der Inder in Südafrika gemeint. Die Europäer von Natal warfen Gandhi vor, er habe den guten Namen der Kolonie beschmutzt und ihre Gastfreundschaft missbraucht. Der wahre Inhalt der Broschüre war ihnen unbekannt. Die gleichzeitige Ankunft von zwei Schiffen aus Indien nutzten Scharfmacher dazu, den Menschen einzureden, Gandhi plane, immer mehr Inder in der Kolonie anzusiedeln und die Europäer zu vertreiben.

Am 16. Januar 1897 berichtete die Zeitung »Natal Advertiser«: »Als die Kunde von der Einfahrt der ›Courland‹ und der ›Naderi‹ bekannt wurde und die Trompeter am Mittwochmorgen kurz nach zehn Uhr durch die Straßen und die Vorstadt galoppierten, hatte man allgemein den Eindruck, dass es den Indern nicht gut ergehen würde, wenn sie versuchen sollten, an Land zu gehen, und dass sie, selbst wenn sie vor Schreck an Bord blieben, durch das Schreien, Grölen und Rufen der versammelten Menschenmenge betäubt und verängstigt würden. Das Endziel der Demonstranten war unzweifelhaft die Verhinderung des Einlaufens der Schiffe um jeden Preis.«

Zweitausend Europäer protestierten in der Stadthalle von Durban. Militante Gruppen fanden sich zusammen, um gegen die Inder vorzugehen. Erst nach Tagen gelang es den Behörden, die aufgeputschte Menge zu beschwichtigen. Die Passagiere konnten die Schiffe verlassen. Gandhi riet man, damit bis zum Einbruch der Dunkelheit zu warten. Dass er diesen Rat nicht befolgte, kam ihn teuer zu stehen. Ein paar Burschen erkannten ihn. Im

Nu sammelte sich eine tobende Menschenmenge um Gandhi. Ein Hagel von Steinen, stinkenden Fischen und verfaulten Eiern ging auf ihn nieder. Jemand riss ihm den Turban vom Kopf, man stieß und schlug auf ihn ein. Gandhi stand hilflos an eine Hauswand gelehnt, Widerstand hätte seine Lage nur verschlimmert. In höchster Not kam Hilfe. Eine resolute Frau bahnte sich einen Weg durch die Menschenmenge, stellte sich mit aufgespanntem Schirm vor Gandhi und wehrte damit die Geschosse ab. Es war Mrs. Alexander, die Frau des Polizeichefs von Durban. Ihr unerwartetes Auftauchen kühlte die erregten Gemüter ab. Eintreffende Polizei zerstreute die Menge und geleitete Gandhi zum Haus seines Freundes Rustomji, wo Frau und Kinder schon auf ihn warteten.

Die Europäer ließen nicht ab von ihrem Plan, den unwillkommenen Inder zu lynchen. Nach Einbruch der Dunkelheit versammelten sie sich vor Rustomjis Haus und schrien in Sprechchören: »Wir wollen Gandhi brennen sehen! Wir wollen Gandhi haben!« Gandhi blieb nur die Flucht, wenn er das Eigentum seines Freundes schützen wollte. Verkleidet als indischer Polizist und von zwei englischen Geheimpolizisten begleitet, entwich er über Zäune und Mauern in eine Seitengasse, bis er die sichere Polizeistation erreichte. Inzwischen sang Polizeichef Alexander gemeinsam mit der Menge vor dem Haus: »Hängt old Gandhi an den sauren Apfelbaum!«, um sie von dem abzulenken, was in und hinter dem Haus vorging. Als Gandhis Flucht bekannt wurde, zerstreuten sich die vom Schreien müden Menschen, lachend die einen, ärgerlich die anderen, dass der Polizeichef sie überlistet hatte. Gandhi war zu bekannt, als dass die Behörden die Sache auf sich beruhen lassen konnten. Er lehnte jedoch einen Strafantrag ab, weil er darauf vertraute, dass seine

Verfolger selbst einsehen würden, wie unvernünftig sie gehandelt hatten. Diese Haltung nötigte seinen Gegnern bei der Presse und den Behörden Respekt ab. Das diskriminierende Einwanderungsgesetz für die Inder wurde trotzdem vom Parlament beschlossen. Immerhin setzte man die auf fünfundzwanzig Pfund geplante Kopfsteuer auf drei Pfund herab. Gandhi arbeitete unverdrossen weiter. Die indische Gemeinschaft in Natal verfolgte hellwach alle politischen Schritte der Regierung.

Im persönlichen Leben Gandhis änderte sich einiges, seitdem er mit seiner Familie zusammenlebte. Die Haushaltskosten stiegen an. Ein Diener, ein Koch und eine englische Gouvernante für die Kinder mussten bezahlt werden. Da Gandhi darauf bestand, seine Söhne nach englischem Muster zu erziehen, die Schulen der Europäer ihnen jedoch verschlossen waren und er sie nicht in eine der Missionsschulen schicken wollte, wurden sie zu Hause unterrichtet.

Häufig kamen Freunde und Mitarbeiter zum Essen. Das alles kostete Geld. Gandhi ging mit dem ihm eigenen Eifer daran, seinen Lebensstil zu vereinfachen. Kasturba musste lernen, ohne Hilfe eines Dienstmädchens die Wäsche zu waschen. Um seine Kleidung kümmerte sich Gandhi selbst. Die Ausgaben für den Friseur wurden als überflüssig angesehen. Gandhi schnitt sich eigenhändig die Haare, den Spott seiner Freunde und Kollegen ob seiner seltsamen Frisur ertrug er gelassen.

Kasturba ließ all diese Neuerungen seufzend über sich ergehen. Als aber ihr Mann von ihr verlangte, die Nachttöpfe der Besucher zu leeren, eine Arbeit, die in Indien nur Unberührbare verrichteten, begehrte sie auf. Ihre Tränen rührten ihn jedoch nicht. Er wurde ärgerlich und verlangte von ihr, den Dienst am Nächsten freundlich zu tun, da er sonst wertlos sei. Der Jähzorn seiner frühen

Ehejahre brach von neuem in ihm auf. Kasturbas Widerstand erbitterte ihn, er hätte sie am liebsten vor die Tür gesetzt. Dann aber schämte er sich seiner Heftigkeit. Da die indische Frau von klein auf dazu erzogen wird, ihrem Mann zu gehorchen, leerte Kasturba schließlich die Nachttöpfe, wenn auch nicht eben mit fröhlichem Gesicht, wie ihr Mann es von ihr verlangte.

Gandhi bekannte später, dass er zu dieser Zeit ein herrschsüchtiger und ungeduldiger Ehemann gewesen sei und von Kasturbas Geduld und Hingabe viel gelernt habe.

Zwei seiner Söhne wurden in Südafrika geboren. Bei der Geburt seines vierten Sohnes, Devadas, ließ er es sich nicht nehmen, die Hebamme zu vertreten.

Gandhis immer tätige Natur sehnte sich neben der Büroarbeit nach praktischem Dienst an seinen Mitmenschen. Gegen den Widerstand Kasturbas nahm er einen Leprakranken im Haus auf, verband seine Wunden und pflegte ihn, bis er einen Krankenhausplatz für ihn gefunden hatte.

Täglich brachte er einige Stunden in einem kleinen Krankenhaus zu, führte die Anweisungen der Ärzte aus und hörte sich die Klagen der Patienten an. Die Kranken, in der Mehrzahl Kontraktarbeiter, erzählten ihm aus ihrem Leben. Von ihnen erfuhr er vieles über die soziale Lage der Ärmsten der Armen in Südafrika und Indien.

Sanitäter im Burenkrieg

1899 erfüllte sich Cecil Rhodes' Traum, ein britisches Imperium vom Kap bis nach Kairo zu schaffen. Die Diamanten- und Goldminen der Burenrepublik lockten. Immer wieder fielen britische Truppen im Transvaal ein.

Am 11. Oktober 1899 erklärte Transvaal den von den Briten schon so lange angestrebten Krieg. Es war von Großbritanniens Seite ein imperialistischer Kolonialkrieg, der auf die Ausrottung der Buren abzielte. Bis zum Februar 1900 kämpften die Buren erfolgreich, die Briten mussten befürchten, den Krieg zu verlieren. Gandhis Sympathien gehörten den Buren, dennoch siegte seine Loyalität gegenüber Großbritannien. Die Inder, sagte er, müssten auch die Pflichten eines Staatsbürgers auf sich nehmen, wenn sie seine Rechte beanspruchten. Er sammelte ein Korps von eintausendeinhundert Indern und bot es den Engländern als Ambulanztruppe an. Zu dieser Zeit war Gandhi noch weit davon entfernt, die Gewaltlosigkeit als eine umfassende Doktrin zu vertreten. »Wir können nicht mit Waffen umgehen«, erklärte er. »Das ist nicht unsere Schuld, es ist vielleicht unser Unglück, dass wir es nicht können. Aber möglicherweise gibt es andere, nicht weniger wichtige Aufgaben, und ungeachtet, welcher Art sie sind, würden wir es als ein Privileg betrachten, sie zu erfüllen. Das Motiv, das diesem bescheidenen Angebot zugrunde liegt, ist, zu beweisen, dass auch die Inder, gemeinsam mit den anderen Untertanen der Königin, in Südafrika bereit sind, auf dem Schlachtfeld ihre Pflicht zu tun.«

Der Kriegsverlauf zwang die Briten, das Angebot anzunehmen. Gandhi und die vierzig Kommandeure taten ihren Dienst unentgeltlich. Die indischen Freiwilligen übertrafen alle Erwartungen der Briten. Bis zu dreißig Meilen schleppten sie die Verwundeten, die sie zuvor, oft unter Lebensgefahr, aus den vordersten Linien geborgen hatten. Als sich der Krieg im Frühjahr 1900 zugunsten der Briten wendete, entließ man das indische Ambulanzkorps. Die Zeitungen waren voll des Lobes, und was sie zuvor peinlich vermieden hatten auszusprechen, was sie auch später wieder »vergessen« würden, klang jetzt im Chor: »Wir sind alle Söhne des Empire.«

Der Burenkrieg brachte den Indern in Südafrika eine wichtige Erfahrung: Zum ersten Mal fühlten sie sich als gleichberechtigte Bürger des britischen Empire. Die Behörden hüteten sich zu diesem Zeitpunkt, ihnen diesen Glauben zu nehmen, denn noch war der Krieg nicht gewonnen. Andererseits erlebten die Inder aus nächster Nähe, mit welchem Mut und welcher Opferbereitschaft eine vergleichsweise kleine Zahl von Buren – Männer, Frauen, Kinder und Greise – dem mächtigen britischen Imperium die Stirn bot. Manch einer fragte sich wohl insgeheim, wie die Briten erst dastehen würden, wenn sich Millionen von Indern gegen sie erhoben.

1902 kapitulierten die Buren vor dem beispiellosen Terror der britischen Eroberer. Die Briten hatten vorgegeben, diesen Krieg vor allem wegen der unmenschlichen Rassendiskriminierung in der Burenrepublik geführt zu haben. Gandhi war naiv genug, dies zu glauben. Er sah seine Aufgabe in Südafrika für beendet an. Ihn zog es mit Macht wieder nach Indien. Schweren Herzens stimmten die Freunde seinem Entschluss zu. Gandhi versprach zurückzukommen, falls sie ihn innerhalb eines Jahres brauchten. Für Gandhi und seine Familie wurden an verschiedenen Orten Natals Abschiedsempfänge gegeben. Die dankbaren Inder überschütteten sie mit kostbaren Geschenken – goldenen Uhren und Ketten, Brillantringen, kunstvollen Silberarbeiten. Gandhi versetzten diese Kostbarkeiten in Unruhe, er fühlte, dass sie ihm nicht zukamen. Nach langem Nachdenken beschloss er, sie auf einer Bank zu deponieren und sie der indischen Gemeinschaft zur Verfügung zu stellen. Sein Plan beschwor ein neues Gewitter am Familienhimmel herauf. Die Kinder stimmten dem begeistert zu, aber Kasturba sagte böse: »Du magst sie nicht brauchen. Deine Kinder mögen sie nicht brauchen. Kunststück, sie tanzen ja nach deiner Pfeife. Ich kann verstehen, dass du mir nicht erlaubst, den Schmuck zu tragen. Aber was ist mit meinen künftigen Schwiegertöchtern? Sie werden ihn sicher brauchen. Und wer weiß, was morgen geschieht. Ich wäre die Letzte, so mit Geschenken umzugehen, die voller Liebe gegeben worden sind.« Bei diesen Worten brach Kasturba in Tränen aus. Schließlich waren die meisten Schmuckstücke ihr geschenkt worden. Gandhi fragte sie, ob man sie ihr für ihren oder für seinen Dienst an der Gemeinschaft geschenkt habe. Damit kam er bei Kasturba schlecht an. »Da hast du Recht«, erwiderte sie. »Aber die von dir geleisteten Dienste sind ebensogut meine. Ich habe mich Tag und Nacht für dich abgerackert. Du und ihr alle miteinander habt mich dazu gezwungen. Bittere Tränen habe ich geweint. Ich habe für alle hart gearbeitet.« Gandhi hörte sich erschüttert den Ausbruch seiner Frau an. Sie hatte ja Recht. Aber die Juwelen durfte sie nicht behalten. Er setzte seinen Willen durch.

Der Abschied von Südafrika fiel Gandhi schwer. Er ließ gute Freunde zurück, deren Liebe und Vertrauen ihn angespornt hatten. Was aber erwartete ihn in Indien?

ZWISCHENSTATION INDIEN

> » Wahrheit kann nicht in Büchern gefunden wer-
> den. Wahrheit wohnt in jedem menschlichen Her-
> zen, und man muss hier nach ihr suchen und sich
> von Wahrheit leiten lassen, wie man sie sieht. Doch
> niemand hat das Recht, andere zu zwingen, nach
> seiner eigenen Wahrheitssicht zu handeln. «

Die Mission des Allan Octavian Hume

Gandhis erster Besuch in der Heimat galt dem väter-
lichen Freund Gokhale. Seit sie sich 1896 kennen gelernt
hatten, war die Verbindung zwischen den beiden Männern nicht mehr abgerissen. Gandhi schrieb ihm über
seine Erfahrungen in Südafrika, und Gokhale sparte nicht
mit guten Ratschlägen. Jetzt empfing er den Rückkehrer
mit offenen Armen. Er ließ ihm nicht viel Zeit, sich in
Rajkot einzurichten. Die bevorstehende Tagung des Indischen Nationalkongresses in Kalkutta bot Gokhale
eine willkommene Gelegenheit, seinen Schützling mit
der politischen Bewegung in Indien vertraut zu machen.
Die Jahre in England und Südafrika hatten zwar den
Gesichtskreis Gandhis erweitert, aber von den Verhältnissen in Indien verstand er wenig. Er sah das Land noch
immer aus der Perspektive der feudalen Fürstenstaaten
Kathiawars. Natürlich kannte er den Indischen Nationalkongress und seine führenden Männer, aber er wusste
kaum etwas über die Entstehungsgeschichte und die
aus ihr erwachsenden Probleme dieser Organisation.
Während der Reise von Bombay nach Kalkutta schloss
Gokhale diese Wissenslücke.

Die Geschichte des Indischen Nationalkongresses hatte mit dem britischen Kolonialbeamten Allan Octavian Hume begonnen. Nach zweiunddreißigjährigem treuen Dienst für die Krone beschloss dieser Mann, seinen Lebensabend in Indien zu verbringen. Ursprünglich deshalb, um seinem Hobby nachgehen zu können: der Ornithologie. Aber die Beschäftigung mit den farbenprächtigen Vögeln füllte den tatendurstigen Mann nicht aus. In den langen Mußestunden kreisten seine Gedanken um ein Problem, das ihn seit Jahren beunruhigte. Als junger Beamter hatte er den Sepoy-Aufstand der Jahre 1857 bis 1859 miterlebt. Nur mit barbarischer Härte hatten die Briten die Rebellion niederschlagen können. Der Verlust Indiens, für die britische Krone damals greifbar nahe, quälte Hume seitdem wie ein Alptraum. Zwar hatten die Briten gesiegt, aber sie regierten fortan über ein politisch totes Land. Sieger und Besiegte trennte ein tiefer Graben von Hochmut und Hass. Drohte unter diesen Umständen nicht ein neuerlicher blutiger Volksaufstand, der wie eine Naturkatastrophe über die ahnungslosen Briten hereinbrechen konnte? fragte sich Mister Hume besorgt. Seine Erfahrungen im Zivildienst ließen ihn zu der Erkenntnis gelangen, dass ein solcher Aufstand nur verhindert werden könnte, wenn die reichen, prowestlich orientierten Inder politisch aktiviert würden und mit der Kolonialregierung zusammenarbeiteten. Mehr einer Eingebung als klaren Vorstellungen folgend, wandte sich Hume 1883 mit einem Zirkularbrief an die Universität von Kalkutta, in dem er »fünfzig Männer, gut und ehrlich« aufrief, eine Vereinigung zur moralischen, sozialen und politischen Erneuerung Indiens zu gründen. Ein Gespräch mit Lord Dufferin, dem britischen Vizekönig, gab seinem nebelhaften Plan feste Umrisse. Der Vizekönig erinnerte an Lord Macauly, der schon 1835 von einer Klasse in Indien gesprochen hatte, die zwischen der britischen Herrschaft und den Millionen Indern vermitteln müsse. Lord Dufferin spann den Faden weiter. »Warum sollten wir uns nicht eine Art Opposition leisten, die die Regierung über die Stimmung im Lande informiert?«

»Und zugleich als Sicherheitsventil für Unzufriedenheit dient«, ergänzte Hume.

Der Plan, einen Kongress zu gründen, der die indische Führungsschicht vereinte, war geboren. Angesichts der Begeisterung und Tatkraft Humes bekam der Lord Angst vor seiner eigenen Courage. War Hume nicht wegen seiner eigenwilligen politischen Ansichten vorzeitig pensioniert worden? Lord Dufferin wollte seinen lukrativen Posten nicht verlieren. Er nahm Hume das Versprechen ab, seinen Namen nicht im Zusammenhang mit dem geplanten Kongress zu nennen, solange er noch im Amt war. – Humes Zirkularbrief fand großen Widerhall im Land. Am 27. Dezember 1885 traf sich in Bombay »die indische Aristokratie des Intellekts«. Zweiundsiebzig selbst ernannte Repräsentanten erklärten sich zur Vertretung des indischen Volkes – zum Indischen Nationalkongress. Die dreitägige Zusammenkunft klang mit Hochrufen auf Hume und die englische Königin aus. Man wollte sich künftig einmal im Jahr treffen, über alle wichtigen politischen Fragen sprechen und der Regierung Reformvorschläge unterbreiten, zum Nutzen Indiens und der Krone. Aus den zweiundsiebzig Delegierten wurden im darauf folgenden Jahr vierhundertsechsunddreißig. Die britischen Behörden verhielten sich wohlwollend. Lord Dufferin lud zu einer Gartenparty und war fast versucht, sein streng gehütetes Geheimnis zu lüften, dass er der eigentliche Gründer des Indischen Nationalkongresses war. Doch bald schon sah sich die

Kolonialregierung in der Rolle des Zauberlehrlings, der die Geister nicht loswurde, die er gerufen hatte. Die Idee einer nationalen Opposition fand unerwartet viele Anhänger. Zum vierten Kongress in Allahabad 1888 kamen schon eintausendzweihundertacht Delegierte, und sie wollten nicht nur Resolutionen verabschieden, sondern drängten auch auf deren Verwirklichung. Der Indische Nationalkongress war unversehens zum Sprachrohr der jungen indischen Bourgeoisie geworden. Liberale Politiker in England wie Bradlaugh und Gladstone, britische Journalisten in Indien wie Hunter und Wedderburn unterstützten offen den Anspruch des Kongresses auf Mitspracherecht. Das ginge entschieden zu weit, meinte Lord Dufferin und beeilte sich, vor seiner Rückkehr nach England im Jahre 1888 zu erklären, dass der Kongress eine »mikroskopische Minderheit« und damit bedeutungslos sei. Im Übrigen leugnete er jede Verbindung zu dieser Organisation. Sir Auckland Colvin, Gouverneur von Allahabad, der Humes Idee einst gefördert hatte, riet dem Kongress, sich auf soziale Fragen zu beschränken und sich nicht zur Vertretung des indischen Volkes aufzuwerfen. Vergeblich. Jahr um Jahr reisten mehr Delegierte zu den Kongresstagungen. In Broschüren und Flugblättern forderten sie soziale Reformen und prangerten Missstände in der Verwaltung an. Moslems, Hindus und Parsen saßen während der Tagungen einträchtig nebeneinander und verfochten dasselbe Ziel: ein einiges starkes Indien. Wortgewaltige Redner wie Dadabhai Naoroji, Mahadeva Ranade, Pherozeshah Mehta, Bal Gangadhar Tilak entzündeten die Flamme des Nationalismus in den Delegierten. Zugleich erklärten sie: »Wir treffen uns hier unter der zivilisierenden Herrschaft der Königin und des englischen Volkes, von niemandem gehindert, mit der Erlaubnis, offen unsere Meinung zu sagen, ohne die geringste Furcht und den geringsten Zweifel. So etwas ist unter britischer Herrschaft möglich und nur unter britischer Herrschaft.« Solche Beteuerungen und die obligatorischen Hochrufe auf die Königin änderten nichts daran, dass die Briten den Kongress als »unloyal« ansahen und ihn zu fürchten begannen. Britischen Beamten wurde untersagt, an den Kongresstagungen teilzunehmen. Die Tätigkeit des Kongresses erschöpfte sich jedoch in Reden und Petitionen. Um seinen Forderungen Nachdruck zu verleihen, fehlte ihm die Massenbasis. Das Volk verstand die Sprache der Intellektuellen nicht. Es blieb unberührt von den brillanten Reden und geschliffenen Formulierungen. So empfand es auch Gandhi, als er im Dezember 1901 an der Kongresstagung in Kalkutta teilnahm.

»Der Kongress trifft sich für drei Tage im Jahr, dann schläft er wieder ein«, bemerkte er enttäuscht. Was nutzten brillante Reden, wenn sie nichts bewirkten? Was sollten Petitionen, die im Papierkorb verschwanden? Von Südafrika her gewohnt, der Rede die Tat folgen zu lassen und nicht für die Menschen, sondern mit ihnen zu sprechen und zu handeln, fühlte sich Gandhi in Kalkutta fehl am Platz. Um wenigstens etwas Nützliches zu tun, reinigte er die Toiletten am Versammlungsort, deren Zustand allen Regeln der Hygiene spottete. Eine solche Arbeit hätten Angehörige der höheren Kasten – und nur aus solchen setzte sich der Kongress zusammen – niemals verrichtet. Keiner von denen, die amüsiert oder ungehalten den Neuling beobachteten, erkannte die Symbolik seiner Tat. Erst die Söhne jener Kongresspolitiker sollten durch Gandhis Beispiel begreifen, welche Heldentat Herakles mit der Säuberung des Augiasstalles vollbracht hatte. Im Dezember 1901 schwankte der Kongresspräsident noch zwischen Anerkennung und Ironie, als er, nach seiner Meinung über Gandhi befragt, sagte: »... sehr gut, sehr aktiv, berstend vor Enthusiasmus.«

Gandhi wusste nicht viel mit dem Kongress anzufangen und der Kongress nicht viel mit Gandhi. Nur Gokhale hielt an seiner Meinung fest, dass dieser junge Mann eines Tages von unschätzbarem Wert für Indien sein würde. Er unterstützte Gandhis Werben für die Sache der Inder in Südafrika und führte ihn mit bedeutenden Persönlichkeiten des öffentlichen Lebens in Kalkutta zusammen. Ein Treffen mit Svami Vivekananda, dem großen Erneuerer des Hinduismus, kam nicht zustande, weil dieser ans Krankenbett gefesselt war. Zeit seines Lebens bedauerte Gandhi, den Mann nicht kennen gelernt zu haben, der für das Verständnis Indiens in der Welt so viel getan hatte.

Auf Pilgerfahrt

Trotz der vielen neuen Eindrücke ließen die Tage in Kalkutta Gandhi unbefriedigt. Gokhale spürte, wie der Enthusiasmus Gandhis ins Leere stieß, sah, wie fremd und ungeschickt er sich in Indien bewegte. Er riet ihm zu reisen. Es gäbe keinen besseren Lehrmeister als eigene Anschauung und Erfahrung, meinte er. Südafrika mit seiner kleinen indischen Gemeinschaft lasse sich nicht mit dem komplizierten Riesenland Indien vergleichen. Gandhi musste Indien kennen lernen, bevor er ihm dienen konnte. Gokhale ahnte freilich nicht, *wie* ernst Gandhi seinen Rat nehmen sollte. Er überraschte Gokhale mit der Ankündigung, er werde in einem Eisenbahnabteil dritter Klasse reisen. Nur so könne er erfahren, wie das einfache Volk lebe, denke und fühle. Nach Gokhales Ansicht verriet dieses Vorhaben entweder völlige Unkenntnis der Situation oder einen beinahe selbstmörderischen Idealismus. Ein gebildeter Inder reiste nicht dritter Klasse.

In den letzten fünfzig Jahren hatte die Kolonialmacht Indien mit einem Netz von Eisenbahnlinien überzogen, um es besser regieren und ausbeuten zu können. Während man in der ersten Klasse luxuriös, in der zweiten noch erträglich reisen konnte, geschützt vor Regen und brütender Hitze, war die dritte Klasse geradezu unerträglich für jeden, der die Vorzüge der Zivilisation schätzen gelernt hatte. Auf schmutzigen Fußböden und rohen Holzbänken drängten sich mehr Menschen, als die Abteile eigentlich fassen konnten. Die Passagiere standen auf Trittbrettern, saßen rittlings in den Fensteröffnungen, ja sogar auf dem Dach. Mehr als vierzig Stundenkilometer schafften die Dampflokomotiven nicht. Auf diese Weise den indischen Subkontinent zu durchqueren bedeutete eine unvorstellbare körperliche Strapaze. Und dennoch: Alle Einwände Gokhales fruchteten nichts. Nur mit dem notwendigsten Gepäck – einem langen Schal aus rauer indischer Wolle, einem Dhoti (Lendentuch), einem Handtuch und einem Hemd – begab sich Gandhi auf die Reise. In nichts unterschied er sich von den Tausenden von Pilgern, die zu den heiligen Stätten von Benares, Allahabad, Hardwar und Kurukshetra zogen. Er badete im Ganges, wanderte durch enge schmutzige Gassen, besuchte verwahrloste Tempel, wo die Menschen Trost und Hilfe erhofften. Ungezählte Aussätzige bettelten um Almosen. Nackte, halbverhungerte Kinder wühlten in Abfällen nach Nahrung. Wohin Gandhi seinen Fuß auch setzte, überall starrte ihn das unbeschreibliche Elend Indiens an. Er wandte den Blick nicht ab, er litt, ohne dass der Schmerz seine Einsicht lähmte: Großbritannien hatte Indien zu seinem Hinterhof gemacht, dem größten, den ein Imperium je besessen hatte. Hilfe würde niemals von der Kolonialmacht kommen. Die Inder mussten sich selbst helfen.

Nachdenklich kehrte Gandhi nach Rajkot zurück. Er blieb nicht lange dort. Gokhale rief ihn zu sich nach Bombay. Der eigenwillige junge Mann faszinierte ihn. Gokhale spürte, dass in Gandhi trotz aller Schüchternheit eine ungeheure Kraft steckte, eine Kraft des Glaubens, Wollens und Handelns, die aus ihm einmal einen guten Politiker machen würde, wenn er sich dieser Kraft bewusst wurde.

Gandhi ließ sich als Rechtsanwalt in Bombay nieder. Gokhale besuchte ihn mehrmals in der Woche. Oft brachte er Freunde mit, die sein Schützling kennen lernen sollte. Gandhi begann sich in Indien wieder zu Hause zu fühlen. Als das Jahr 1902 zu Ende ging, traf ein Telegramm aus Südafrika ein: »Chamberlain wird hier erwartet. Bitte sofort zurückkehren.« Gandhi zögerte keinen Augenblick, diesem Ruf zu folgen. Er nahm an, dass sein Aufenthalt in Südafrika länger dauern würde als ein paar Monate, aber doch nicht so lange, als dass er Kasturba und die Kinder hätte mitnehmen müssen.

Gandhi sollte Indien erst nach zwölf Jahren wiedersehen.

DAS SCHWERT
DER GEWALTLOSIGKEIT

*»Nur derjenige, der den Gesetzen zu gehorchen ver-
mag, besitzt die Fähigkeit, ihnen nicht zu gehorchen. Nur wer aufbauen kann, darf zerstören.«*

Die Phoenix-Farm

Wenige Tage nach seiner Ankunft in Durban zu Anfang
des Jahres 1903 trug Gandhi dem Staatssekretär für die
Kolonien, Chamberlain, die Beschwerden der Inder vor.
Vor dem Burenkrieg konnte jeder Inder frei in den Transvaal einreisen. Jetzt bedurfte es dazu der Genehmigung
des neu geschaffenen Asiatic Departement. Die Inder
waren empört. Sie hatten im Krieg nicht die Briten unterstützt, um danach härter diskriminiert zu werden als je
zuvor. Doch Mister Chamberlain hatte andere Sorgen. Er
war gekommen, um Briten und Buren miteinander zu versöhnen. Die Inder störten ihn nur dabei. Mit den schein-
heiligen Worten: »Sie wissen, dass die Königliche Regierung wenig Einfluss auf die sich selbst regierenden Kolonien hat«, speiste Chamberlain Gandhi ab. Aber der gab
sich nicht geschlagen. Er reiste dem britischen Staatssekretär nach Pretoria nach. Die Behörden strichen seinen Namen von der Empfangsliste. Mister Chamberlain
war für ihn nicht mehr zu sprechen.

Diesmal brauchte niemand Gandhi zu überreden, in
Südafrika zu bleiben. Er ließ sich in Johannesburg nieder.
Johannesburg war eine junge Stadt und verdankte ihre
Existenz den Goldfunden am Witwatersrand. Die Ein-
wohnerzahl stieg rasch an. Den Hügel über der Stadt
krönte die Festung, die als Gefängnis diente. Gandhis

Büro lag in einem Haus an der Rissik-, Ecke Anderson-straße. Über Mangel an Arbeit brauchte sich Gandhi nicht zu beklagen. Das Asiatic Departement, das die Asiaten schützen sollte, tat genau das Gegenteil. Ohne Widerspruch duldete es, dass Polizisten und Beamte von indischen und chinesischen Geschäftsleuten Gelder erpressten. Gandhi spürte solche Fälle auf und brachte sie vor Gericht. Hartnäckig verfolgte er das Ziel, die Inder in Südafrika in den Stand »echter Bürger des Empire« zu versetzen.

Gandhi bewohnte ein einfaches Zimmer in der Nähe seines Büros. Die Freizeit verbrachte er mit Freunden bei langen philosophischen und religiösen Gesprächen. Er las Werke von Vivekananda und Patanjali über die Joga-lehre. Nach wie vor beschäftigte ihn die Bhagavadgita. Während der morgendlichen Toilette lernte er alle acht-zehn Gesänge des Lehrgedichts auswendig. Gandhi machte sich dessen Lehre zu eigen, ganz zweckfrei zu handeln und jedem Verlangen nach Erfolg zu entsagen, nicht um dieser Welt zu entfliehen, sondern um ihr im höchsten Maße zu dienen.

Anfang des Jahres 1904 ging ein ungewöhnlich starker Regen über Johannesburg nieder. Siebzehn Tage lang hingen schwere Wolken über der Stadt. Die Straßen wurden zu reißenden Bächen. Gandhi forderte die Behörden auf, der drohenden Seuchengefahr vorzubeugen. Seine Mahnung traf auf taube Ohren. Am 18. März erfuhr Gandhi, dass indische Arbeiter aus den Bergwerken an Lungenpest erkrankt waren. Noch ehe die Behörden überhaupt den Ernst der Lage begriffen, hatte Gandhi die Erkrankten bereits in einem leer stehenden Laden isoliert, sich um Geld, einen Arzt und Medikamente gekümmert. Er selbst half bei der Krankenpflege. Die Pest in Johannesburg kostete einhundertdreizehn Menschen das

Leben, davon fünfundfünfzig Indern. Dass die Zahl der Opfer nicht höher war, verdankte die Bevölkerung von Johannesburg nicht zuletzt dem Rechtsanwalt Gandhi.

Als die Seuche gebannt war, reiste Gandhi nach Durban. Dort erschien seit einiger Zeit die Wochenschrift »Indian Opinion« in Englisch, Tamil, Gujarati und Hindi. Da die meisten Inder die englische Sprache gar nicht oder nur mangelhaft beherrschten, war diese Zeitung ein wichtiges Informationsmittel für sie. »Indian Opinion« bezog mehr Inder als je zuvor in den Kampf um ihre bürgerlichen Rechte ein. Gandhi verwandte den größten Teil seines Einkommens darauf, die Zeitung zu finanzieren. Dennoch überstiegen die Unkosten beständig die Einkünfte. Nun stand die Zeitung vollends vor dem Bankrott. Gandhi wollte retten, was noch zu retten war. Während der vierundzwanzigstündigen Reise von Johannesburg nach Durban las er das Buch des englischen Kunstkritikers John Ruskin »Unto this last« (»Diesem Letzten«), das ihm ein Freund auf dem Bahnhof zugesteckt hatte.

Ruskin griff das herrschende englische Industriesystem an und stellte der entwürdigenden Jagd nach Profit ethische Forderungen entgegen. Nicht der Gewinn sei das Ziel aller Arbeit, sondern der Dienst an der Gesellschaft, schrieb er. Der seelischen und physischen Verkrüppelung des Menschen durch den Kapitalismus müsse man mit körperlicher Arbeit begegnen und eine soziale Hierarchie aufbauen, die sich nicht auf Geld, sondern auf Verdienste gründe.

Obwohl das Buch Gandhi nichts grundlegend Neues sagte, las er es mit wachsender Erregung. Als er in Durban den Zug verließ, war er entschlossen, Ruskins Ideen in die Tat umzusetzen. Vor Freunden in Durban entwickelte er einen Plan, wie man vernünftiger leben und damit gleichzeitig die »Indian Opinion« retten könne. Gandhi wollte eine Farm gründen, auf der ein jeder körperliche Arbeit verrichtete und sich in der Freizeit daran beteiligte, die »Indian Opinion« zu drucken. Doch er redete nicht lange über das Projekt. Der Zustimmung seiner Freunde sicher, ging er sogleich daran, es zu verwirklichen. Schon nach wenigen Tagen hatte er ein geeignetes Stück Land ausfindig gemacht und käuflich erworben. Obstbäume und eine Quelle sicherten den Siedlern fürs Erste bescheidene Lebensmöglichkeiten. Gandhi und seine enthusiastischen Mitstreiter kümmerte es wenig, dass das Gelände verwildert war und ganze Mückenschwärme über sie herfielen. Sie besaßen ihre Hände, viele Ideen und einen grenzenlosen Optimismus. Zuerst wohnten sie in Zelten. Als sie für die Druckerpresse eine wetterfeste Behausung gebaut hatten, lernten sie Typen setzen und die Presse bedienen. Nach einem halben Jahr angestrengter Arbeit erschien am 24. Dezember 1904 auf der Phoenix-Farm – so genannt wegen der nahe gelegenen Bahnstation Phoenix – die erste Nummer der »Indian Opinion«. Sie bestand nur aus einem Blatt, aber ihr Erscheinen war von nun an gesichert. Sie konnte weiter ihre Aufgabe erfüllen, »die europäischen und indischen Untertanen von König Eduard näher zueinander zu bringen, zur öffentlichen Meinungsbildung beizutragen, Gründe für Missverständnisse auszuräumen, den Indern ihre Fehler bewusst zu machen und sie auf ihre Rechte und Pflichten hinzuweisen«.

Unermüdlich feuerte Gandhi die Phantasie und Energie seiner Mitarbeiter an. Er bearbeitete wie sie den Boden, setzte Typen, druckte, schrieb Artikel und kümmerte sich um den Vertrieb der Zeitung. Feste Unterkünfte wurden gebaut. Bald finanzierte die Farm sich selbst. Als die Rechtsanwaltspraxis Gandhi nach Johannesburg zurückrief, wusste er die Phoenix-Farm und die »Indian Opinion« in den besten Händen. Er wäre gern länger geblieben, aber die Inder in Johannesburg brauchten ihren Anwalt. Vielfältig waren die Klagen, und Gandhi übernahm jeden Fall, dessen Rechtsanspruch ihn überzeugte. Von den Armen verlangte er keine Bezahlung oder nur so viel, wie sie geben konnten.

Die Hoffnung, bald nach Indien heimkehren zu können, hatte Gandhi längst aufgegeben. Also musste die Familie zu ihm kommen. Anfang des Jahres 1905 traf Kasturba mit den drei Söhnen Manilal (zehn), Ramdas (acht) und Devadas (fünf) in Johannesburg ein. Harilal, der Älteste, war bei der Familie in Rajkot geblieben. Die Gandhis bezogen ein zweistöckiges Haus in einem Außenbezirk von Johannesburg. Mit ihnen zusammen lebten das befreundete englische Ehepaar Polak und die Frau eines englischen Freundes. Gandhi war das Oberhaupt dieser großen Familie. »Bapu« (Vater) nannte man ihn. Das einfache Leben von Phoenix zog auch in Gandhis neuem Haushalt ein. Jeder verrichtete körperliche Arbeit. Der Weizen wurde selbst gemahlen, das Brot im Hause gebacken. Jeden Morgen gegen sieben Uhr dreißig verließ Gandhi das Haus und legte die neun Kilometer zu seinem Büro zu Fuß zurück. Oft begleiteten ihn die Kinder. Unterwegs lehrte er sie Gujarati, ihre Muttersprache. Englisch lernten sie nebenbei. Gandhi war der Meinung, dass intellektuelle Studien zwar notwendig, aber nicht das Wichtigste seien. Die Kinder sollten sich selbst und ihre Möglichkeiten erkennen, gemäß diesen Erkenntnissen leben und nicht ihre Zeit damit verbringen, totes Wissen anzuhäufen. Bücher haben nur geringen Wert, wenn ihre Leser über sie die Welt vergessen, bemerkte Gandhi. In der klugen Beschränkung der eigenen Studien sah er keinen Mangel, sondern Stärke. Er opponierte damit gegen das englische Bildungssystem, das den Verstand des Schülers einseitig entwickelte, seinen Charakter und seine praktischen Fähigkeiten hingegen vernachlässigte. Kinder, so meinte Gandhi, sollten nicht auf eine Karriere, sondern auf das Leben vorbereitet werden.

Von neun Uhr morgens bis fünf Uhr abends arbeitete Gandhi in seinem Büro und bei Gericht. Nach einem zweistündigen Fußmarsch erreichte er wieder sein Heim, wo alle gemeinsam das Abendessen einnahmen: hartgebackenes Brot, Nussbutter, Gemüse, Rohkostsalate. Die folgenden Stunden gehörten der Bhagavadgita. Gandhi rezitierte einzelne Verse, sein Freund Polak las sie in der englischen Übersetzung vor. In der nachfolgenden Diskussion, an der alle, auch die Kinder, teilnahmen, sprach man über das eben Gehörte und verband es mit den Problemen des täglichen Lebens. Diese Stunden gemeinsamen Nachdenkens mochte niemand missen.

Zölibat

Im April 1906 erhoben sich die Zulus gegen die Engländer. Nach langen erbitterten Kämpfen gegen die Buren und Briten hatten sie ihre Unabhängigkeit verloren und waren nun britische Untertanen. Als sie sich weigerten, Steuern zu zahlen, gingen die Engländer erbarmungslos gegen sie vor. Wie schon während des Burenkrieges bot Gandhi den Behörden an, ihnen mit einem Ambulanzkorps zu helfen. Diesmal ließ die zustimmende Antwort der Briten nicht so lange auf sich warten. Gandhi brachte seine Familie auf die Phoenix-Farm und sammelte vierundzwanzig Freiwillige. Die Abteilung ging sofort an die Arbeit. Was Gandhi während des Zulu-Aufstandes erlebte, erschütterte ihn. Dies war kein Krieg, sondern Mord. Die Briten weigerten sich, den Zulus medizinisch zu helfen. Die Inder nahmen sich der verwundeten Zulus an. Selten waren es Kämpfer, sondern meist unschuldige Dorfbewohner, die von den englischen Soldaten schwer misshandelt worden waren. Sechs Wochen dauerte der Einsatz. Dann wurden die Inder in Ehren entlassen.

Während des Zulu-Aufstandes fasste Gandhi einen Entschluss, der in keinem Zusammenhang mit dem zu stehen schien, was sich an Schrecklichem vor seinen Augen abspielte. Er wollte fortan sexuell enthaltsam leben. Schon nach der Geburt des vierten Sohnes, Devadas, hatte er versucht, sexuelle Enthaltsamkeit zu üben. Kasturba kränkelte, und sie wollten keine Kinder mehr haben. Jetzt ging es Gandhi um mehr als um Empfängnisverhütung. Die frühe Ehe, der Tod seines Vaters, während er bei Kasturba weilte, seine jähzornige Leidenschaftlichkeit in den Liebesbeziehungen zu seiner Frau belasteten ihn seit langem mit einem Schuldkomplex. Sich davon zu befreien war sicher ein wichtiger Grund für Gandhis Entschluss, aber nicht der wichtigste. Wie Tolstoi quälte ihn der Widerspruch zwischen der Hinwendung zur eigenen Familie und dem Dienst an der Gesellschaft. Diesen Widerspruch konnte Gandhi für sich nur auflösen, indem er die Gemeinschaft als Familie betrachtete. Befreit von den Fesseln der Leidenschaft, der Eifersucht und des Besitzanspruches, öffnete sich ihm der Weg zu einer tieferen Bindung. Stand nicht in der Bhagavadgita: »Was man Entsagung nennt, das erkenne als Hingabe, o Pandu-Sohn! Denn wer den Wünschen nicht entsagt, kann (auch) nicht Hingabe üben. Für den zur Vereinigung (mit der Weltseele) emporstrebenden Weisen gilt die Tat als Element.«

Hinzu kommt ein weiteres Moment. Nach dem Hinduglauben durchläuft der Einzelne im Idealfall vier Lebensphasen: die des Schülers; die des Hausvaters; die des Asketen, der sich auf die Suche nach seinem Selbst begibt, und die des wandernden heiligen Bettlers, der im Einklang mit seinem Selbst lebt. Gandhi sah sich auf der dritten Stufe angekommen. Entsagung bedeutete ihm uneingeschränkte Hingabe an die Tat, in der sich das Selbst des Menschen erst offenbart.

Frauen übten auf Gandhi zeitlebens eine große Anziehungskraft aus. Er schätzte ihre Sensibilität, ihren Mut und ihre Opferbereitschaft, bewunderte ihre Schönheit und Grazie. Er liebte Kasturba. Sexuelle Enthaltsamkeit zu üben fiel ihm schwer. Doch sie ermöglichte es ihm, die an die Sexualität gebundene Lebenskraft für höhere Zwecke freizusetzen. So wurde ihm der Verzicht nicht Opfer, sondern ein Quell innerer Freude. Er brachte ihn in Einklang mit dem, was er für gut und richtig hielt. Wie wenig ihm das Zölibat Selbstzweck war, geht aus einem Brief Gandhis hervor. Darin vergleicht er sich mit der Mutter, die »niemals freiwillig in einem feuchten Bett schlafen« würde, »aber sie wird es nur zu gern tun, wenn sie dadurch ihrem Kind ein trockenes verschafft«. Nur wer seine Ich-Bezogenheit aufgebe, könne das Leben anderer ändern.

Nach Phoenix zurückgekehrt, sprach Gandhi mit Kasturba über seinen Entschluss. Kasturba begriff wohl am besten, wie schwer ihm das Gelübde fiel. Er war ein Mann von siebenunddreißig Jahren. Sie kannte seine Sinnlichkeit, aber auch seine Charakterstärke. Krank und des mehr als zwanzigjährigen Liebeslebens wohl auch müde, erleichterte sie der Entschluss ihres Mannes mehr, als dass er sie betrübte. Gandhi sollte Jahre später sagen, seine wahre Liebe zu Kasturba hätte da begonnen, wo seine Begierden aufhörten.

Das Gelübde der sexuellen Enthaltsamkeit entsprang der tief im Hinduglauben verwurzelten Überzeugung, dass Energien, die in eine bestimmte Richtung gelenkt werden müssen, nicht gleichzeitig einem anderen Ziel zufließen können. Angesichts des Elends und der Ungerechtigkeit wuchs in Gandhi der leidenschaftliche Wunsch, *alle* seine Energien in den Dienst der Rechtlosen und Unterdrückten zu stellen.

Die Kraft der Wahrheit und der Liebe

Der Ruf nach Gandhis Diensten ließ nicht lange auf sich warten. Am 22. August 1906 veröffentlichte das Regierungsblatt von Transvaal ein Meldegesetz (Black Ordinance), nach dem sich jeder Asiate über acht Jahre mit Fingerabdrücken und Personenkennzeichen registrieren lassen musste. Den daraufhin ausgestellten Meldeschein hatte er ständig bei sich zu tragen und auf Verlangen der Polizei vorzuweisen. Wer sich innerhalb einer festgesetzten Frist nicht registrieren ließ, sollte das Recht verlieren, in Transvaal zu wohnen, und zu einer Geldstrafe von hundert Pfund oder zu drei Monaten Gefängnis oder Deportation verurteilt werden.

Dieses diskriminierende Gesetz empörte die indische Gemeinschaft. Gandhi ließ es in vollem Wortlaut in der »Indian Opinion« veröffentlichen und rief zum Widerstand auf. Am 11. September trafen sich im Jüdischen Empire Theatre in Johannesburg mehr als dreitausend Inder aus Transvaal. Sie schworen, das Gesetz nicht zu befolgen und alle sich daraus ergebenden Konsequenzen zu tragen. Gandhi sagte: »Ich habe alle antiasiatischen Gesetze in Südafrika studiert, aber niemals ist mir etwas begegnet wie dieses Gesetz. Ich fühle, dass wir mit diesem Schritt das Richtige getan haben. In all unseren Aktionen sind wir voller Loyalität. Für mich gibt es nur einen Weg: eher zu sterben, als mich diesem Gesetz zu unterwerfen ...« Aber Denkschriften und Proteste blieben erfolglos. Der ehemalige Burengeneral Smuts erklärte auf einer Wahlversammlung im Oktober 1906: »Der asiatische Krebsschaden, der sich schon so tief in Südafrikas lebenswichtige Organe eingefressen hat, muss nun entschlossen ausgerottet werden.« Ihm sekundierte der künftige Regierungschef der Südafrikanischen Union, Botha: »Wenn meine Partei ans Ruder kommt, werden wir die Kulis binnen vier Jahren aus dem Land getrieben haben.« Da Transvaal britische Kronkolonie und damit London für alle Gesetze verantwortlich war, beschloss die indische Gemeinschaft, eine Delegation nach England zu entsenden. Vor der Abreise im Oktober 1906 sagte Gandhi: »Wir werden natürlich unser Bestes tun, aber ich habe wenig Hoffnung, dass sich unser Verlangen erfüllt.« – Wie Recht er mit seiner düsteren Prognose hatte, sollte sich bald zeigen. Dabei ließ sich alles günstig an. Der Staatssekretär für die Kolonien empfing die Inder freundlich und versprach zu helfen. Der Staatssekretär für Indien, der liberale Premierminister Bannermann und zahlreiche Parlamentsmitglieder schienen beinahe ebenso entrüstet über das neue Gesetz wie die Inder selbst. Die »Times« veröffentlichte einen Brief Gandhis zu dieser Frage, die »Daily News« unterstützte ihn in einem Leitartikel, andere Zeitungen interviewten ihn. Auf der Rückreise nach Südafrika erfuhr Gandhi, dass sich der Staatssekretär für die Kolonien außerstande sah, dem König ohne weitere Prüfung eine Zustimmung zum Gesetz anzuraten. Die Inder schienen gesiegt zu haben. Doch ihre Freude war nur von kurzer Dauer.

Am 1. Januar 1907 erhielten Transvaal und der Oranje Free State die Selbstregierung. Sie unterstanden nicht mehr dem Staatssekretär für die Kolonien und der liberalen Regierung in London. Ihre Gesetze bedurften nur noch der formellen Zustimmung des Königs. Deshalb also die vielen freundlichen Gesichter in London, die so großzügig gespendeten Sympathieerklärungen! Die britische Regierung hatte es – vor allem mit Blick auf die Stimmung in Indien – für taktisch klüger gehalten, dem Meldegesetz die Zustimmung zu versagen, da die Regierung von Transvaal es binnen kurzer Zeit ohnehin aus eigener Macht rechtskräftig werden lassen konnte.

Auf der ersten Sitzung des Parlaments von Transvaal nach dem 1. Januar 1907 wurde quasi eine Kopie des Meldegesetzes von 1906 eingebracht. Am 1. Juli 1907 trat es in Kraft. Bis zum 31. Juli 1907 sollten sich alle Inder registrieren lassen. Gandhi rief eine Assoziation des passiven Widerstandes ins Leben. Er sprach auf zahllosen Versammlungen unter offenem Himmel, erklärte die Situation und beschwor das gemeinsame Gelübde, sich diesem Gesetz nicht zu beugen. Inder gingen von Haus zu Haus und sprachen mit ihren Landsleuten über den Sinn dieses Widerstandes, dabei immer der Worte Gandhis eingedenk: »Jeglicher Zwang widerspricht dem Geist unseres Kampfes.« In den Straßen von Pretoria erschienen Plakate mit der Aufforderung, die Meldebüros zu boykottieren. Bis Ende Juli hatten sich von den eintausendfünfhundert Indern in Pretoria nur hundert registrieren lassen.

Die Regierung warnte, drohte mit Deportation und Entzug der Handelslizenzen. General Smuts fand starke Worte: »Die Regierung hat sich vorgenommen, dieses Land zu einem Land des weißen Mannes zu machen, und wie schwer diese Aufgabe für uns auch sein mag, wir haben unseren Fuß niedergesetzt, und dort bleibt er.«

Die Inder ließen sich nicht beeindrucken. Sie schöpften Kraft und Zuversicht aus den Artikeln Gandhis in der »Indian Opinion«. Die Auflage der Zeitung stieg sprunghaft an, sie wurde zum Sprachrohr des passiven Widerstandes. »Satyagraha« nannte Gandhi diesen passiven Widerstand. Satyagraha ist »die Kraft, geboren aus der Wahrheit und der Liebe, oder Gewaltlosigkeit«. Die Regierung verlängerte die Meldefrist bis Ende November. Vergeblich. Von den dreizehntausend Indern in Transvaal ließen sich nur fünfhundertelf registrieren.

Innenminister Smuts riss die Geduld. Hier half nur noch Gewalt. Er ließ Gandhi am 27. Dezember ins Marlborough House bestellen und ihm mitteilen, dass er und vierundzwanzig weitere Führer der Satyagraha-Bewegung verhaftet würden. Gandhi versprach, dass sich alle am nächsten Morgen Punkt zehn Uhr vor den für sie zuständigen Richtern einfinden würden. Bei den Behörden hatte es sich herumgesprochen, dass man diesem Mann unbedingt vertrauen konnte. Gandhi wusste die Frist zu nutzen. An diesem Freitagabend erläuterte er in einer Versammlung vor über tausend Indern die neue Situation, klar, nüchtern, illusionslos. Er beschuldigte die Engländer, selbst die Saat der Revolution zu legen, und griff die unchristliche Haltung der Regierung in Transvaal an: »Wenn Jesus Christus nach Johannesburg und Pretoria käme und die Herzen von General Botha, General Smuts und der anderen prüfte, würde er etwas dem christlichen Geist Fremdes, sehr Fremdes bemerken.« Gandhi verschwieg nicht die Entbehrungen und Leiden, die die Kämpfer erwarteten. Dennoch sei es besser, den ohnehin kärglichen Lebensunterhalt zu verlieren als die Selbstachtung. Jeder der Zuhörer wusste, dass dieser Mann meinte, was er sagte. Sie vertrauten ihm bedingungslos.

Am 28. Dezember 1907 wurden der Rechtsanwalt Gandhi und seine vierundzwanzig Gefährten dazu verurteilt, die Kolonie innerhalb von zwei Wochen zu verlassen. Grund: Verletzung des Meldegesetzes. Die Regierung wollte damit ein Exempel statuieren. Nach der Verhandlung erklärte Gandhi: »Wir kämpfen weiter, was mir oder jemand anderem auch passieren mag.« Vierzehn Tage später standen Gandhi und seine Freunde erneut vor Gericht, weil sie die Aufforderung, die Kolonie zu verlassen, nicht befolgt hatten. Es war ein seltsames Gefühl für Gandhi, als Angeklagter in dem überfüllten Gerichtssaal zu sitzen, in dem er so oft als Rechtsanwalt aufgetreten war. Aber er fand sich schnell in die ungewohnte Rolle, die er als »ehrenvoller als die eines Rechtsanwalts« bezeichnete. Das Gericht verurteilte Gandhi zu zwei Monaten Gefängnis. Die Inder demonstrierten mit schwarzen Fahnen gegen das Urteil, bis die Polizei sie auseinandertrieb. Ende Januar saßen einhundertfünfundfünfzig Inder aller Kasten und Glaubensbekenntnisse in den Gefängnissen Transvaals.

In Südafrika gab es zwei Klassen von Gefangenen – farbige und weiße. Die Inder teilten die viel zu eng gewordenen Zellen mit Afrikanern. Ihr Verhalten erstaunte die Gefängniswärter. Die Satyagrahis, wie sie sich selber nannten, unterwarfen sich widerspruchslos allen Gefängnisregeln, soweit sie durch sie nicht diskriminiert wurden. Obwohl es niemand von ihnen verlangte, trugen sie Gefängniskleidung. Gandhi kümmerte sich um seine Mitgefangenen, setzte sich für besseres Essen ein, unterwies einen Chinesen in englischer Sprache und trieb Studien. Die Bhagavadgita, die Bibel und der Koran gehörten zu seiner ständigen Lektüre. Daneben las er Schriften von Carlyle, Bacon, Tolstoi, Ruskin und über Sokrates.

Unterdessen protestierten in England und Indien Freunde und Sympathisierende gegen die Verhaftung der Inder. General Smuts durchlebte schwere Tage. Seine Rechnung war nicht aufgegangen. Diese Bewegung schien tausend Köpfe zu haben. Die Autorität der Regie-

rung geriet ins Wanken. Doch da kam General Smuts
Hilfe von einer Seite, von der er sie am wenigsten erwartet hatte. In einem Interview mit dem Herausgeber des
»Transvaal Leader« schlug Gandhi vor, die Inder sollten
sich freiwillig registrieren lassen. Wenn die Mehrzahl damit ihren guten Willen gezeigt habe, solle die Regierung
das Meldegesetz zurückziehen. Durch diesen Kompromiss könnten beide Seiten ihr Gesicht wahren und gemeinsam einen Ausweg aus der angespannten Situation
finden. Erstaunt und belustigt über diese Naivität, nahm
Smuts an. Zu versprechen war er viel bereit, wenn es ihm
nur nützte. Am 30. Januar ließ er Gandhi aus dem Gefängnis von Johannesburg nach Pretoria holen und teilte
ihm mit, dass er und seine Satyagrahis auf der Grundlage
dieses Angebotes frei seien.

Gandhi nahm den nächsten Zug nach Johannesburg,
wo er gegen neun Uhr abends eintraf. Schon kurz nach
Mitternacht versammelten sich eintausend Inder auf dem
Gelände der Moschee. »Wir müssen uns freiwillig registrieren lassen, um zu zeigen, dass wir nicht beabsichtigen, auch nur einen einzigen Inder heimlich oder durch
Betrug nach Transvaal einzuschleusen«, rief Gandhi
ihnen zu. Die meisten Zuhörer verstanden, dass er mit
diesem Schritt an die Vernunft und die Ehre von General
Smuts appellierte. Doch Mir Alam, ein hochgewachsener
Pathane aus dem Nordwesten Indiens, drängte sich nach
vorn und griff Gandhi mit wütenden Worten an. Hatte er
ihnen nicht wieder und wieder gesagt, dass nur Kriminelle
ihre Fingerabdrücke geben mussten? Vergeblich suchte
Gandhi den Mann zu überzeugen, dass sich die Situation
geändert habe und jetzt ein Zeichen guten Willens gesetzt
werden müsse, um den Kampf zum Siege zu führen.
Empört schrie der Pathane in die Menge: »Wir haben
gehört, dass Sie die Gemeinschaft verraten und für fünf-

zehntausend Pfund an General Smuts verkauft haben. Wir werden niemals unsere Fingerabdrücke hergeben oder dies anderen erlauben. Ich schwöre und rufe Allah als meinen Zeugen an, dass ich den Mann töten werde, der sich als erster registrieren lässt.« Ohne auf diese ungeheuerliche Anschuldigung einzugehen, erwiderte Gandhi, dass ihn nichts von seinem Entschluss abbringen könne. Und sollte er dabei durch die Hand einer seiner Brüder sterben, so sei er ohne Groll gegen ihn.

Am 10. Februar begab sich Gandhi mit seinen Mitarbeitern auf den Weg zum Meldebüro. Ihnen folgten in einigem Abstand acht Pathanen, geführt von dem hünenhaften Mir Alam. Vor dem Büro trat Mir Alam Gandhi in den Weg. Furchtlos sah Gandhi zu ihm auf und bat, ihn vorbeizulassen, damit er seiner Pflicht nachkommen könne. Mir Alam stürzte sich mit einem Stock auf Gandhi. Der fiel zu Boden, verletzte sich das Gesicht und wurde bewusstlos. Die Pathanen schlugen auf ihn ein und ließen erst ab, als Europäer den Indern zu Hilfe eilten. Im nahe gelegenen Haus von Reverend Doke, der die erste Gandhi-Biographie schreiben sollte, kam Gandhi wieder zu sich. Noch bevor ihn der Arzt untersuchte, verlangte er, die Beamten zu sehen. Als sie ihm die Fingerabdrücke abgenommen hatten, bat er darum, die Pathanen nicht zu bestrafen. Das Gericht verurteilte Mir Alam und einen seiner Mittäter dennoch zu drei Monaten Zwangsarbeit. Gandhis Verletzungen erwiesen sich als so schwer, dass er einige Tage das Bett hüten musste. Kaum genesen, ging er wieder an die Arbeit. Während einer Versammlung in Durban erfolgte ein zweiter Anschlag auf Gandhis Leben. Diesmal konnten geistesgegenwärtige Mitarbeiter den Attentäter abwehren. Bis Anfang Mai ließen sich achttausend Inder registrieren. Jetzt war es an der Regierung, ihren Teil des Kompromisses zu erfüllen.

Das Feuer von Johannesburg

General Smuts hatte niemals daran gedacht, sein Wort einzulösen. Er schlug auf die Hand, die sich ihm entgegenstreckte. Wie eine Ohrfeige musste Gandhi die Worte empfinden: »Weder am 30. Januar noch am 3. Februar habe ich Mister Gandhi versprochen, das Gesetz Nr. 2 von 1907 zurückzuziehen.«

Öffentlich bekannte Gandhi: »Ich trage die Verantwortung, weil ich zu sehr auf die staatsmännische Weisheit, auf die Ehrlichkeit und Integrität von General Smuts vertraut habe.«

Aber Smuts erfuhr bald, dass die Bereitschaft der Inder zu einem Kompromiss nicht von Schwäche diktiert gewesen war. »Wenn das Asiatengesetz nicht wie verabredet außer Kraft gesetzt wird … werden die Inder die Meldescheine verbrennen, und wir werden opferbereit die Konsequenzen tragen«, verkündete Gandhi.

Die Regierung von Transvaal erklärte sich außerstande, ihre Politik zu ändern. Nun waren auch die Inder entschlossen, bis zum Äußersten zu gehen. Am Sonntag, dem 16. August 1908, nachmittags gegen vier Uhr, versammelten sie sich zu Tausenden vor der Hamidia-Moschee von Johannesburg. Auf dem Platz stand ein großer Kessel, in dem die Meldescheine verbrannt werden sollten. Gandhi hatte die Regierung davon unterrichtet und wartete auf ein Einlenken in letzter Minute. Die Versammlung hatte schon begonnen, als ein Radfahrer heranjagte und ein Telegramm schwenkte. Gandhi öffnete es hastig. Seine Hoffnung hatte ihn getrogen, die Regierung beharrte auf ihrem Standpunkt. Es herrschte atemlose Stille, als er dies den Menschen verkündete und vorschlug, die freiwillig erworbenen Meldekarten zu verbrennen. Nach diesen Worten kam der Pathane Mir Alam, der seine Strafe verbüßt hatte, auf Gandhi zu und bekannte, wie falsch er ihn eingeschätzt hatte. Gandhi ergriff freudig die ihm entgegengestreckten Hände. Er trug dem Pathanen nichts nach. Jubelrufe erfüllten den Platz. Die Menschen drängten nach vorn, ihre Meldekarten abzugeben. In kurzer Zeit füllten mehr als zweitausend Scheine den großen Kessel. Bald loderten die Flammen. Jene, die ihre Papiere bis jetzt noch ängstlich zurückgehalten hatten, liefen vor und warfen sie ins Feuer. Eine ungeheure Erregung hatte die Menschen ergriffen. Alle Brücken hinter ihnen waren abgebrochen, es gab nur noch den Weg nach vorn. Ein britischer Journalist verglich das Feuer von Johannesburg mit der Boston Tea Party, die den Unabhängigkeitskampf Amerikas eingeleitet hatte.

Nachfolgende Verhandlungen zwischen Gandhi und Smuts verliefen ergebnislos. Weitere Massenversammlungen fanden statt, Meldekarten wurden verbrannt. Aus Natal kamen immer mehr Inder, um sich in Transvaal verhaften zu lassen. Inder aus Transvaal reisten unerlaubt in Natal ein. Am 29. September wurde Gandhi verhaftet, weil er ohne Meldekarte aus Natal nach Transvaal gereist war und sich weigerte, seine Fingerabdrücke zu geben. Das Gericht von Johannesburg verurteilte ihn zu zwei Monaten Zwangsarbeit. Freudig bekannte Gandhi, er fühle sich als »der glücklichste Mann des Transvaal«, und scherzhaft fügte er hinzu: »Wir genießen die Gastfreundschaft des King-Edward-Hotels.« Edward war der damalige König von England. Zweihundertfünfzig Satyagrahis saßen inzwischen in den Gefängnissen von Transvaal. In einer Botschaft rief Gandhi seinen Landsleuten zu: »Bleibt fest bis zum Ende! Leiden ist unsere Selbsthilfe. Der Sieg ist sicher!«

Ende Oktober wurde Gandhi vom Volksrust-Gefängnis auf die Festung Johannesburg übergeführt. In Sträflingskleidern führten ihn die Bewacher durch die belebten Straßen von Johannesburg. Man sperrte ihn in eine Zelle mit Verbrechern. Das Grollen der nahen Pochmühlen am Witwatersrand, die Tag und Nacht das goldhaltige Gestein zertrümmerten, und die unfreundliche Gesellschaft in der Zelle hielten ihn die ganze Nacht wach. Gandhi hätte nur eine Geldstrafe bezahlen müssen, um frei zu sein. Aber das verbot sich für einen Satyagrahi. Schwere Arbeit, harte Haftbedingungen, persönlicher Kummer konnten Gandhi nicht beugen.

In diesen Tagen erreichte ihn die Nachricht, dass Kasturba schwer krank darniederlag und das Schlimmste zu befürchten war. Gandhi schrieb ihr: »Mein Herz will mir brechen, aber ich kann nicht nach dir sehen. Ich habe alles dem Satyagraha-Kampf geopfert. Ich komme hier nur heraus, wenn ich eine Geldstrafe bezahle, und das darf nicht sein. Verliere nicht den Mut. Wenn du deine Diät einhältst, wirst du sicher wieder gesund. Aber selbst wenn es mein Schicksal ist, dich zu verlieren, so kann ich nur sagen, dass es nichts Schlimmes für dich ist, fern von mir zu sterben. Ich liebe dich so sehr, dass du für mich lebst, auch wenn du tot bist. Ich wiederhole, was ich dir gesagt habe, dass ich niemals wieder heiraten werde. Du solltest scheiden mit dem Glauben an Gott. Solch ein Tod steht in Übereinstimmung mit Satyagraha. Mein Kampf ist nicht nur politisch, er ist auch gerecht und deshalb ganz rein. In ihm ist zwischen Leben und Tod kein Unterschied. Ich habe die Hoffnung, dass du all das genauso siehst! Darum bitte ich dich.«

Anfang Dezember 1908 wurde Gandhi aus dem Gefängnis entlassen und nahm sofort seine Arbeit in Johannesburg wieder auf. Da berichteten ihm Freunde, dass

Kasturba in Durban operiert worden und ihr Zustand besorgniserregend sei. Gandhi machte sich sofort auf den Weg nach Durban. Kasturba war nur noch Haut und Knochen und dem Tode nah. Die Ärzte bestanden darauf, ihr Fleischbrühe zu geben, anderenfalls lehnten sie jede Verantwortung für ihr Leben ab. Sie bekommt keine Fleischbrühe, entschied Gandhi, denn das widerspricht ihren religiösen Vorschriften. Ohne sich um die Warnungen der Ärzte zu kümmern, lud er die todkranke Frau in eine Kutsche und fuhr mit ihr bei strömendem Regen zur Phoenix-Farm zurück. Dort erlitt sie neue schwere Blutungen. Keiner, der sie sah, gab auch nur einen Penny für ihr Leben. Gandhi ging daran, sie auf seine Art zu kurieren – durch Wasseranwendungen und Diät. Er wich nicht von ihrem Bett. Kasturba, zu schwach, sich seinen Experimenten zu widersetzen, ließ alles über sich ergehen. Anfangs fütterte Gandhi sie nur mit Zitronensaft, später gab er ihr Früchte, Milch und Gemüse. Weil er ihr Salz und Gewürze verboten hatte, legte er das Gelübde ab, selbst ein Jahr lang darauf zu verzichten. Was niemand für möglich gehalten hatte, am wenigsten die Ärzte, traf ein: Kasturba wurde gesund. Als Gandhi sie außer Gefahr wusste, fuhr er nach Johannesburg zurück. An der Grenze zu Transvaal wurde er verhaftet, weil er keine Meldekarte vorweisen konnte, und nach Natal abgeschoben. Er kehrte sofort zur Grenze zurück. Erneut verhaftet, wurde er zu fünfzig Pfund Geldstrafe oder drei Monaten Zwangsarbeit verurteilt. Getreu dem Schwur der Satyagrahis wählte Gandhi das Gefängnis. Es wurde, wie schon zuvor, sein Lehrmeister. Er las an die dreißig Bücher, schrieb, trainierte seinen Körper. Nach seiner Entlassung ging er mit mehr Energie als je zuvor an die Arbeit. Er schlief selten mehr als vier Stunden am Tag. Eiserne Disziplin und hohe Konzentrationsfähigkeit ließen ihn ein immenses Arbeitspensum bewältigen, das von seinen Aufgaben bei Gericht bis zu organisatorischer und publizistischer Tätigkeit reichte. Die Satyagraha-Bewegung dauerte unvermindert an. Verhaftungen, Gefängnisstrafen und Deportationen waren an der Tagesordnung. Die Regierung kam keinen Schritt vorwärts, aber auch die Inder konnten keine Erfolge verbuchen. Als Mitte des Jahres 1909 Regierungschef Botha und sein Innenminister Smuts nach London reisten, um dort über die Gründung der Südafrikanischen Union zu verhandeln, folgten ihnen zwei Vertreter der Satyagraha-Bewegung auf dem Fuße: Gandhi und Sheth Haji Habib, ein Kaufmann. Sie hofften, in London mehr Verständnis für ihre Probleme zu finden.

Hind Swaraj

Wie schon bei früheren Reisen bewohnte Gandhi auch diesmal eine Kabine erster Klasse auf dem Ozeandampfer. Aber die Gefängnisaufenthalte hatten seinen Blick geschärft. Die vielen Diener, der Luxus und das reichliche Essen verursachten ihm Unbehagen. In einem Brief schrieb er: »Wo Pomp und Glanz ist, Bequemlichkeit und Vergnügen, dort ist kein Platz für einen demütigen und gläubigen Diener Gottes.« Er dachte an seine Landsleute in den Gefängnissen. Dort war er ihnen näher gewesen, hatte er sich stärker und siegessicherer gefühlt als auf diesem Luxusdampfer.

London vermochte seine Stimmung nicht zu heben. Gekleidet wie ein englischer Gentleman, residierte er im Westminster Palace Hotel. Es kam ihm wie ein Verrat an seinen Gefährten in Südafrika vor. Die Gespräche mit den Politikern verliefen freundlich, aber unverbindlich. Sarkastisch schrieb Gandhi: »Je mehr ich von ihnen sehe, umso mehr ermüdet es mich, Personen zu besuchen, die als groß angesehen werden. Es ist eine undankbare und fruchtlose Aufgabe. Jedermann scheint nur mit seinen eigenen Gedanken beschäftigt zu sein. Die Mächtigen haben kaum einen Sinn für Gerechtigkeit. Sie sorgen sich nur darum, ihre Position zu erhalten und zu vergrößern. Wenn mein Anliegen einfach eine Frage der Gerechtigkeit gewesen wäre, wäre sie schon längst entschieden. Sich auf diese Weise abzuschinden, einen ganzen kostbaren Tag mit dem Versuch zu verbringen, ein oder zwei Personen zu treffen, für all das Geld auszugeben, verstößt gegen das Wesen von Satyagraha. Da ist es besser, ins Gefängnis zu gehen und zu leiden. Wenn unsere Forderung erfüllt wird, verdanken wir das mehr den Opfern jener, die ins Gefängnis gegangen sind, als dem Arbeitsergebnis der Deputation; und wenn wir scheitern, wird der Grund darin liegen, dass wir noch nicht genug gelitten haben.« Nach Wochen harter Arbeit übermittelte der Unterhändler Lord Ampthill Gandhi eine Botschaft von Botha, die zugleich die Haltung der britischen Regierung ausdrückte: »Die Gesetze werden nicht geändert. Wenn Sie mehr fordern, beschwören Sie nur Schwierigkeiten für sich und Ihre Gemeinschaft herauf.« In dem Gespräch mit Lord Ampthill erwiderte der Begleiter Gandhis, Sheth Haji Habib: »Ich will nicht, dass die Gemeinschaft noch mehr leidet. Die Seite, die ich vertrete, stellt die Mehrheit der Gemeinschaft und den Hauptanteil des Reichtums.« Diese Antwort zeigte, wie sehr sich die Position Gandhis in den letzten Jahren verändert hatte.

Aus dem Rechtsanwalt der reichen Inder war der politische Führer der mittellosen Inder in Südafrika geworden. Die Geschäftsleute trauten ihm nicht mehr. Er war ihnen zu radikal. Gandhi übersetzte Lord Ampthill die

Worte Sheth Haji Habibs Wort für Wort ins Englische und fuhr fort: »Mein Kollege hat Recht, wenn er sagt, dass er den zahlenmäßig und finanziell stärkeren Teil vertritt. Die Inder, für die ich spreche, sind vergleichsweise arm und zahlenmäßig unterlegen, aber sie sind entschlossen bis zum Tod. Sie kämpfen nicht nur für praktische Zwecke, sondern ebenso für das Prinzip. Wir haben eine Vorstellung von General Bothas Macht, aber wir legen ein noch größeres Gewicht auf unseren Schwur, und wir sind bereit, dabei dem Schlimmsten ins Auge zu sehen. Wir werden geduldig sein in der Zuversicht, dass, wenn wir an unserem heiligen Entschluss festhalten, Gott, in dessen Namen wir ihn fassten, für seine Erfüllung sorgen wird.«

Diese Sprache erstaunte Lord Ampthill. War dieser Inder ein Heiliger, ein Politiker oder beides? Englische Politiker führten auch gern den Namen Gottes oder Bibelzitate im Munde, wenn es die Rede schmückte. Aber dieser Gandhi sah aus, als glaubte er, was er sagte.

Anders als der große Vivekananda legte Gandhi kein blankes Schwert zwischen sich und die Politik. Er lehnte die Trennung von Politik und Moral ab, sein Bestreben war, beide miteinander untrennbar zu verbinden. Jahre später sagte er: »Die Leute beschreiben mich als einen Heiligen, der versucht, ein Politiker zu sein, aber in Wahrheit ist es genau umgekehrt.«

Wenn seine Mission auch fehlschlug, so waren die vier Monate in London für Gandhi doch bedeutsam. In zahllosen Diskussionen mit indischen Landsleuten, englischen Politikern und Vertreterinnen der Frauenbewegung festigten sich seine Anschauungen über den gewaltlosen Kampf als Mittel der politischen Auseinandersetzung. Häufig traf sich Gandhi mit jungen Bengalen, die in London studierten. In der Provinz Bengalen hatten die Engländer zuerst Fuß gefasst und von hier aus ganz Indien erobert. Die Bengalen litten am längsten unter der kolonialen Unterdrückung. Sie verlangten Mitspracherechte, die Selbstbestimmung.

1905 hatten die Briten die Provinz in zwei getrennte Verwaltungsbezirke aufgeteilt, aus technischen Gründen, wie sie vorgaben, in Wirklichkeit aber, um mit einer Politik des »Teile und Herrsche« das Feuer des Nationalismus, das in Bengalen besonders hell loderte, einzudämmen und auszutreten. Unter der Führung von Bal Gangadar Tilak aus Maharashtra, Bepin Chandra Pal aus Bengalen, Lala Lajpat Rai aus dem Punjab und Aurobindo Ghosh entfaltete der radikale Flügel des Indischen Nationalkongresses eine stürmische Protestkampagne gegen diese Teilung. Anstelle der üblichen Petitionen und Resolutionen organisierten sie den passiven Widerstand, boykottierten Schulen, Gerichte und Verwaltungen und forderten Swaraj – die Selbstregierung. Darüber spaltete sich der Nationalkongress. Die Briten triumphierten. Um die sogenannten Radikalen gänzlich unschädlich zu machen, erließ die Regierung eine Reihe repressiver Gesetze, verhaftete Tilak und Pal und deportierte Führer dieser Bewegung. Die bengalischen Nationalisten setzten den Kampf im Untergrund fort. Sie hofften, mit terroristischen Methoden zu erreichen, was mit legalen Methoden nicht möglich gewesen war: die Wiedervereinigung Bengalens und die Selbstregierung.

Der Ankunft Gandhis in London war die Ermordung des englischen Politikers Sir Curzon Wyllis durch den bengalischen Nationalisten Madanlal Dhingra vorausgegangen. Seine männlich stolze Rede vor Gericht und seine Hinrichtung erregten die Gemüter der Inder in England. Gandhi und die Bewunderer Dhingras fanden keine gemeinsame Sprache. Jeder wollte den anderen überzeugen, dass sein Weg der beste für Indien sei. Aber ebenso strikt wie die Terroristen Ahimsa, die Gewaltlosigkeit, und Satyagraha ablehnten, wandte sich Gandhi gegen den Terrorismus. »Jene, die glauben, dass durch Dhingras Tat oder ähnliche Taten ein freies Indien erreicht werden kann, begehen einen ernsten Fehler. Dhingra war ein Patriot, aber seine Liebe war blind. Er gab sein Leben auf falsche Weise, das Ergebnis kann nur schädlich sein.« Diese Meinung schuf Gandhi keine Freunde, aber der Verlauf der Geschichte sollte ihm Recht geben. Nur eine organisierte Massenbewegung konnte zum Sieg führen. Diese organisierte Massenbewegung gab es in Indien noch nicht, und der Terrorismus stand ihr eher im Wege, als dass er sie beförderte.

Am 13. November 1909 verließ Gandhi enttäuscht, aber um einige wichtige Erfahrungen reicher, die britische Metropole. Die Reisenden der »Kildonan Castle« bekamen Gandhi in den Wochen der Überfahrt kaum zu Gesicht. Innerhalb von elf Tagen verfasste er sein Buch »Hind Swaraj« (»Indische Selbstregierung«), in dem er das Ergebnis seiner Auseinandersetzungen in London festhielt. Er kam zu dem Schluss, dass der Terrorismus den Übeln der britischen Herrschaft in Indien und anderswo nicht abhelfen konnte. Nicht Hass, sondern Liebe sei die geeignete Waffe gegen die »moderne Zivilisation«, die Gandhi für den gegenwärtigen Zustand der kolonial versklavten Völker verantwortlich machte. Bereits am 9. Oktober 1909 hatte er an Lord Ampthill geschrieben: »Das britische Volk scheint vom Dämon des kommerziellen Egoismus befallen zu sein. Der Fehler liegt nicht in den Menschen, sondern im System … Indien wird im Interesse der ausländischen Kapitalisten ausgebeutet. Das wirkliche Heilmittel liegt in England, das die moderne Zivilisation ablegen muss, … die eine Negation des christlichen Geistes ist.«

Gandhis Glaube an die Überlegenheit des britischen Systems existierte nicht mehr. Das ländliche, weithin feudale Indien mit seinen wenigen übervölkerten Städten wie Bombay und Kalkutta musste einen anderen Weg beschreiten. Das kapitalistische England mit seinen verrußten und verkommenen Arbeitervororten und den prächtigen Villenvierteln der Reichen konnten ihm kein Beispiel sein. Gandhi sah in den Ideen der bürgerlichen Sozialreformer Europas und der USA und in dem religiösen Prinzip von der Kraft der Wahrheit und des An-ihr-Festhaltens (Satyagraha) einen Ausweg aus den Übeln des Kapitalismus. In »Hind Swaraj« riet Gandhi seinen Landsleuten, alles zu vergessen, was sie in den letzten fünfzig Jahren kennen gelernt hatten – »Eisenbahnen, Telegrafen, Krankenhäuser, Rechtsanwälte …« – und zu einem einfachen Leben zurückzukehren. Er wandte sich damit vor allem an die Reichen und Gebildeten. Im Leben des Volkes spielten diese Dinge ohnehin keine Rolle. Die verarmten Bauern und Parias vegetierten in Elend, Schmutz und Hoffnungslosigkeit dahin. An sie dachte Gandhi, wenn er von Unabhängigkeit sprach. Ihm bedeutete Swaraj – Selbstregierung –, dass wir »uns selbst regieren lernen. Solch eine Selbstregierung muss ein jeder für sich selbst erfahren«. Die bloße Übernahme der Regierungsgewalt durch eine indische Oberschicht, erkannte Gandhi, würde die Probleme nur auf eine andere Ebene verlagern, sie aber nicht lösen. Allein die Massen konnten, sich ihrer eigenen Kraft bewusst geworden, Indiens Gesicht verändern. Noch war Politik eine Sache der Intellektuellen, die weder die Fähigkeit besaßen noch Lust hatten, den schlafenden Riesen »Volk« zu wecken. In »Hind Swaraj« meldete sich leise, aber unüberhörbar eine Stimme, die zehn Jahre später, von Millionen getragen, wie ein Orkan über den indischen Subkontinent brauste.

Gandhi schickte die englische Ausgabe seines Buches an den von ihm so hoch verehrten Lew Tolstoi. Schon während seines Aufenthaltes in London hatte er an Tolstoi geschrieben und dessen »brüderlichen Segen für den Kampf der Milde mit Rohheit, der Demut und Liebe mit Hochmut und Vergewaltigung« erhalten. Tolstoi las »Hind Swaraj« kurz vor seinem Tod (im November 1910) und erkannte sofort die Tragweite dieses Experiments mit der Gewaltlosigkeit. In seiner Antwort an Gandhi schrieb er: »... die Frage, die Sie darin behandeln (in Hind Swaraj, d. Verf.), der passive Widerstand, ist eine Frage von größter Wichtigkeit, nicht nur für Indien, sondern für die ganze Menschheit. ... Daher steht Ihr Wirken in Transvaal, das für uns am Ende der Welt liegt, dennoch im Mittelpunkt unseres Interesses und stellt die wichtigste Bestätigung dar, an der die Welt augenblicklich teilnehmen kann.«

Gandhis politischer Mentor Gokhale war anderer Meinung. Er prophezeite, dass Gandhi nach einem Jahr Aufenthalt in Indien seine in »Hind Swaraj« geäußerten Gedanken als unsinnig ansehen würde. Ihn störten nicht so sehr die zugespitzten Formulierungen (»Krankenhäuser sind Instrumente des Teufels«) als vielmehr die Schlussfolgerungen, die Gandhi zog: Die Befreiung Indiens könne niemals durch die geistige Elite des Landes erreicht werden, sondern allein durch die Volksmassen. Es widersprach Gokhales Klassenstandpunkt und überforderte zugleich seine Phantasie, sich vorzustellen, wie die am Rande ihrer Existenz dahinvegetierenden unwissenden Millionen Politik machen sollten. Nur ein Träumer, der die Realitäten nicht sah, konnte so reden, meinte Gokhale. Aber Gandhi blieb bei seinen Ansichten. Einige Jahre nach seiner Rückkehr nach Indien erklärte er: »Außer dass ich das Wort ›Prostituierte‹ zurückziehe, das ich im Zusammenhang mit dem britischen Parlament gebraucht habe und das eine englische Lady verärgert hat, möchte ich überhaupt keine Veränderungen vornehmen.« Wenn Gokhale auch die Ansichten seines Schützlings nicht teilte, so unterstützte er doch dessen Kampf in Südafrika. Auf der Tagung des Indischen Nationalkongresses im Dezember 1909 in Lahore warb er für die Sache der Inder in Südafrika. Zuvor war in der »Indian Review« eine Botschaft Gandhis erschienen, die den Kampf der Inder in Südafrika als den größten Kampf der Gegenwart bezeichnete, da er in Ziel und Methoden rein sei. Er biete sich auch in Indien als die einzig richtige Waffe an. Indien habe von der modernen Zivilisation wenig zu lernen, einer Zivilisation, »gegründet auf Gewalt schwärzester Art, die das Göttliche im Menschen verleugnet und die über kurz oder lang auf ihren eigenen Ruin zusteuert«. Die meisten Kongressteilnehmer konnten diesen Gedanken nicht folgen, aber Gandhis prinzipienfestem Auftreten und seinem organisatorischen Geschick zollten sie Beifall. In ganz Indien sammelte man Geld für die verfolgten Satyagrahis. Der Industrielle Tata überwies fünfundzwanzigtausend Rupien, der Nizam von Hyderabad zweitausendfünfhundert. Achtzehntausend Rupien spendeten die Kongressdelegierten. Der Präsident des Kongresses telegrafierte an Gandhi: »Der Kongress schätzt und bewundert den heroischen Kampf der Brüder, rät Fortsetzung und verspricht alle erdenkliche Hilfe. Überweisen Geld. Habe an Botha telegrafiert, Erleichterungen zu gewähren.«

Die Tolstoi-Farm

In dem Maße, wie sich der Kampf in Südafrika ausweitete, wuchsen auch die Probleme. Die Armen trugen
die schwersten Lasten. Eingesperrte und ausgewiesene
Satyagrahis ließen hilfsbedürftige Familien zurück.
Gandhi fühlte sich verantwortlich für sie. Er sann auf
Selbsthilfe. Im Mai 1910 kam Rat. Einer von Gandhis
Freunden, der deutsche Architekt Hermann Kallenbach,
bot den Satyagrahis seine Farm als Zuflucht an. Sie lag
dreiunddreißig Kilometer von Johannesburg entfernt.
Gandhi griff mit beiden Händen zu, denn Phoenix war
längst zu klein geworden. Kallenbachs Farm sollte verfolgten Satyagrahis nicht nur als Heimstatt dienen, sondern sie auch für den Kampf vorbereiten. Schon am
4. Juni zogen vierzig Männer, dreißig Kinder und fünf
Frauen auf der Farm ein. Nach seinem großen Vorbild in
Jasnaja Poljana nannte Gandhi sie »Tolstoi-Farm«. Kallenbach plante den Bau, europäische Maurer lehrten die
Siedler, mit Mörtel, Steinen und Wasserwaage umzugehen. Alle Arbeit wurde gemeinsam getan. Rauchen und
Alkohol waren strikt verboten, Männer und Frauen lebten getrennt und unterwarfen sich freiwillig dem Zölibat.
Die Farm finanzierte sich durch den Verkauf von Obst,
selbst hergestellten Holzarbeiten und Sandalen. Eine gemeinsame vegetarische Küche versorgte die Bewohner
dreimal täglich mit einfachen Mahlzeiten. Einträchtig
lebten Hindus, Moslems, Parsen und Christen miteinander. Ein jeder achtete die Religion des anderen. Nach
dem Abendbrot, das die harte Arbeit des Tages beendete,
fanden sich die Siedler zu gemeinsamen Andachten zusammen. Es gab keinen Arzt auf der Farm. Medikamente
wurden nicht verabreicht. Gandhi wandte seine Naturkuren an.

Auf der Farm herrschte ein ständiges Kommen und Gehen. Aus den Gefängnissen entlassene Satyagrahis hielten sich einige Wochen oder Monate hier auf, andere verließen die Farm, um passiven Widerstand zu leisten und alsbald verhaftet zu werden. Die Kinder aber blieben. Gandhi, Kallenbach und einige junge Männer unterrichteten sie. Körperliche Strafen waren streng verboten. Jungen und Mädchen aller Altersklassen lernten gemeinsam. Lehrbücher gab es nicht. Gandhi erzählte den Kindern Geschichten und vermittelte ihnen auf diese Weise Kenntnisse in Geographie, Arithmetik und Geschichte. Unbeschwert nahmen die Kinder das Wissen spielend auf. Gandhi wollte vor allem den Charakter der Kinder formen, sie Achtung vor Andersdenkenden und Andersgläubigen lehren. Er lebte ihnen vor, was er sie lehrte. »Die Ausbildung des Geistes hängt ganz und gar von dem Leben und dem Charakter des Lehrers ab«, meinte Gandhi. Nachts schlief er auf einer offenen Veranda. Um ihn herum breiteten die Kinder ihre Laken zur Nachtruhe aus. Sie konnten ohne ihn nicht sein wie er nicht ohne sie. Sein fröhliches Lachen und sein Humor machten es ihnen leicht, seine strengen Forderungen nach geistiger und körperlicher Disziplin zu erfüllen.

Von Gandhis Liebe zu den Kindern zeugt am besten ein Brief, den er 1930 aus einem indischen Gefängnis an die Kinder seiner Siedlung am Sabarmati schrieb: »Meine lieben kleinen Vögelchen! Gewöhnliche Vögel können nicht ohne Flügel fliegen. Wenn ihr lernt, ohne Flügel zu fliegen, dann seid ihr alle eure Sorgen los. Und das möchte ich euch beibringen. Passt mal auf, ich habe keine Flügel, und doch fliege ich jeden Tag in Gedanken zu euch. Guckt mal, da ist die kleine Vimala, dort ist Hari und dort ist Dharmakumar! Und so könnt ihr in Gedanken auch zu mir geflogen kommen.«

Gandhi war nun einundvierzig Jahre alt. Er besaß eine gut gehende Anwaltspraxis mit Einkünften von jährlich sechstausend Pfund. Seine Tätigkeit trug ihm die Liebe der Inder und die Achtung seiner Gegner ein. Die Wirklichkeit hatte die kühnsten Träume seiner Studententage von einem erfolgreichen Rechtsanwalt übertroffen. Dennoch befriedigte dieses Leben Gandhi seit einiger Zeit nicht mehr. Wenn er jene, für die er eintrat, wirklich verstehen und ihnen ein Beispiel geben wollte, musste er so leben wie sie. Gandhi entschloss sich, die letzte Schranke zwischen sich und den Kontraktarbeitern niederzureißen. Er löste seine Praxis und den Haushalt in Johannesburg auf, um uneingeschränkt das Los der verfolgten Inder teilen zu können.

Kasturba widersprach nicht. Sie und die Kinder hatten die letzten Jahre ohnehin die meiste Zeit auf der Phoenix- oder der Tolstoi-Farm gelebt. Die Familie in Rajkot und Porbandar aber fand sich nicht so leicht mit Gandhis Entschluss ab. Der Bruder Lakshmidas schrieb erregte Briefe. Konnte er nicht verlangen, dass Mohandas wie bisher seinen Beitrag für die Familie in Rajkot leistete? Schließlich hatte er das Studium des Bruders finanziert und jahrelang dessen Familie unterstützt. Gandhi versuchte, ihm sein Gelübde der freiwilligen Armut verständlich zu machen. Doch Lakshmidas war verbittert über so wenig Familiensinn. Das Zerwürfnis schmerzte Gandhi sehr, konnte ihn jedoch von seinem Weg nicht abbringen. Er brach entschlossen alle Brücken zu seiner früheren »bürgerlichen Existenz« ab. In seiner Autobiographie bekannte er: »Mein Mut und mein Glaube waren zu Zeiten der Tolstoi-Farm auf ihrem Höhepunkt.« Sein Glaube an sich selbst und sein Eifer machten ihn manchmal blind gegenüber den Bedenken und den Schwächen seiner Freunde. Aber gerade dies befähigte ihn, scheinbar Unmögliches zu vollbringen. Er hatte Mut, weil er glaubte.

1909 war aus den ehemaligen Burenrepubliken und den britischen Kolonien die Südafrikanische Union gebildet worden, an deren Spitze die englandhörigen Burengenerale Botha und Smuts standen. Die Südafrikanische Union war ein Dominionstaat nach dem Muster Kanadas und somit weitgehend selbständig. Massiver Druck aus Indien und aus Großbritannien mit dem Ziel, die Einfuhr von Kontraktarbeitern nach Südafrika zu stoppen und das Meldegesetz von 1907 aufzuheben, zwang die Regierung in Pretoria zu einem Waffenstillstand. Sie zog das Gesetz Nr. 2 von 1907 zurück und entließ die Satyagrahis aus den Gefängnissen. Doch die Inder trauten dem Frieden nicht. Dabei schien alles darauf hinzuweisen, dass die südafrikanische Regierung bereit war, deren Forderungen zu entsprechen. Im Oktober 1912 besuchte Gokhale Südafrika. Die Unionsregierung gab sich Mühe, dem hohen indischen Gast ein harmonisches Bild darzubieten. Nach einem mehrstündigen Gespräch mit Botha und Smuts äußerte sich Gokhale euphorisch. Von nun an könnten die Inder als gleichberechtigte Bürger in Südafrika leben und arbeiten, verkündete er. Die regierenden Herren hätten ihm zugesagt, alle diskriminierenden Gesetze zurückzuziehen und die Kopfsteuer von drei Pfund abzuschaffen. Gandhi hörte die Botschaft wohl, allein ihm fehlte der Glaube. Er kannte Smuts und seine Politik besser als Gokhale, er wusste, wieviel solche Versprechungen wert waren. Als Gokhale nach Bombay zurückkehrte, sagte er über Gandhi: »Er ist zweifellos aus dem Stoff, aus dem Helden und Märtyrer gemacht sind … In ihm ist die erstaunliche geistige Kraft, gewöhnliche Menschen um sich herum zu Helden und Märtyrern zu formen.«

1912 entsagte Gandhi jeglichem Besitz. Damit fand sein Suchen nach der ihm entsprechenden Lebensweise einen Abschluss. Nicht allein die Tradition, in der er aufgewachsen war, nicht nur der Glaube an eine bestimmte Religion machten Gandhi zu einem Asketen. Seine ethischen Vorstellungen und sein kritischer Verstand hatten ihn auf diesen Weg geführt. Überzeugter Vegetarier war er durch die Schriften von Henry Salt, Edward Carpenter und anderen Vertretern der angloamerikanischen Vegetarierbewegung geworden. Thoreau und Ruskin öffneten ihm die Augen für die Möglichkeiten, die ein einfaches Leben bot. Tolstoi gab ihm den letzten Anstoß, der körperlichen Liebe zu entsagen und freiwillig Armut auf sich zu nehmen. Doch Gandhi war ein viel zu praktischer und dieser Welt zugetaner Mensch, als dass er seine Selbstvervollkommnung als Selbstzweck betrachtet hätte. Er fühlte sich nicht als Guru, einer der vielen heiligen Männer Indiens, die sich in Einöden zurückziehen, meditieren und Schülern ihre auf diese Weise gewonnenen Heilslehren übermitteln. Einem Guru gegenüber darf ein Schüler keine Fragen und Zweifel haben, solch ein Verhältnis verlangt die völlige Hingabe des Schülers, damit der Geist des Guru in ihn einströmt. Gandhis kritischer Verstand hatte es ihm nie erlaubt, ein solches Lehrer-Schüler-Verhältnis einzugehen, und er erwartete es auch nicht von anderen. Alle seine Experimente mit dem Leben waren für ihn ein Weg zur Wahrheit. Diese Wahrheit musste nach seiner Überzeugung jeder Mensch für sich selber herausfinden – durch Selbsterkenntnis und durch die Tat. Da der Mensch in einer Gemeinschaft lebt, mit der er auf vielfältige Weise verbunden und von der er abhängig ist, führt nur der Dienst an der Gemeinschaft zur Erkenntnis der Wahrheit. Zeit seines Lebens verwahrte sich Gandhi dagegen, eine allgemeingültige Lehre geschaffen zu haben. 1936 schrieb er: »Ich habe nichts Neues zu lehren. Die Worte ›Wahrheit‹ und ›Gewaltlosigkeit‹ sind so alt wie die Berge. Alles, was ich getan habe, ist, mit beiden in so weitem Maße wie nur möglich zu experimentieren.«

Freunde wie Gegner faszinierte in Diskussionen seine Toleranz, die von hartnäckiger Argumentation für den eigenen Standpunkt begleitet war. Gandhi ließ andere Meinungen nicht nur gelten, er provozierte sie geradezu, um seine eigenen Positionen zu überprüfen.

Gandhi lebte nun ausschließlich auf der Tolstoi-Farm, später auf der Phoenix-Farm. Er unterrichtete Kinder, widmete sich der Landwirtschaft, schrieb Artikel für die »Indian Opinion«. Aber immer öfter wanderten seine Gedanken nach Indien. Seit achtzehn Jahren lebte er, von kurzen Unterbrechungen abgesehen, in Südafrika. Ihn zog es mit Macht in die Heimat. Auch Gokhale bat ihn zurückzukommen. In Indien gab es so viel zu tun, während er hier ein fast beschauliches Leben auf der Farm führte. Die Aktionen der Inder hatten Smuts gezeigt, dass ihm die Bäume nicht in den Himmel wuchsen. Er schien sich an seine Versprechungen zu halten. Gandhi plante für den Juni 1913 seine Rückreise nach Indien.

Der große Marsch

Am 14. März 1913 fällte der Oberste Gerichtshof der Südafrikanischen Union ein folgenschweres Urteil. Der Inder Hassan Esop aus Port Elisabeth hatte während seines Aufenthaltes in Indien 1908 nach mohammedanischem Ritus geheiratet. Als er 1912 seine Frau zu sich nach Südafrika holen wollte, verweigerten ihr die Einwanderungsbehörden die Einreise. Hassan Esop rief das

Oberste Gericht an. Dort erklärte man die Maßnahme für rechtens und wies die Klage ab. Die Inder empfanden dieses von der Regierung sanktionierte Urteil wie einen Schlag ins Gesicht. Bedeutete es doch, dass jede nach religiösem Brauch geschlossene Ehe in Südafrika ungültig war, während sie in Indien anerkannt wurde.

Am 30. März 1913 erklärte Gandhi auf einer Massenversammlung in Johannesburg: »Es wird zur bindenden Pflicht für die indische Gemeinschaft, zum passiven Widerstand überzugehen, um die Ehre ihrer Frauen zu schützen.« Wenige Tage später veröffentlichte das Regierungsblatt ein neues Einwanderungsgesetz, das Gandhi als »schlimmer als das vorhergehende« bezeichnete. Alle Zeichen standen auf Sturm. Gandhi verschob seine Reisepläne und stürzte sich in den Kampf. Verhandlungen mit Smuts und Botha brachten kein Ergebnis. Gandhi bereitete sich darauf vor, die Inder in eine dritte Kampagne des passiven Widerstands zu führen. Aber waren sie bereit, ihm zu folgen? Die vergangenen Kämpfe hatten hohe persönliche und finanzielle Opfer gefordert. Die wohlhabenden Inder fürchteten um ihre Geschäfte. Die ehemaligen Kontraktarbeiter, Kleinhändler und Handwerker riskierten, nach Indien deportiert zu werden, wo sie bittere Armut erwartete. Gandhi war sich der schwindenden Kraft der indischen Gemeinschaft bewusst, er sprach sich selbst und den anderen Mut zu: »Es ist klar, dass wir in dem bevorstehenden Kampf nicht darauf zählen können, dass Hunderte in die Gefängnisse gehen. Aber was uns zahlenmäßig fehlt, machen die Ernsthaftigkeit und der unbezwingbare Wille der wenigen wett … Wir sind eine Armee des Friedens. Ob wir fünfhundert, fünfzig, fünf oder gar nur einen passiven Widerstandskämpfer auf dem Kampffeld haben, der Sieg gehört uns.«

Die Wirklichkeit übertraf Gandhis kühnste Erwartungen. Auf dem Höhepunkt der Auseinandersetzungen mit der Regierung standen sechstausend Inder im Kampf, und ein jeder von ihnen war bereit, für unbestimmte Zeit ins Gefängnis zu gehen. Das Urteil des Obersten Gerichts hatte die Inder an einer empfindlichen Stelle getroffen. In vielen Familien mag es ähnliche Gespräche gegeben haben wie bei den Gandhis. Als Kasturba hörte, dass in Südafrika keine religiös geschlossenen Ehen anerkannt wurden, fragte sie ungläubig: »Dann bin ich gemäß den Gesetzen dieses Landes nicht deine Ehefrau?« Gandhi bejahte und fügte hinzu, dass demzufolge ihre Kinder als unehelich galten. Resolut sagte Kasturba: »Wir wollen nach Indien zurückkehren.« Gandhis Argumente, dass dies feige sei und außerdem nicht das Problem löse, beantwortete sie mit der Frage: »Kann ich mich dann wenigstens dem Kampf anschließen und mich einsperren lassen?«

Gandhi zögerte mit der Antwort. Kasturba, Mitte vierzig, nicht sehr gesund, wusste nicht, worauf sie sich da einließ. Er schilderte ihr die Härten des Gefängnislebens. Was, wenn sie während des Kampfes schwach wurde und ein schlechtes Beispiel gab? Kasturba zerstreute seine Bedenken. Sollten die Frauen schwächer sein als die Männer, wenn es um ihre heiligen Rechte ging? Frauen, die gemeinsam mit den Männern die Last des Lebens trugen, Kinder gebaren, aufzogen, sich für ihre Familien aufopferten, wurden vom Gesetz wie hergelaufene Dirnen behandelt. Mussten sie sich nicht wehren? Kasturba setzte ihren Willen durch. Die Frauen von Phoenix unterstützten sie. Gandhi gab nach, und er war es auch, der später am lautesten die Opferbereitschaft und den Mut der Frauen im Satyagraha-Kampf rühmen sollte. Denn Frauen trugen die Fahne des Widerstands weiterhin sichtbar allen voran. Am 15. September 1913 machten sich von Phoenix aus zwölf Männer und vier Frauen, unter ihnen Kasturba, auf den Weg nach Transvaal. An der Grenze wurden sie verhaftet und zu einem Monat bis drei Monaten Gefängnishaft, gekoppelt mit Zwangsarbeit, verurteilt. Daraufhin begaben sich die Frauen der Tolstoi-Farm in Transvaal auf den Weg nach Natal. Sie überschritten widerrechtlich, aber diesmal ungehindert die Grenze.

Gandhi hatte diese Möglichkeit vorausgesehen und den Frauen geraten, in einem solchen Fall nach Newcastle, dem Kohlezentrum von Natal, zu gehen und die Bergarbeiter zum Streik aufzurufen. Die indischen Kontraktarbeiter reagierten sofort. Am 17. Oktober 1913 legten mehr als dreitausend Bergleute die Arbeit nieder. Die Regierung konnte nicht länger tatenlos zusehen. Die Frauen wurden verhaftet und zu drei Monaten Gefängnis verurteilt. Wenn die Regierung geglaubt hatte, auf diese Weise Ruhe und Ordnung wiederherstellen zu können, sah sie sich getäuscht. In Massen strömten die Arbeiter nach Newcastle, um gegen die Verhaftung der Frauen zu protestieren.

Gandhi eilte zu ihnen. Die Arbeiter trugen ihm ihre Klagen vor: Die Unternehmer hatten ihre ohnehin dürftigen Quartiere von der Licht- und Wasserversorgung abgeschnitten, viele Arbeiter waren ganz vor die Tür gesetzt worden. Was sollten sie jetzt tun? Gandhi befand sich in einer schwierigen Lage. Aus Indien war noch kein Geld eingetroffen, und die indischen Geschäftsleute von Natal verweigerten diesmal jegliche Mitarbeit. Der Aufruhr hatte sie tödlich erschreckt. Mit den Bergwerksbesitzern verbanden sie vielfältige geschäftliche Beziehungen. Den Arbeitern zu helfen bedeutete, das eigene Geschäft zu schädigen. Gandhi wusste den Arbeitern vorerst nichts anderes zu raten, als sich aller überflüssigen Habe zu entledigen – das war ohnehin nicht viel – und sich ihm anzuschließen. Er versprach, bei ihnen zu bleiben und genauso zu leben wie sie, solange der Streik andauerte. Mit Frauen und Kindern, die Bündel mit den wenigen Habseligkeiten auf dem Kopf, kamen immer mehr Arbeiter nach Newcastle. Zumeist Analphabeten und unerfahren im Kampf, waren sie bereit, dem Ruf Gandhis zu folgen und für ein menschenwürdiges Dasein der Inder in Südafrika zu kämpfen.

Die Regierung verhielt sich abwartend. Der Hunger würde die Arbeiter wieder an ihre Arbeitsplätze zurücktreiben. Gewaltsame Maßnahmen gossen nur Öl ins Feuer. Die Regierung rechnete jedoch nicht mit Gandhis Organisationsgeschick. In diesen Tagen wuchs er über sich selbst hinaus. Fünftausend Männer, Frauen und Kinder mussten essen und einen Platz für die Nacht haben. Untätiges Warten würde die Menschen demoralisieren. Gandhi fasste den Plan, die Inder über die Grenze nach Transvaal zu führen, wo man sie entweder verhaften oder zur Tolstoi-Farm weiterziehen lassen würde. Mitten in den Vorbereitungen für den Marsch luden die Bergwerksbesitzer Gandhi zu einem Gespräch nach Durban ein. Doch weder Bitten noch Drohungen änderten Gandhis Sinn. Die Unternehmer glaubten, nicht recht gehört zu haben, als Gandhi ihnen riet, sich auf die Seite der Arbeiter zu stellen und von der Regierung die Abschaffung der Kopfsteuer von drei Pfund zu fordern. Wieder in Newcastle, berichtete Gandhi den Arbeitern von dem Gespräch. Eindringlich wies er sie auf die Risiken hin, die sie eingingen, wenn sie ihm folgten: achtundfünfzig Kilometer Fußmarsch, Hunger, Verhaftung, Misshandlungen. Viele hatten Frauen und Kinder bei sich. Die Arbeiter waren bereit, das Schlimmste zu ertragen. In die Kohlengruben kehrte keiner zurück. Am Abend des 27. Oktober 1913 setzte Gandhi den Beginn des Marsches für den nächsten Tag fest. Er bezeichnete die Tausende als »Friedensarmee«, und wie eine Armee waren sie auch organisiert. Jeder Marschteilnehmer erhielt täglich eine Ration von anderthalb Pfund Brot und knapp dreißig Gramm Zucker. Niemand durfte mehr als die unbedingt notwendigen Kleidungsstücke mitnehmen. Es war streng verboten, unterwegs fremdes Eigentum anzurühren. Im Falle seiner Verhaftung ernannte Gandhi eine Reihe von Stellvertretern.

Ohne Zwischenfälle erreichte der Zug der Tausende die Grenzstadt Charlestown. Dort hatten Kallenbach und indische Mitarbeiter seine Ankunft vorbereitet, Nahrung bereitgestellt, Notunterkünfte für Frauen und Kinder hergerichtet. Zu Fuß und mit der Bahn kamen immer mehr Inder in die Stadt, um sich ihren Brüdern anzuschließen. Eine Mutter, deren Baby beim Überqueren eines Flusses ertrunken war, sagte zu denen, die sie trösten wollten: »Wir dürfen uns nicht um die Toten grämen, die trotz all unseres Schmerzes nicht zu uns zurückkommen werden. Für die Lebenden müssen wir arbeiten.«

Von Charlestown telegrafierte Gandhi der Regierung, die Arbeiter würden sofort an ihre Arbeitsplätze zurückkehren, wenn die Regierung die Kopfsteuer abschaffte. Pretoria antwortete nicht einmal. Unterdessen liefen die Vorbereitungen für den Weitermarsch auf Hochtouren. Als alles bereit war, unternahm Gandhi einen letzten Versuch, die Regierung zum Einlenken zu bewegen. Anstelle von General Smuts antwortete am Telefon sein Sekretär: »General Smuts will nichts mit Ihnen zu tun haben. Machen Sie, was Sie wollen.«

Am Morgen des 6. November 1913 formierten sich zweitausendsiebenunddreißig Männer, einhundertsiebenundzwanzig Frauen und siebenundfünfzig Kinder nach gemeinsamem Gebet zum Abmarsch. An der Grenze erwartete sie berittene Polizei. Während Gandhi noch mit dem Offizier verhandelte, überschritt die erregte Menge bereits die Grenze. Wenn es den Polizisten auch gelang, die Inder zu umzingeln, so war es ihnen doch unmöglich, sie zu kontrollieren. Außerdem hatten sie keinen Befehl, die Grenzverletzer zu verhaften. Der Marsch nach Transvaal begann, der Zug erstreckte sich über vier Kilometer Länge. Die »Sunday Post« berichtete: »Die Pilger, angeführt von Mr. Gandhi, bilden eine überaus pittoreske Schar. Sie sind mager, ja abgezehrt; ihre Schenkel sind bloße Stöcke, aber die Art, wie sie mit Hungerrationen weitermarschieren, weist auf ihre Härte hin. Von den zweitausend gehen eintausendfünfhundert in einer ziemlich kompakten Masse zusammen, der Rest folgt in kleinen Gruppen von Nachzüglern innerhalb der nächsten drei bis vier Kilometer. Mr. Gandhi erfreut sich absoluter Verehrung und wird gewöhnlich mit ›Bapu‹ angesprochen.«

Gegen fünf Uhr abends erreichte der Zug Palmford. Einige Frauen waren so erschöpft, dass Gandhi beschloss, sie bei indischen Freunden zurückzulassen. Ehe alle ihre kärglichen Rationen erhalten hatten, war es dunkel geworden. Müde legten sich die Satyagrahis auf die Erde, die Kleiderbündel als Kopfkissen benutzend. Bald herrschte tiefe Stille über dem Lager. Als auch Gandhi sich zur Ruhe begeben wollte, sah er in der Dunkelheit eine Laterne auf sich zuschwanken. Nichts Gutes ahnend, rief er einen seiner Mitarbeiter zu sich. Gandhi prüfte sorgfältig den Haftbefehl, den ihm der Polizist reichte. Dann gab er dem Mitarbeiter Anweisungen für den nächsten Tag. Der Marsch sollte unbedingt vor Sonnenaufgang fortgesetzt werden. Kallenbach und ein Sonderkorrespondent des »Transvaal Leader« begleiteten den verhafteten Gandhi bis Volksrust. Doch dank der angelsächsischen Gerichtsbarkeit kam Gandhi noch in derselben Nacht gegen eine Kaution von fünfzig Pfund frei. Im Morgengrauen stieß er wieder zu der Marschkolonne. Als diese in Standerton Rast machte, wurde Gandhi erneut verhaftet. Vor Gericht traf er fünf seiner engsten Mitarbeiter. Sosehr es Gandhi auch darauf anlegte, verhaftet zu werden, schien es ihm im Augenblick doch wichtiger, den Marsch fortzusetzen. Er beantragte Aufschub des Gerichtstermins und Freilassung gegen eine Kaution. Das Gericht entsprach seinem Antrag. Noch ehe die Kolonne drei Meilen weitermarschiert war, schloss sich Gandhi ihr wieder an.

Die Inder befanden sich in Hochstimmung. Johannesburg war nahe, von der Tolstoi-Farm trennten sie nur noch vier Tagesmärsche. Die Regierung wurde langsam nervös. Am Nachmittag des 9. November ließ sie Gandhi zum dritten Mal innerhalb von drei Tagen verhaften. Das Gericht gewährte diesmal keinen Haftaufschub und keine Freilassung gegen Kaution. Die Regierung war entschlossen, mit der Sache ein für allemal Schluss zu machen. Sie setzte die Führer des Marsches hinter Schloss und Riegel.

Der Engländer Polak führte den Zug weiter. Am Mittag des 10. November erreichte man Balfour. Dort erwartete ein großes Polizeiaufgebot die Friedensarmee und dirigierte sie zum Bahnhof. Drei Sonderzüge standen bereit, um die Inder nach Natal zurückzubringen. Unruhe kam auf. Die Menschen wollten die Züge nur besteigen, wenn Gandhi selbst sie dazu aufforderte. Die Polizisten zögerten. Drohend standen ihnen zweitausend halb verhungerte, aber zu allem entschlossene Männer gegenüber. Die Anweisung aber lautete eindeutig: Deportation. Eine Konfrontation schien unvermeidlich. Polak, eingedenk der dringlichen Mahnungen Gandhis, jede Gewalt zu vermeiden, hatte große Mühe, die Menschen zu beruhigen und sie zum Besteigen der Züge zu überreden. Zusammengepfercht wie Vieh, brachte man sie nach Natal zurück, wo sie in Schnellprozessen abgeurteilt wurden. Auch Gandhi, Polak und Kallenbach kamen vor Gericht. Gandhi erhielt eine Gefängnisstrafe von neun Monaten. Aus dem Gerichtssaal rief er den Arbeitern zu: »Keine Beendigung des Streiks, bevor nicht die Kopfsteuer von drei Pfund aufgehoben wird!« Die Regierung ließ Gandhi in das Gefängnis von Bloemfontein bringen, wo er der einzige Inder war. Es sollte ihm unmöglich gemacht werden, politisch zu wirken. Seine Verhaftung erbitterte die Inder aufs Äußerste. Zwanzigtausend indische Arbeiter traten in den Streik. Sie forderten die Freilassung Gandhis und die Aufhebung der Kopfsteuer. Berittene Polizei schoss in die Streikenden. Es gab Tote und Verletzte. Da die Gefängnisse überfüllt waren, sperrte man die Verhafteten in stillgelegte Bergwerke. Der Mut der Inder blieb ungebrochen. Die Sozialdemokratische Partei von Durban sprach ihnen ihre Sympathie aus.

In Indien berichtete die Presse ausführlich über die Vorgänge in Südafrika. Der Druck der öffentlichen Meinung zwang Lord Hardinge, Vizekönig von Indien, sich auf die Seite der Inder Südafrikas zu stellen. Mehr noch: Lord Hardinge beschwor den Staatssekretär für die Kolonien in London, von britischer Seite auf die Regierung in Pretoria zugunsten der Inder Druck auszuüben. Anderenfalls könne er nicht länger für Ruhe und Ordnung in Indien garantieren. Auch britische Zeitungen berichteten mit wachsender Empörung über die Zustände in der Südafrikanischen Union. Die Regierung in London musste handeln. Sie drohte Pretoria mit Sanktionen, wenn es seine inderfeindliche Politik nicht aufgab.

Smuts und Botha traten die Flucht nach vorn an. Die Regierung von Südafrika ernannte am 11. Dezember 1913 eine Kommission, die die Gründe des Streiks untersuchen sollte, und entließ am 18. Dezember Gandhi aus dem Gefängnis. Noch am selben Tag protestierte Gandhi gegen die Untersuchungskommission, da ihr keine Inder angehörten und zwei Mitglieder der Kommission aus ihrer inderfeindlichen Einstellung kein Hehl machten. Er verweigerte die Mitarbeit. Sollte die Regierung die antiindischen Gesetze nicht zurücknehmen, erklärte er, würden am ersten Tag des neuen Jahres »alle von uns wieder bereit sein, den Kampf auf sich zu nehmen, wieder Gefängnis zu erdulden und weiterzumarschieren«.

Der Indische Nationalkongress rief das indische Volk zur Solidarität mit den Brüdern in Südafrika auf und feierte »den heroischen Kampf Mr. Gandhis und seiner Mitarbeiter«. Rabindranath Tagore, dem im Dezember 1913 der Nobelpreis für Literatur verliehen wurde, würdigte in einem Brief an Gandhi den Satyagraha-Kampf als »einen steilen Aufstieg der Menschlichkeit, nicht durch den blutigen Weg der Gewalt, sondern durch würdevolle Geduld, durch heroische Selbstverleugnung«.

Gandhis Plan, in den ersten Tagen des Jahres 1914 einen neuen Marsch der Satyagrahis zu organisieren, zerschlug sich. Zu Jahresbeginn streikten die Eisenbahner Südafrikas für höhere Löhne. Die Situation wurde für die Regierung so bedrohlich, dass sie den Notstand ausrufen musste. Es widersprach Gandhis Prinzipien, die Schwäche der Regierung auszunutzen. Er wollte den Gegner nicht in eine ausweglose Position treiben, aus der heraus er Zugeständnisse machen musste, die er später wieder zurücknehmen würde. Sein gewaltloser Kampf verlangte Einsicht durch Überzeugung auf beiden Seiten. Die Inder standen der Macht des Staates letztlich hilflos gegenüber, zahlenmäßig bildeten sie einen geringen Teil der südafrikanischen Bevölkerung. Ihre Stärke lag nur in der Bereitschaft, für die ihnen vorenthaltenen Rechte zu leiden und damit an das Gewissen der Weltöffentlichkeit zu appellieren. Dass dies in der gegebenen Situation der Erfolg versprechendste Weg war, drückte der Sekretär von General Smuts gegenüber Gandhi auf seine Weise aus: »Ich liebe Ihr Volk nicht und habe absolut keine Lust, es zu unterstützen. Aber was soll ich tun? Sie helfen uns in den Tagen der Not. Wie können wir Hand an Sie legen? Ich wünsche mir oft, Sie mögen wie die englischen Streikenden Gewalt anwenden, dann wüssten wir sofort, wie wir mit Ihnen verfahren sollten.«

General Smuts erklärte sich zu Verhandlungen mit dem »ritterlichen Gegner« bereit. Am 21. Januar 1914 unterzeichneten Gandhi und Smuts eine vorläufige Übereinkunft, nach der alle Satyagrahis aus den Gefängnissen zu entlassen waren und die Inder ihren gewaltlosen Widerstand beenden sollten. Eine endgültige Regelung sollte getroffen werden, wenn der Bericht der Untersuchungskommission vorlag.

Gandhi fiel es nicht leicht, seine Mitstreiter zu überzeugen. Zu oft schon hatte General Smuts sein Wort gebrochen. Gandhi sagte: »Gleichgültig, wie oft ein Satyagrahi verraten wird, er bewahrt sein Vertrauen in den Gegner, solange es keine erkennbaren Gründe für Misstrauen gibt.« Auf unzähligen Versammlungen sprach Gandhi, bis er sich der Zustimmung seiner Landsleute gewiss war.

Für die inhaftierten Inder war das Abkommen Rettung in höchster Not. In den Gefängnissen wurden sie oft schlimmer als Kriminelle behandelt. Sie vegetierten in schmutzigen überfüllten Zellen bei schlechter Nahrung. Der fünfundsiebzigjährige Harbatsingh starb im Gefängnis von Durban. Kurz nach ihrer Freilassung erlag die sechzehnjährige Valiamma einem schweren Fieber. Gemeinsam mit ihrer Mutter hatte sie zwei Monate im Gefängnis verbracht. Vor ihrem Tod besuchte Gandhi das schwerkranke Mädchen und fragte sie: »Valiamma, bereust du es, ins Gefängnis gegangen zu sein?«

»Bereuen? Ich bin sogar jetzt bereit, wieder ins Gefängnis zu gehen, wenn ich verhaftet werde.«

»Aber das könnte deinen Tod bedeuten.«

»Das kümmert mich nicht. Wer würde nicht gern für sein Heimatland sterben?«

Die Geschichte der tapferen Valiamma war in aller Munde. Die Inder, die Wohnung, Arbeit, Habe, Gesundheit, Freiheit verloren hatten, waren bereit, um ihrer Rechte willen selbst ihr Leben zu opfern. Aus Tausenden von geduckten, wehrlosen Männern und Frauen waren selbstbewusste Bürger geworden. Dieses »Wunder« hatte Gandhi zustande gebracht.

Die Untersuchungskommission empfahl der Regierung, die Kopfsteuer aufzuheben und die nach indischem Recht geschlossenen Ehen anzuerkennen. Am 26. Juli 1914 beschloss das Parlament in Pretoria mit sechzig gegen vierundzwanzig Stimmen die Indian's Relief Bill. Das Gesetz folgte den Vorschlägen der Kommission, das diskriminierende Meldegesetz wurde annulliert. Gandhi verkündete den endgültigen Abschluss des Satyagraha-Kampfes, der im September 1906 begonnen und der indischen Gemeinschaft viele physische Leiden und hohe finanzielle Verluste und der Regierung viele unruhige Stunden gebracht hatte.

Die Inder hatten gesiegt, ihre Opfer waren nicht vergeblich gewesen. »Gewalt musste sich der heroischen

Sanftmut beugen«, schrieb Romain Rolland. Und prophetisch warnte der englische Schriftsteller Gilbert Murray: »Die Mächtigen sollten sehr sorgfältig im Umgang mit einem Mann sein, dem sinnliche Freuden nichts bedeuten, der nicht nach Reichtum, Luxus, Anerkennen oder Fortkommen strebt, sondern einfach das tut, was er für richtig hält. Er ist ein gefährlicher und unbequemer Gegner, weil sein Körper, den man immer besiegen kann, einem so wenig Macht über seine Seele gibt.«

Gandhis Lehr- und Wanderjahre näherten sich ihrem Ende. In Südafrika war aus dem schüchternen jungen Rechtsanwalt ein Politiker geworden, der die Massen mitzureißen verstand und unerschrocken den gewaltlosen Widerstand anführte. In diesen entscheidenden Jahrzehnten seines Lebens hatte er sich zu einer bedeutenden Persönlichkeit geformt. Mit einer Konsequenz ohnegleichen, die alles aus seinem Leben verbannte, was er für überflüssig hielt – im materiellen wie im geistigen Bereich –, ging er unbeirrt seinen Weg, dessen Ziel Indiens Befreiung war.

Diesmal widersetzten sich die reichen indischen Händler Gandhis Wunsch nicht, nach Indien zurückzukehren. Viele von ihnen waren sogar erleichtert. Gewiss verdankten sie Gandhi einiges, sein Weg war erfolgreich gewesen. Aber um welchen Preis?! Hatte dieser Mann nicht bedenkenlos ihre geschäftliche Existenz aufs Spiel gesetzt? – Vierzehn Tage dauerten die Abschiedszeremonien für Gandhi und seine Frau. Die Presse würdigte sein Wirken in Südafrika. Inder, Chinesen und Europäer veranstalteten ihm zu Ehren Banketts und Empfänge. Bürgermeister, Richter und Regierungsbeamte drückten ihm die Hand. Die Liebe und Dankbarkeit der indischen Arbeiter überwältigten Gandhi. Zu Tausenden strömten sie zu den Abschiedsversammlungen, um noch einmal den Mann zu sehen, der ihnen die Angst genommen und dafür Hoffnung gegeben hatte.

Am 18. Juli 1914, dem Tag seiner Abreise, fand in der Stadthalle von Durban ein letzter Empfang für Gandhi statt. Glückwünsche und Anerkennungsschreiben von Botha, Smuts, dem Bischof von Natal und anderen führenden Persönlichkeiten der Südafrikanischen Union wurden verlesen. Einige Monate später schrieb Smuts: »Der Heilige hat unsere Küsten verlassen, ich hoffe sehr, für immer.« Gandhi gedachte in seiner Rede der Opfer des Kampfes und der selbstlosen Hingabe seiner Freunde. Sie seien die wahren Helden, nicht er, äußerte er. Dass für ihn der Abschied von Südafrika nicht auch einen Abschied von der Politik bedeutete, sagte er seinen Zuhörern deutlich: »Einer der Gründe für meine Abreise nach Indien ist, meine eigene Unvollkommenheit als Kämpfer des passiven Widerstandes zu erkennen und dann zu versuchen, mich zu vervollkommnen. Ich glaube, dass Indien dafür die besten Möglichkeiten bietet.«

In diesem heißen Sommer des Jahres 1914 war Groß-britannien viel zu sehr mit europäischen Problemen be-schäftigt, als dass seine Politiker diese Worte des Nach-denkens für wert befunden hätten. Aber auch die führen-den Männer des Indischen Nationalkongresses hielten Gandhi mehr für einen streitbaren Heiligen denn für einen Politiker, der in Indien Erfolg haben konnte. Einzig Gokhale erkannte, dass Gandhi in Südafrika ein Zeichen für Indiens Freiheit gesetzt hatte. Schon 1909 hatte er in einer Rede in Bombay darauf hingewiesen, dass »die Lage der Inder in den Kolonien vor allem deshalb so schlecht ist, weil auch unsere Stellung im eigenen Lande zu wünschen übrig lässt. Menschen, deren Behandlung im Vaterland zu wünschen übrig lässt, können nicht erwarten, dass sie in einem anderen Lande besser behandelt werden. Unser Kampf für die Gleichstellung mit den Engländern muss vor allem in Indien selbst geführt werden«. Deshalb drängte Gokhale auf Gandhis Rückkehr nach Indien. Sein politischer Instinkt und seine Menschenkenntnis trogen ihn nicht. Südafrika war für Gandhi ein Versuchsfeld für seine Art des politischen Kampfes gewesen. Was 1914 wie der Abschluss einer politischen Laufbahn aussah, war in Wirklichkeit erst ihr Anfang.

VOM UNTERTAN ZUM REBELLEN

> »Schließlich kann kein Volk auf Erden unterjocht
> werden, ohne dass es freiwillig oder unfreiwillig
> daran mitwirkt. Es bedeutet unfreiwillige Mitwir-
> kung, wenn man sich aus Furcht vor etwaigem
> physischem Schaden einem Tyrannen oder Despo-
> ten unterwirft.«

Mahatma – die große Seele

Von Südafrika reiste Gandhi zuerst nach London, wo er
sich mit Gokhale treffen wollte. Als er am 6. August 1914
dort eintraf, befand sich Großbritannien seit zwei Tagen
im Kriegszustand. Ein erbitterter Kampf um die Neuauf-
teilung der Welt, um Rohstoffe und Absatzmärkte hatte
begonnen. Indiens Felder und Fabriken produzierten für
den Krieg. Die Führer des Indischen Nationalkongresses
stellten sich auf die Seite der Briten. Sie erklärten jedoch
unmissverständlich, dass sie dafür nach Beendigung des
Krieges von der Kolonialmacht politische Zugestränd-
nisse erwarteten. »Der Preis für Indiens Loyalität ist
Indiens Freiheit«, sagte die Engländerin Annie Besant, die
die Sache der Inder zu der ihren gemacht hatte. In London
forderte Gandhi alle Inder auf, »im besten Sinne imperial
zu denken und ihre Pflicht zu tun«. Mit keinem Wort verurteilte er den sinnlosen Völkermord. Seine Loyalität
gehörte uneingeschränkt Großbritannien. So bot er der
britischen Regierung sofort seine Hilfe an. Er stellte ein
Freiwilligenkorps von achtzig Indern zusammen, das sich
als Sanitätstruppe ausbilden ließ. Seine schlechte gesund-
heitliche Verfassung zwang ihn jedoch bald, nach Indien

zu reisen. In der Abschiedsrede im Westminster Palace Hotel in London sagte er, nach seiner Meinung über die Lage in Indien befragt: »Ich lebe praktisch seit fünfundzwanzig Jahren im Exil, und mein Freund und Lehrer, Mr. Gokhale, hat mir geraten, nicht über indische Fragen zu sprechen, da Indien ein fremdes Land für mich ist.«

Am 9. Januar 1915 kehrte der fünfundvierzigjährige Gandhi für immer in seine Heimat zurück. Hunderte von Menschen erwarteten ihn im Hafen von Bombay. Führer des Indischen Nationalkongresses begrüßten ihn. Jene, die ihn noch nicht kannten, hatten sich unter dem Helden von Südafrika einen großen, kräftigen Mann mit mächtiger Stimme, feuriger Rede und strahlendem Auftreten vorgestellt. Statt dessen sahen sie nun einen schmächtigen, fast zarten Mann, dessen Kopf Karikaturisten reizen musste: der kahl rasierte Schädel, die abstehenden Ohren, die fast auf die Oberlippe herabhängende Nase. Die dunklen Augen blickten freundlich und ruhig. Seine Rede war gemessen, leidenschaftslos, die Stimme verriet wenig Kraft.

Den Heimkehrer bedrückten die Empfänge beim Gouverneur von Bombay und bei den zahlreichen Honoratioren der Stadt. Das Gepränge und die Zurschaustellung seiner Person behagten ihm nicht. Unter den Kontraktarbeitern in Südafrika hatte er sich wohl gefühlt, hier war er fremd. Erst bei Gokhale in Poona fand Gandhi sein Gleichgewicht wieder. Der väterliche Freund riet ihm, ein Jahr lang auf jegliche politische Betätigung zu verzichten und die Verhältnisse in Indien zu studieren. Im Februar besuchte Gandhi Rabindranath Tagores Heim in Santiniketan, wo seine Freunde von der Tolstoi-Farm inzwischen herzliche Aufnahme gefunden hatten. Doch der Dichter war nicht zu Hause. Gandhi lernte ihn erst später kennen.

Kurz nach seiner Ankunft in Santiniketan erreichte Gandhi die Nachricht vom plötzlichen Tod Gokhales. Das war ein schwerer Schlag für ihn. Jetzt musste er seinen Weg ohne die helfende Hand des Freundes suchen. Gandhi tat, wie Gokhale ihn geheißen hatte. Er ging auf Reisen.

In den nächsten Monaten durchmaß er das Land von Porbandar bis nach Burma, von den schneebedeckten Bergen des Himalaja bis nach Madras. Gandhi und Kasturba reisten in überfüllten Drittklasse-Abteilen. Als Kopfkissen dienten ihnen ihre Kleiderbündel. In nichts unterschieden sie sich von den mitreisenden Bauern und kleinen Händlern, niemand sah dem stillen Pilger an, dass er mit Ministern und Generalen verhandelt hatte. In den Städten empfingen ihn begeisterte Menschen. Zum ersten Mal ertönte der Ruf: »Mahatma Gandhi ki jai!« (»Es lebe die große Seele Gandhi!«).

Gandhi verdross diese ehrenvolle Bezeichnung, die ihm Tagore verliehen hatte. Doch sie begleitete ihn fortan und verschmolz so sehr mit seinem Namen, dass viele Menschen außerhalb Indiens Mahatma für seinen Vornamen hielten. Später sollte er immer wieder sagen, dass es ihm lieber wäre, die Menschen hörten auf seine Worte, anstatt »Mahatma Gandhi!« zu rufen und ihm zu Füßen zu fallen. Seinen Bewunderern riet er: »Lasst das, was in Südafrika getan wurde, dort begraben sein. Es ist unmöglich, hier auf irgendwelchen Verdiensten zu verharren, die wir in Südafrika erworben haben mögen. Das tut uns aus zwei Gründen nicht gut. Wir könnten darüber unseren gesunden Menschenverstand verlieren und so für das Land verloren sein. Andererseits weckt ihr enorme Erwartungen, und das Ergebnis wird Enttäuschung sein.«

Als Gandhi im Mai nach Ahmedabad zurückkehrte, fühlte er sich stark genug, sein Reformprogramm in

Indien zu beginnen. Mit fünfundzwanzig Männern und Frauen gründete er einen Ashram, eine Siedlung, nach dem Vorbild der Tolstoi-Farm. Wie schon in Südafrika legte er das Hauptgewicht auf körperliche Arbeit. Die Bewohner des Ashram verpflichteten sich zur Wahrheit, Gewaltlosigkeit, Besitzlosigkeit und zum Zölibat. Viele reiche Inder rechneten es sich zur Ehre an, Gandhi finanziell zu unterstützen. Das änderte sich schlagartig, als dieser eine Familie aufnahm, die zur Kaste der Unberührbaren gehörte. Das war unerhört in einer Gesellschaft, die die Unberührbaren wie Aussätzige mied. Die reichen Inder versagten Gandhi jede Hilfe, solange diese Familie in seinem Ashram lebte. Gandhi blieb fest. Hatte er doch während seiner Reise verkündet, dass er sich zu einem offenen Rebellen gegen den Hinduismus erklären würde, wenn die menschenverachtende Tradition der Unberührbarkeit beibehalten werde. Widerstand kam nicht nur von außen, auch die eigene Familie stellte sich Gandhi entgegen. Kasturba weigerte sich, mit Unberührbaren aus demselben Brunnen Wasser zu trinken und gemeinsam mit ihnen die Mahlzeiten einzunehmen. Das verbot ihr der Glaube. Maganlal Gandhi, der Vetter und aufopferungsvolle Gefährte aus den Zeiten der Phoenix- und der Tolstoi-Farm, unterstützte Kasturba. Der Konflikt spitzte sich so zu, dass Gandhi seine Frau vor die Wahl stellte, entweder die Regeln des Ashram zu befolgen oder ihn zu verlassen. Schweren Herzens gab Kasturba schließlich nach.

Maganlal nahm für ein halbes Jahr Abschied vom Ashram. Er wollte sich in Madras mit der Technik des Webens vertraut machen und während dieser Zeit über sein Verhältnis zu den Unberührbaren nachdenken. Ein anonymer Geldgeber rettete den Ashram in letzter Minute vor dem finanziellen Ruin.

In seinem Buch »Hind Swaraj« hatte Gandhi Indien empfohlen, der unvorstellbaren Armut in den ländlichen Gebieten mit dem Spinnrad zu begegnen. Nach Indien zurückgekehrt, suchte er lange vergeblich nach diesem Gerät, das einst Millionen Bauern in den Monaten, da die Feldarbeit ruhte, Lohn und Brot gegeben hatte. Die billigen britischen Baumwollstoffe und die britischen Maschinen beherrschten den indischen Markt. Die Kunst des Handspinnens und Handwebens war fast verloren gegangen. Aber was Gandhi sich einmal in den Kopf gesetzt hatte, führte er auch durch. Wohin er kam, forschte er nach Spinnrädern. Hilfe kam ihm, wie so oft, von Frauen. Die Witwe Gangabehn Majumdar, eine resolute und selbständige Frau, machte in Vijapur (Gujarat) Bauern ausfindig, die sich auf ihr Drängen bereit erklärten, ihre Spinnräder aus verstaubten Winkeln zu holen, wenn ihnen jemand das gesponnene Garn abnähme. Weber waren bald gefunden, und es dauerte nicht lange, bis Vijapur-Khadi (Khadi oder Khaddar – von Hand hergestellter Baumwollstoff) über die Grenzen von Gujarat hinaus einen Namen hatte. Mit Feuereifer ging Gandhi nun daran, in seinem Ashram Spinnräder und Zubehör zu produzieren und für den Eigenbedarf zu spinnen und zu weben. Die Khadi-Bewegung war geboren. Sie sollte in wenigen Jahren ganz Indien erfassen und zu einem Grundpfeiler der Gandhischen Politik werden.

Eine schockierende Rede

Im Februar 1916 lief Gandhis Versprechen ab, sich ein Jahr lang nicht zur politischen Situation in Indien zu äußern. Sein Eintritt in die indische Politik begann mit einem Paukenschlag. Zur Grundsteinlegung der Universität von Benares war Gandhi als einer der Redner geladen worden. Bekleidet mit einem kurzen Lendentuch, einem Turban und einem Umhang aus grobem Gewebe, trat er vor die juwelengeschmückten indischen Fürsten, die nach letzter Londoner Mode gekleideten Damen und Herren der indischen Oberschicht und die britischen Beamten. Den Maharajas und Maharanis warf er vor, dass sie sich über und über mit Juwelen behängten, an denen der Schweiß und das Blut der von ihnen ausgebeuteten Bauern klebe. Den indischen Intellektuellen sagte er, dass sie sich wohl auf brillante Reden und Resolutionen verstünden, nichts aber von ihrem Volk wüssten. Sie seien Fremde im eigenen Land. Auch die Briten verschonte Gandhi nicht mit seiner Kritik. Auf das starke Polizeiaufgebot hinweisend, das die Sicherheit des Vizekönigs Lord Hardinge garantieren sollte, fragte er: »Wäre es nicht besser, wenn selbst ein Lord Hardinge stürbe, als dass er wie ein lebender Leichnam einhergeht?« Die Unruhe unter den Zuhörern wuchs mit jedem Wort. Als Gandhi seine Hochachtung vor den Anarchisten ausdrückte, die die Liebe zu ihrem Land allerdings durch falsche Methoden bewiesen, entstand Tumult. Doch es gelang ihm weiterzusprechen. »Wenn wir die Selbstregierung erreichen wollen, müssen wir sie uns nehmen«, unterstrich er. »Sie wird uns niemals geschenkt werden.« Schon vorher hatten viele Zuhörer den Saal verlassen, jetzt aber leerte sich auch die Tribüne. Gandhi sagte verwundert zu einem Freund: »Ich habe Zuhörer erlebt, die aus Langeweile gingen, ich habe erlebt, dass Redner abtreten mussten; aber ich habe niemals erlebt, dass selbst der Vorsitzende die Versammlung verläßt.«

»Diese unvollendete Rede gehört zu den Klassikern der Redekunst, schmucklos, aufrichtig, gütig, eine Geißelung des massiven Verfalls Indiens, ein die Atmosphäre reinigendes Meisterstück« – so sah man es später. In den

Februartagen des Jahres 1916 empfand die indische Oberschicht diesen Mann, der aussah wie ein Bauer und sich benahm wie ein Enfant terrible, als einen Skandal. Gandhi kümmerte sich nicht darum, ob seine Wahrheiten gefielen oder nicht.

Wenige Stunden nach seiner Rede erreichte ihn ein Ausweisungsbefehl der Polizei. Das hielt ihn jedoch nicht davon ab, in anderen Städten sein Credo zu verkünden: Politik und Moral sind untrennbar. Der technische Fortschritt befördert nicht automatisch die moralische Reife der Menschen, im Gegenteil: Die Zivilisation, deren Wert in den kapitalistischen Ländern des Westens in Pfund, Shilling und Pence gemessen wird, verkrüppelt den Menschen und zerstört die Natur. »Wir werden nur dann zu einer wirklich geistigen Nation werden«, betonte er, »wenn wir mehr Wahrheit als Gold vorweisen können, größere Furchtlosigkeit als Macht und Reichtum, größere Nächstenliebe als Eigenliebe ...« Die religiöse Inbrunst, die Gandhi in die Politik einbrachte, befremdete die indischen Nationalisten. Sie schätzten ihn wegen seiner Erfolge in Südafrika, aber in Indien schien dieser Mann am falschen Platz zu sein. Gandhis Zurückhaltung während der jährlich stattfindenden Kongresstagungen bestärkte sie in dieser Ansicht.

Satyagraha in Champaran

Im Dezember 1916 vereinigten sich in Lucknow die seit 1907 getrennten Kongressflügel – der gemäßigte, den Gokhale angeführt hatte, und der radikale unter Tilaks Führung. Die gemeinsame Losung aller indischen Nationalisten hieß Home Rule, Selbstregierung. Moslems, seit 1906 in der Allindischen Moslemliga organisiert, und Hindus schlossen im Dezember 1916 den historischen

Lucknow-Pakt, der den nationalen Kampf über die religiösen Unterschiede zwischen Hindus und Moslems stellte. Die Massen strömten zu den Versammlungen, auf denen Tilak und Annie Besant für Indien die Selbstregierung innerhalb des Britischen Empire forderten. Die Versicherung, der Kongress verhalte sich loyal zu Großbritannien, beruhigte die Regierung in Delhi keineswegs. Ihr Misstrauen wuchs. Spitzel hatten ihre große Zeit, Verhaftungen waren an der Tagesordnung. In London stieß die Politik Austen Chamberlains, des Staatssekretärs für Indien, auf Kritik. In der angespannten Kriegslage konnte sich Großbritannien keinen Aufruhr in Indien leisten. Die indische Regierung sei »zu hölzern, zu starr, zu unelastisch und zu vorsintflutlich, um ihren Zweck in modernen Zeiten zu erfüllen«, kritisierte der Politiker Edwin Montagu. Seine Berufung zum neuen Staatssekretär für Indien ließ denn auch nicht auf sich warten. Gemeinsam mit dem neuen Vizekönig von Indien, Lord Chelmsford, entwarf er ein Reformwerk. Es versprach den Indern den Zugang zu allen Verwaltungsstellen. Schrittweise sollten parlamentarische Institutionen zur Selbstregierung eingeführt werden. Die Macht der Kolonialregierung blieb selbstverständlich bestehen. Der Indische Nationalkongress lehnte die sogenannten Montagu-Chelmsford-Reformen als völlig unzureichend ab. Gandhis Teilnahme an der Kongressarbeit beschränkte sich darauf, für die Abschaffung der Kontraktarbeit in Südafrika einzutreten. Im April 1917 sah sich Vizekönig Lord Chelmsford gezwungen, den Sklavenhandel zu verbieten.

Während des Kongresses in Lucknow begegnete Gandhi Rajkumar Shukla, einem Bauern aus Bihar. Dieser hatte die Reden Gandhis über die Lage der indischen Kontraktarbeiter in Südafrika aufmerksam verfolgt.

»Wenn Sie ein Freund der Arbeiter in Südafrika sind, können Sie sich der Situation der Indigobauern in Bihar nicht verschließen«, redete er auf Gandhi ein und bat ihn, zu deren Gunsten eine Resolution einzubringen. Gandhi wehrte ab. »Ich kann keine Meinung äußern«, erwiderte er, »ohne die Bedingungen studiert zu haben.« Rajkumar Shukla erklärte sie ihm. In Champaran, im Nordwesten von Bihar an der Grenze zu Nepal, war bereits vor dem Eindringen der Europäer Indigo angebaut worden, eine Pflanze, aus der man Farbstoffe gewinnt. Die Engländer hatten sich dieser Gewinn bringenden Kultur bemächtigt und zwangen die Bauern, den größten Teil der Felder damit zu bestellen. Seit Beginn des Ersten Weltkrieges aber wurde der Farbstoff in Europa künstlich hergestellt. Die Engländer blieben auf dem Indigo sitzen. Um den Gewinnverlust aufzufangen, verlangten sie von den Bauern, ihnen die Pacht statt mit Indigo in barem Geld zu zahlen. Die Bauern verschuldeten, wurden von ihrem Land vertrieben, ihr kärglicher Besitz kam unter den Hammer.

Gandhi versprach Rajkumar Shukla, auf seiner nächsten Reise auch ein oder zwei Tage in Champaran Station zu machen. In den folgenden Monaten wich ihm der Bauer nicht mehr von der Seite. Er war geradezu besessen von dem Gedanken, dass nur Gandhi den Bauern von Champaran helfen könne. Solcher Hartnäckigkeit konnte Gandhi nicht lange widerstehen. Im April 1917 reiste er nach Champaran. Die Kunde von seiner Ankunft verbreitete sich in Windeseile. Tausende von Bauern kamen nach Muzzafarpur, folgten ihm nach Motihari und Bettiah. Gandhi und einige Rechtsanwälte, die er in Patna für diese Angelegenheit gewonnen hatte, hörten sich die Klagen der Bauern an, überprüften sie durch Kreuzverhöre und persönliche Besuche und studierten Dokumente.

Die Behörden forderten Gandhi auf, seine Arbeit einzustellen und Champaran sofort zu verlassen. Er weigerte sich. Vor Gericht erklärte er, wenn man ihn verhafte, werde er nach seiner Entlassung nach Champaran zurückkehren. Weder Drohungen noch Bestechungsversuche konnten Gandhi und seine Freunde davon abhalten, in die Dörfer zu gehen. Ihr Beispiel machte den Bauern Mut. Obwohl die Polizei die Namen derer notierte, die ihre Klagen Gandhi und seinen Männern vortrugen, kamen immer mehr. Aus dem Rajkumar Shukla versprochenen zweitägigen Besuch wurde ein halbes Jahr. Ende Mai verfasste Gandhi einen Bericht an die Provinzregierung. Seine Popularität in Champaran war inzwischen so groß geworden, dass der Gouverneur es nicht wagen konnte, den Bericht im Papierkorb verschwinden zu lassen. Er musste eine Untersuchungskommission einberufen. Die Beschwerden der Bauern wurden anerkannt, und die Pflanzer mussten einen großen Teil der von ihnen erpressten Gelder zurückzahlen.

Gandhis erste Aktion in Indien war ein voller Erfolg. Zeitungen, die dem Kongress nahe standen, schrieben, dass Gandhi nicht nur das Selbstbewusstsein der Bauern von Champaran gestärkt, sondern darüber hinaus Indien ein Beispiel dafür gegeben habe, dass und wie man sich wehren könne.

Gandhi sah seinen ersten Satyagraha-Kampf in Indien bescheidener: »Was ich getan habe, war etwas ganz Alltägliches. Ich habe den Engländern begreiflich gemacht, dass sie mich in meinem eigenen Lande nicht herumkommandieren können.« Während seines Aufenthaltes in Champaran erkannte er, dass es nicht ausreichte, den Bauern gegen die Übergriffe der Pflanzer beizustehen. Ein Grund ihres Elends waren ihre Unwissenheit und ihre Hilflosigkeit. Die Hütten verfielen, die Kanalisation verrottete, die Straßen verdienten diese Bezeichnung nicht. Gandhi leitete ein Programm ein, das sich auf den einen Nenner bringen ließ: Hilfe zur Selbsthilfe. Er warb Freiwillige, die bescheidene Schulen und Krankenhäuser einrichteten, die die Bauern lehrten, ihre Dörfer in Ordnung zu bringen, die sie in handwerklichen Fähigkeiten und in Hygiene unterrichteten.

Seinen Plänen waren jedoch enge Grenzen gesetzt. Es fehlte an gebildeten jungen Menschen, die bereit waren, sechs Monate in armseligen Verhältnissen zu leben. Die Pflanzer verweigerten jegliche Zusammenarbeit mit ihnen. Schulen gingen kurz nach ihrer Fertigstellung in Flammen auf. Hinzu kam die unvorstellbare Armut der Bauern. Gandhi ließ Kasturba eine Dorfbewohnerin fragen, warum die Frauen niemals ihre Kleider wuschen. Die Frau antwortete: »Sag dem Mahatma, wenn ich einen zweiten Sari bekomme, verspreche ich, mich jeden Tag zu baden und saubere Sachen zu tragen.«

In Champaran erlebte Gandhi zum ersten Mal aus nächster Nähe das Elend der indischen Dörfer. Wenn er später von der Unabhängigkeit sprach, hatte er immer diese Ärmsten der Armen vor Augen, stellte er stets die bohrende und für viele unbequeme Frage: Ermöglicht die Unabhängigkeit den Massen Indiens ein menschenwürdiges Leben? Seine Vision vom Ram Raj, einem Goldenen Zeitalter, verschloss ihm, im Gegensatz zu vielen seiner politischen Mitstreiter, nicht die Augen vor den drängenden Problemen der Gegenwart. Die Zukunft entstand für ihn im Heute und durfte nicht auf den Tag der Verkündung der Unabhängigkeit verschoben werden. Indien würde so frei sein wie jeder einzelne seiner Bürger.

Streikführer in Ahmedabad

Nach der Rückkehr von Champaran siedelte Gandhi mit seinem Ashram aus Ahmedabad vor die Tore der Stadt an den Sabarmati-Fluss um. Nicht weit von den Elendsquartieren in der Stadt unter den qualmenden Schornsteinen der Textilfabriken und in bedeutungsvoller Nähe zum Gefängnis gelegen, wurde der Sabarmati-Ashram in den folgenden Jahren zum Nabel Indiens. Die Bewohner der niedrigen weißgetünchten Hütten spannen, webten, säten Korn, pflanzten Obstbäume und lehrten in den umliegenden Dörfern.

Eines Tages erhielt Gandhi Besuch von Anasuyabehn, der Schwester des Textilfabrikanten Ambalal Sarabhai. Sie bat ihn, den streikenden Textilarbeitern von Ahmedabad zu helfen. Im Jahr zuvor hatte eine Epidemie die Stadt heimgesucht. Um die Arbeit aufrechtzuerhalten – die britische Armee brauchte Uniformen für ihre Soldaten –, zahlten die Textilunternehmer ihren Arbeitern Zuschläge. Das fiel ihnen nicht schwer, da in den Kriegsjahren ihre Profite gewaltig anstiegen. Als die Epidemie abgeklungen war, strichen die Unternehmer die Zuschläge wieder. Dagegen wehrten sich die Arbeiter, denn die Kosten zur Bestreitung des Lebensunterhalts nahmen stetig zu. Bevor eine Schiedskommission zusammentreten konnte, sperrten die Fabrikanten die Arbeiter für drei Wochen aus. Die erbitterten Arbeiter traten in den Streik und forderten fünfzig Prozent mehr Lohn.

Anasuyabehns Bitte brachte Gandhi in eine schwierige Lage. Der Führer der Textilfabrikanten, Ambalal Sarabhai, war sein Freund und unterstützte den Ashram finanziell. Gandhi versuchte die Kontrahenten zu einem Kompromiss zu bewegen. Die Arbeiter waren dazu bereit, die Fabrikanten lehnten ab. Nun entschloss sich

Gandhi, die Arbeiter zu führen, wenn sie folgende Bedingungen annahmen: sich jeder Gewalt zu enthalten, Streikbrecher ungeschoren zu lassen, keine Almosen anzunehmen, fest zu bleiben, ganz gleich, wie lange der Streik anhielt, und ihr Brot während des Streiks auf ehrliche Art zu verdienen. Es ging ihm nicht darum, den Streik als Waffe gegen die Unternehmer zu richten, sondern diese durch das Beispiel des um der Wahrheit willen erduldeten Leidens zur Einsicht zu bringen.

Täglich versammelten sich die Arbeiter am Ufer des Sabarmati, wo Gandhi ihnen Mut zusprach, sie in ihrem Willen bestärkte und an ihren Schwur erinnerte. Nach zweiundzwanzig Tagen wurde der Hunger unerträglich. Die Entschlossenheit der Arbeiter flaute ab. »Gandhi hat Recht, wenn er uns lehrt, bis zum Tode zu kämpfen. Aber wir müssen verhungern«, sagten sie. »Dann werde ich mit euch verhungern«, erwiderte Gandhi und verkündete, dass er für die Dauer des Streiks fasten würde. Die Arbeiter schämten sich ihres Kleinmuts und schöpften neue Kraft. Die aufgeschreckten Textilfabrikanten erklärten sich zu Verhandlungen bereit, und schon nach wenigen Tagen kam es zu einer Übereinkunft zwischen beiden Partnern.

Bisher hatte Gandhi nur aus Diätgründen oder als Buße gefastet. In Ahmedabad setzte er das Fasten erstmals als Mittel im Satyagraha-Kampf ein. Satyagraha bedeutete völligen Verzicht auf Gewalt und Zwang. Durch freiwillig auf sich genommenes Leiden sollte der Gegner seine unmoralische Handlungsweise einsehen. Jedermann wusste, dieser Mann würde eher sterben als ein einmal abgelegtes Gelübde brechen. Die Inder beugten sich, weil sie Gandhi nicht verlieren wollten, die Briten, weil sie die Konsequenzen seines Todes fürchteten. Dennoch war Gandhis Fasten kein Hungerstreik. Er fastete, »um sein innerstes Wesen vollkommener zum Ausdruck zu bringen und um die Herrschaft des Geistes über das Fleisch zu erlangen«.

Dem Fasten kommt im Hinduismus eine wichtige Rolle zu. Es reinigt, heißt es, Leib und Seele, bewirkt Läuterung, führt zum Licht der Erkenntnis – nicht nur denjenigen, der fastet, sondern auch jene, um derentwillen es geschieht. Als Gandhi ein Knabe gewesen war, hatte die Mutter manchmal tagelang keine Nahrung zu sich genommen, um seine Verfehlungen zu sühnen. Nichts hatte seine Einsichten schneller befördert als das um seinetwillen ertragene Leiden. Dieses Fasten »aus Liebe« setzte Gandhi nun im politischen Kampf ein. Wenn Argumente nichts mehr ausrichteten, wenn Leidenschaften die Fronten verhärteten, dann fastete Gandhi. Das kühlte die erregten Gemüter ab und brachte alle, die ihn liebten oder achteten, zu ruhiger Überlegung an den Verhandlungstisch. »Gegen Tyrannen kann man nicht fasten.« Mit diesen Worten charakterisierte Gandhi das Wesen seiner Methode. Er rief das Gewissen, die Toleranz und das Verständnis der Kontrahenten füreinander an – und hatte damit Erfolg. Kaum war der Textilarbeiterstreik beigelegt, riefen die Bauern des Kheda-Distrikts (Gujarat) Gandhi zu Hilfe. In diesem Gebiet herrschte nach einer Mißernte Hungersnot. Die Bauern baten die Regierung, ihnen die Steuern zu stunden. Die Regierung lehnte ab. Gandhi besuchte mehr als fünfzig Dörfer. Die Lage der Bauern war verzweifelt. Ihre Klagen trafen bei der Verwaltung auf taube Ohren. Ihnen blieb nur noch der Weg, den Gandhi ihnen vorschlug. Mehr als zweitausend Bauern verweigerten jegliche Steuerzahlungen. Die Behörden ließen die Bauern verhaften, beschlagnahmten die Ernte auf dem Halm, Vieh, Haus und Hof. Gandhi warfen sie vor, die Bewegung zu einer Zeit ins Leben gerufen zu haben, da der Krieg in ein kritisches Stadium eingetreten war. »Der Krieg kann den Behörden nicht als Vorwand dienen, Maßnahmen anzuordnen, die die Bauern als unbegründet und ungerecht ansehen«, erwiderte ihnen Gandhi. Vier Monate lang dauerte der Kampf mit den Behörden. Dann musste die Regierung einlenken. Den Armen sollten die Steuern erlassen werden, wenn die Bessergestellten ihre Steuern bezahlten.

Auf verlorenem Posten

Gandhi hatte sich auf seine Weise in die indische Politik eingeführt. Die Briten und die einheimische Oberschicht merkten auf. Hier war ein Mann, mit dem man rechnen musste, so verschroben ihnen seine Ansichten auch erscheinen mochten. Der Privatsekretär des Vizekönigs schrieb: »Es muss möglich sein, seine (Gandhis, d. Verf.) ruhelosen Aktivitäten in nützliche Kanäle zu lenken, denn wenn man ihn seinen Plänen überlässt, werden seine Bewegungen und Energien immer Ärger machen.« Ende April 1918 berief der Vizekönig in Delhi eine Kriegskonferenz ein, auf der Indien noch größere Kriegslasten aufgebürdet werden sollten. Gandhi zögerte, dem an ihn ergangenen Ruf Folge zu leisten, zumal die Führer des Kongresses und der Moslemliga nicht geladen waren. Der Vizekönig überredete ihn mit den Worten: »Sie mögen moralische Bedenken erheben und uns herausfordern, soviel sie wollen, aber nach dem Krieg, nicht jetzt.« Gandhi schob alle Zweifel beiseite und unterstützte den Aufruf der Regierung an die Inder, sich freiwillig zum Kriegsdienst zu melden. Sein Schritt stieß auf Unverständnis und Kritik. In Kheda, wo er vor kurzem noch gefeiert worden war, hörten ihm die Bauern zwar zu, aber sie dachten nicht daran, ihre Haut für die Briten zu

Markte zu tragen. »Was hat die Regierung denn Gutes für Indien getan, dass sie unsere Mitarbeit verdient hätte?« fragten sie, und: »Sie sind ein Anhänger der Gewaltlosigkeit, wie können Sie uns auffordern, zu den Waffen zu greifen?« Gewohnt, zu einem einmal gegebenen Wort zu stehen, reiste Gandhi weiter durch das Land, um Freiwillige zu werben. Der Misserfolg und der Widerspruch seiner Zuhörer quälten ihn mehr, als er zugeben mochte. Zweifel, ob das, was er tat, richtig war, zerrütteten seine Gesundheit. Man brachte ihn mit schwerer Dysenterie in den Sabarmati-Ashram zurück. Dort erlitt er einen Nervenzusammenbruch. Gandhi glaubte sich dem Tod nah. Die Nachricht vom Ende des Krieges in Europa befreite ihn von einem Alpdruck. Langsam erholte er sich wieder. Zeit seines Lebens sah sich Gandhi Vorwürfen wegen seiner Haltung im Ersten Weltkrieg ausgesetzt. Er, der Apostel der Gewaltlosigkeit, hatte den Krieg nicht nur nicht verurteilt, sondern sogar noch Rekruten geworben. Gandhi verteidigte sich: »Ich war eben erst aus Südafrika zurückgekehrt, ich stand noch nicht fest auf den Füßen und wusste nicht, wie weit ich gehen durfte.«

Wie jeder Mensch durchlief Gandhi in seinen Anschauungen verschiedene Entwicklungsphasen. Man kann nicht frühere Handlungen an den gewachsenen Einsichten späterer Jahre messen und damit die Glaubwürdigkeit dieser Einsichten in Frage stellen. Gandhi legte einen weiten und komplizierten Weg zurück von Ahimsa, der Gewaltlosigkeit, als erstem Schritt zur Selbstüberwindung, bis hin zur Gewaltlosigkeit als umfassendes Glaubensbekenntnis des Politikers. 1914 fühlte er sich nach wie vor als loyaler Untertan der britischen Krone. Der Glaube an den guten Willen der Briten, den Indern Gerechtigkeit widerfahren zu lassen, verstärkte

Gandhis Bereitschaft, die britische Regierung zu unterstützen. So geriet er in den Zwiespalt zwischen theoretischer Erkenntnis und praktischem Handeln, der ihn an den Rand seiner physischen Existenz trieb. Hatte er doch in »Hind Swaraj« den Verderben bringenden »Dämon des kommerziellen Egoismus« Großbritanniens verurteilt, während er in der Praxis die Kriegsanstrengungen dieses »Dämons« unterstützte. Seine Erklärung: »Aber wir müssen anerkennen, dass es viele Dinge auf der Welt gibt, die wir tun, obwohl wir sie gar nicht tun wollen«, spiegelt seine damalige Hilflosigkeit wider.

Großbritanniens Haltung nach dem Krieg verhalf Gandhi sehr bald zu neuen Einsichten.

Das Blutbad von Amritsar

Aus dem Krieg war Großbritannien als Sieger hervorgegangen, aber es fand keine Zeit, sich seines Sieges zu freuen. In Russland hatte das Volk den Zaren vertrieben. In Ägypten und Irland erhoben sich die Massen gegen die britische Fremdherrschaft. Indien forderte hartnäckig, Großbritannien möge sein Versprechen auf Selbstregierung einlösen. Spontane Streiks, Aufstände und Terrorakte erschütterten das Land. Die Moslems verweigerten jeglichen Gehorsam, da Großbritannien die Aufteilung der Türkei plante und damit dem türkischen Sultan als Oberhaupt des Islam (Kalif) seine weltliche Machtstellung entziehen wollte. Die Brüder Ali gründeten das Khilafat-Komitee, das sich für den Bestand des Kalifats in der Türkei einsetzte.

Indien glich einem Pulverfass. Die Lunte legten die Briten mit den Rowlatt-Gesetzen. Der während des Krieges über Indien verhängte Ausnahmezustand sollte bestehen bleiben. Geheime Gerichtsverfahren ohne Berufungsrecht und schwere Strafen wurden jenen angedroht, die des Terrorismus verdächtig waren oder aufrührerische Druckschriften besaßen und verteilten. Zu solchen Druckschriften gehörte auch Gandhis Übersetzung von Ruskins »Unto this last«.

Im Februar 1919 legten Gandhi und einige seiner Mitstreiter den Schwur ab, den Rowlatt-Gesetzen mit Satyagraha zu begegnen. Innerhalb weniger Wochen schlossen sich ihnen Tausende von Menschen an. Sie fanden sich zusammen und vertrieben öffentlich verbotene Schriften. Wie die Satyagrahis in Südafrika nahmen sie bewusst das Risiko einer Verhaftung auf sich. Sie hatten alle Furcht verloren. Gandhi rief zu einem allgemeinen Hartal auf. An einem solchen Tag schließen Geschäfte und Behörden, jegliche Arbeit ruht. Die Bevölkerung versammelt sich zu friedlichen Demonstrationen und gemeinsamen Andachten. Bis tief nach Südindien reiste Gandhi und warb auf zahllosen Versammlungen für Satyagraha. Manchmal war er so schwach und erschöpft, dass er seine Rede nicht selbst vortragen konnte. Der Hartal in Delhi und Bombay wurde ein voller Erfolg. Die Menschen strömten auf die Straße und vereinigten sich zu friedlichen Prozessionen. Zum ersten Mal seit dem Aufstand von 1857 sprengte der Ruf nach Unabhängigkeit den engen Rahmen von Kongressresolutionen und terroristischen Zellen.

Die Behörden reagierten zuerst fassungslos, dann mit brutaler Gewalt. In vielen Städten Indiens ging die Polizei mit Waffen gegen friedliche Demonstranten vor. Es gab Tote und Verletzte. Ihren blutigen Höhepunkt erreichten die Auseinandersetzungen im Punjab, in der Stadt Amritsar. Hier hatte der in Indien geborene britische General Dyer den Oberbefehl über die Truppen. Am Nachmittag des 12. April 1919 versammelten sich mehrere tausend

Einwohner von Amritsar im Jallianwala Bagh, einem kleinen Park, umgeben von einstöckigen Häusern und hohen Mauern. Als die Versammlung bereits begonnen hatte, sperrte General Dyer den einzigen Ausgang mit Panzerwagen ab und ließ ohne vorherige Warnung in die unbewaffnete Menge schießen. Nach den ersten Salven brach eine Panik aus. Von jedem Fluchtweg abgeschnitten, versuchten die Menschen die Mauern zu erklimmen und wurden damit zu Zielscheiben für die pausenlos feuernden Soldaten. Zehn endlos lange Minuten dauerte das Massaker. Dann zog General Dyer seine Truppen zurück, ohne sich um die Toten und Verwundeten zu kümmern. Nach offiziellen Angaben wurden dreihundertneunundsiebzig Menschen erschossen und mehr als eintausendzweihundert schwer verwundet. In seinem Bericht an die Vorgesetzten erklärte Dyer: »Es handelte sich nicht länger um die Frage, die Menge zu zerstreuen, sondern darum, einen tiefen moralischen Eindruck nicht nur auf die Anwesenden, sondern auf den ganzen Punjab zu machen. Von unnötiger Strenge kann keine Rede sein.«

In einem Kreuzverhör vor der Untersuchungskommission enthüllte Dyer mit seinen Anworten das wahre Gesicht des sich so demokratisch gebenden britischen Kolonialsystems.

Dyer: »Ich hatte mir vorgenommen, alle diese Leute erschießen zu lassen.«

Frage: »Wenn die Einfahrt breit genug gewesen wäre, die Panzerwagen durchzulassen, hätten Sie das Feuer mit Maschinengewehren eröffnet?«

Dyer: »Ich denke, ja, wahrscheinlich.«

Frage: »Von Zeit zu Zeit änderten Sie die Schussrichtung und ließen auf die Stelle zielen, wo die Menge am dichtesten war?«

Dyer: »Das stimmt.«

Mit dem Massaker im Jallianwala Bagh hatte Dyer sich nicht zufrieden gegeben. Er wollte einen »tiefen Eindruck« bei den Indern hinterlassen. Eine Straße, auf der eine Engländerin angegriffen worden war, erklärte er zur »Kriechspur«. Die Einwohner, die diese Straße benutzten, mussten sie auf allen vieren durchkriechen. Als sie die Stelle mieden, wurden sie zusammengetrieben und gewaltsam dorthin gebracht. An einem »Schandpfahl« ließ Dyer Inder auspeitschen, die nicht schnell und unterwürfig genug britischen Bürgern ihre Reverenz erwiesen hatten. Er ließ wissen, dass er Amritsar in der Hand gehabt hatte und es in einen Aschenhaufen hätte verwandeln können. Aber christliches Erbarmen habe ihn davon abgehalten. Dyer erwies sich als ein würdiger Nachfolger von Oberst Neill, der 1857 angeordnet hatte: »... die Eingeborenenviertel werden zerstört, alle Bewohner ohne Rücksicht auf Alter und Geschlecht erledigt; machen Sie aus diesem Ort ein wahrhaft abschreckendes Beispiel ...« Die Briten gingen mit äußerster Härte vor, um ihre Herrschaft in Indien zu behaupten. Dyer wurde nicht vor Gericht gestellt und bestraft. Die Regierung in Delhi riet ihm nur, den Dienst zu quittieren und von seiner stattlichen Pension zu leben. Die reaktionären Kräfte in England schrien empört auf. Das Oberhaus in London sprach dem General offiziell eine Anerkennung für sein Vorgehen aus. Die »Morning Post« sammelte »für den zu Unrecht bestraften Helden« zweitausend Pfund Schmerzensgeld, und fünf Jahre später endlich stellte ein englisches Gericht fest, General Dyer habe unter den »schweren und außerordentlichen Umständen« richtig gehandelt und sei »vom Staatssekretär für Indien zu Unrecht bestraft« worden.

Es dauerte Monate, bis die ganze Wahrheit über die Vorgänge im Punjab durch die von den Briten verhängte

Nachrichtensperre sickerte. Des Volkes Trauer und Zorn entluden sich in gewaltsamen Aktionen. Gandhi zeigte sich schockiert über den Umschlag von Gewaltlosigkeit in Gewalt. Nach Amritsar stand zu befürchten, dass Indien in ein Chaos von Gewalt versinken würde, aus dem die Kolonialregierung mit ihren organisierten Kräften als Sieger hervorgehen musste. Gandhi erlegte sich ein dreitägiges Bußfasten auf und brach die Satyagraha-Bewegung plötzlich ab. Er sprach von einem »himalaja-großen Fehler« und erklärte seinen Entschluss so: »Ein Satyagrahi gehorcht den Gesetzen der Gesellschaft bewusst und aus freiem Willen, weil er es für seine heilige Pflicht hält, das zu tun. Nur wenn jemand solchermaßen den Gesetzen der Gesellschaft genau gehorcht hat, ist er in der Lage zu beurteilen, welche besonderen Gesetze gut und gerecht und welche ungerecht und schlecht sind. Nur dann erwächst ihm die Berechtigung, gewissen Gesetzen unter genau bestimmten Umständen zivilen Ungehorsam entgegenzusetzen. Mein Fehler lag darin, dass ich versäumt hatte, diese notwendige Begrenzung zu beachten. Ich hatte das Volk aufgerufen, zivilen Ungehorsam zu leisten, bevor es sich dazu qualifiziert hatte, und dieser Missgriff erschien mir himalajagroß. Ich begriff, dass ein Volk, ehe es zur Leistung zivilen Ungehorsams geeignet ist, dessen tiefere Zusammenhänge verstanden haben muss.«

Gandhis Rückzug stieß auf heftige Kritik im Land, der rechte Flügel innerhalb des Nationalkongresses reagierte jedoch erleichtert. Gandhi deshalb als den verlängerten Arm der zur Verständigung mit den Briten bereiten Bourgeoisie zu bezeichnen, geht an der Wahrheit vorbei. Er besaß einen sicheren Instinkt dafür, was unter den gegebenen Umständen politisch möglich war. Den Massen, die aufs äußerste durch die Provokationen der britischen

Kolonialmacht erregt waren, fehlte es an Disziplin und organisatorischer Geschlossenheit, den Kampf zum Sieg zu führen. Sie hatten der organisierten Waffengewalt des Gegners nichts Gleichwertiges entgegenzusetzen. Ein Aufruf, die Gewalt der Herrschenden durch die Gewalt der Unterdrückten zu beantworten, hätte nur zu einem sinnlosen Blutvergießen geführt. Deshalb meinte Gandhi zu Recht: »Wenn die Methode, das Schwert zu ziehen, möglich gewesen wäre, dann hätte Indien nicht auf die Botschaft der Gewaltlosigkeit gehört.«

Gandhi erobert den Kongress

Die Bewegung von 1919 erstickte nicht im Blutbad von Amritsar. Die Idee der Unabhängigkeit hatte die Straßen und Plätze Indiens erobert. Das Feuer schwelte weiter. Rastlos reiste Gandhi durch das Land und warb für seine Ideen: Einheit von Hindus und Moslems, Einführung des Hindustani oder der Gebietssprachen anstelle von Englisch, Gebrauch des Spinnrads, Kauf von indischen anstelle von englischen Produkten. Gandhi gründete die englischsprachige Zeitschrift »Young India« (»Junges Indien«) und die in Gujarati erscheinende Zeitschrift »Navajivan« (»Neues Leben«), um seiner Stimme noch größeres Gehör zu verschaffen.

Als die Briten den Entwurf des Friedensvertrages mit der Türkei veröffentlichten, verbrüderten sich überall im Land Hindus und Moslems und schworen, gemeinsam gegen die Briten zu kämpfen. Auf einer Tagung des Khilafat-Komitees in Allahabad am 1. Juni 1920 schlug Gandhi vor, eine Bewegung der Non-Cooperation (Nicht-Zusammenarbeit) mit den Briten einzuleiten. Eingedenk der Ereignisse von 1919 mahnte Gandhi seine Landsleute: »Effektive Nicht-Zusammenarbeit hängt von vollständiger Organisation ab. Undiszipliniertheit erwächst aus Ärger, Disziplin aus intelligentem Widerstand.« Doch das Land rief nach Taten, nicht nach Worten. Keiner spürte das besser als Gandhi. Am 1. August 1920 schickte er der Regierung in Delhi alle seine Orden und Ehrenzeichen zurück und schrieb in einem Brief an den Vizekönig Lord Chelmsford: »Ich kann einer Regierung, die Unrecht begeht, um ihre Verderbtheit zu verteidigen, weder Achtung noch Zuneigung entgegenbringen.«

Am selben Tag starb, vierundsechzigjährig, der Kongressführer Tilak in Bombay. Verfolgt von den Briten und sechs Jahre eingekerkert, gehasst von indischen Fürsten und reichen Bürgern, gefürchtet von seinen politischen Gegnern, war er mit seiner kompromisslosen Forderung nach Swaraj (Selbstregierung) zum Idol des indischen Volkes geworden. Mit ihm verlor Indien einen seiner fähigsten Führer. Sein Platz fiel Gandhi zu. Die Menschen wollten handeln, und Gandhi wies ihnen den Weg. Ein Mann, der in Südafrika, in Champaran, Ahmedabad und Kheda bewiesen hatte, dass seine Methode erfolgreich war, ein Mann, der die Gewaltlosigkeit predigte und sich vor der Gewalt nicht fürchtete (»Wenn es nur die Wahl zwischen Feigheit und Gewalt gäbe, würde ich zur Gewalt raten«), war glaubwürdig. Glaubwürdig war auch sein Argument: »Wenn Indien seine Freiheit durch Gewalt erreichen muss, dann sollte es durch disziplinierte Gewalt, genannt Krieg, geschehen.« Auf solch einen Krieg war Indien nicht vorbereitet. Aber es konnte tun, was Gandhi riet: Boykott der Verwaltungen, Gerichte und Schulen, Boykott englischer Waren. Wurde Indien doch nicht allein durch britische Bajonette niedergehalten, sondern vielmehr noch durch die Zusammenarbeit seiner Bürger mit der Kolonialmacht. Swaraj, lehrte

Gandhi, bedeute, ohne die Briten auszukommen und das Gefühl der nationalen Hilflosigkeit zu überwinden.

Vom 4. bis 9. September 1920 trat in Kalkutta der Kongress zu einer Sondertagung zusammen. Die fünftausend Delegierten berieten über die von Gandhi eingebrachte Resolution über die Nicht-Zusammenarbeit. Die älteren Kongressmitglieder und jene, die auf Großbritannien setzten, äußerten Bedenken oder lehnten sie ganz ab. Die jungen stimmten begeistert zu und mit ihnen die Mehrheit des Kongresses. Gandhis Siegeszug war unaufhaltsam. Wo dieser Mann auftauchte, jubelten ihm die Menschen zu. Wie noch niemand vor ihm, verlieh er ihrer Qual und ihrer Hoffnung Geist und Stimme. Seine Rede war schmucklos, aber von tiefem Ernst erfüllt. Er lebte, was er sagte. Jeder verstand ihn.

Die jungen Vertreter der indischen Oberschicht sahen in Gandhi ihren Mann. »Er kam auf die indische öffentliche Szene wie ein Donnerschlag, uns alle erschütternd, und wie ein Blitzstrahl, der unsere Hirne erleuchtete und unsere Herzen wärmte …«, schrieb Jawaharlal Nehru. Gandhi brachte dem Kongress, was ihm bisher gefehlt hatte, um seinen Forderungen Nachdruck zu verleihen: die Massenbasis. Aus dem Diskussionsklub indischer Honoratioren wurde eine kämpferische Organisation. Der Kongress verjüngte und belebte sich. Die europäische Mode wich indischer Kleidung, das Englisch, das die breiten Massen nicht verstanden, dem Hindustani oder der Sprache der Provinz, in welcher der Kongress jeweils tagte. Nicht mehr der Kongresspräsident oder die Führer des Kongresses sagten dem Volk, was es tun sollte, sondern das Volk drängte den Kongress in den Strom der Zeit. Die britischen Beamten in Indien verstanden die Welt nicht mehr. Unvorstellbares geschah im Kronjuwel des britischen Imperiums. Angesehene Rechtsanwälte wie der aristokratische Motilal Nehru, der Vater Jawaharlal Nehrus, schlossen ihre Praxis und wurden eins mit dem lärmenden Volk. Schüler und Studenten verließen die Bildungsstätten, bedenkenlos ihre Karriere aufs Spiel setzend. Nationale Schulen schossen wie Pilze aus dem Boden. Männer wie der hochbegabte Subash Chandra Bose gaben ihre begehrten Posten beim Indian Civil Service (Indischer Staatsdienst) auf und lehrten an nationalen Schulen. Während des Besuches des Herzogs von Connaught, eines Onkels König Georgs V., blieben die Straßen und Plätze menschenleer. Ob in Kalkutta, Allahabad oder Delhi, überall befolgte die Bevölkerung den Aufruf des Kongresses zum Hartal. Als wenige Monate darauf der Prince of Wales und spätere König Edward VIII. Indien auf einer Goodwill-Tour besuchte, erging es ihm nicht anders. Eisiges Schweigen und offene Ablehnung begegneten ihm. Der Glanz der englischen Krone blendete die Inder nicht mehr.

1921 streikten eine halbe Million Arbeiter. In Bombay und anderswo verbrannte man öffentlich importierte Kleidungsstücke und bekannte sich feierlich zu Swadeshi (Selbstherstellung der in Indien benötigten Waren). Seit dieser Zeit bedeckte sich Gandhi nur noch mit einem Dhoti – einem Lendentuch – gleich den Millionen armer Bauern Indiens. Es war eine eindrucksvolle symbolische Geste, die mehr bewirkte als Worte. Das handgewebte Tuch warb für Swadeshi und zeigte, dass Gandhi sich mit den Ärmsten der Armen identifizierte, deren einziges Kleidungsstück dieses Lendentuch war. Die bürgerlichen Kongresspolitiker belächelten den neuen Spleen dieses seltsamen Mannes. Aber Gandhi gelang, was ihnen unmöglich war. Wo der magere halbnackte Mann mit den verschmitzt blickenden Augen hinter der runden Drahtbrille auftauchte, gewann er die

Herzen der Menschen im Sturm. Eine Woge von Popularität trug ihn durch das Land. Die Armen sahen in ihm einen Heiligen oder einen Avatar, einen Mensch gewordenen Gott. Nur wenige erreichte der Klang seiner leisen Stimme. Aber was machte das schon! Die Tausende, die zu seinen Versammlungen kamen, wollten ihn sehen, vielleicht sogar berühren, um Kraft und Segen von ihm zu erhalten. Die gläubige Zuversicht, »die Tyrannei der Liebe«, die ihm allerorten entgegenschlug, erfüllte Gandhi mit zwiespältigen Gefühlen. Er schaute dem Volk aufs Maul, aber er sprach ihm nicht nach dem Munde. »Wenn ich die Rufe ›Mahatma Gandhi ki jai!‹ (›Es lebe Mahatma Gandhi!‹) höre, durchbohrt jeder Ton dieser Phrase mein Herz wie ein Pfeil«, sagte er. »Wenn ich nur einen Augenblick hoffen könnte, dass diese Rufe euch Swaraj gewinnen könnten, würde ich mich mit meinem Elend abfinden. Aber wenn ich sehe, dass die Zeit und die Energie des Volkes auf nutzloses Geschrei verschwendet werden, während zur gleichen Zeit die wirkliche Arbeit liegen bleibt, dann möchte ich lieber sterben.« Unermüdlich mahnte Gandhi seine Zuhörer auf den Plätzen, in den Tempeln und Moscheen, die Hände nicht in den Schoß zu legen, den Fatalismus abzuschütteln, Andersgläubige zu tolerieren und zerstörende Gewalt zu vermeiden. Gewaltlosigkeit, Selbstdisziplin und Opferbereitschaft waren für ihn die Waffen der Mutigen und Starken, nicht der Feigen.

Auf Widerspruch stieß Gandhis Politik nicht nur bei den Terroristen und den militanten Moslems. Auch Rabindranath Tagore, sein Freund, griff ihn öffentlich an. Der Dichter warf ihm vor, er wolle Indien mit seinem »Spinnrad-Kult« und seinem Programm der Nicht-Zusammenarbeit vom Westen und damit von der modernen Entwicklung abschneiden. Ein Nationalismus Gandhischer Prägung führe zur Eintönigkeit und zum geistigen Terror, behauptete er. Obwohl von tiefer gegenseitiger Achtung erfüllt, blieben die Standpunkte dieser beiden großen Männer Indiens zeitlebens kontrovers. Der weltoffene, eng mit dem geistigen Leben Großbritanniens verbundene Aristokrat Tagore und der fest in der Hindutradition verwurzelte Anwalt der indischen Massen fanden keine gemeinsame politische Sprache. »Der indische Nationalismus«, schrieb Gandhi an Tagore, »ist weder exklusiv, aggressiv, noch destruktiv. Er lässt uns gesunden, ist religiös und deshalb human. Indien muss leben lernen, bevor es danach trachten kann, für die Humanität zu sterben. Die hungrigen Millionen verlangen nur nach einem Poem – nach der belebenden Nahrung.« Wenn Gandhi auch keine gewaltsame Veränderung der sozialen Besitzverhältnisse anstrebte, so sah er doch klarer als viele seiner Kritiker, dass eine politische und soziale Revolution, die nicht bewusst von den Massen getragen wurde, von vornherein zum Scheitern verurteilt war. Jene Millionen, die sich dumpf in ihr Schicksal fügten, mussten erst Würde und Selbstvertrauen gewinnen. Sie mussten lernen, auf Almosen zu verzichten und sich selbst zu helfen. Die Bewegung der Nicht-Zusammenarbeit, verteidigte sich Gandhi, errichte keine Mauer zwischen Indien und dem Westen. Sie wehre sich nur gegen »erzwungene Zusammenarbeit, gegen eine einseitige Verbindung, gegen das gewaltsame Aufdrängen von modernen Ausbeutungsmethoden, die sich unter dem Namen der Zivilisation verbergen«.

Ende des Jahres 1921 befanden sich außer Gandhi alle prominenten Führer des Kongresses im Gefängnis, zwanzigtausend politische Gefangene teilten ihr Los. An die Stelle der Verhafteten traten immer neue Freiwillige, die ihrerseits in die Gefängnisse drängten. Die Polizeibeamten und Justizbehörden verzweifelten. So etwas hatten sie noch nie erlebt, sie wussten nicht, wie sie sich verhalten sollten. Nichts schien der revolutionären Bewegung Einhalt gebieten zu können. Die Polizei machte Jagd auf Leute, die Khaddar-Kleidung trugen. Sie zerstörte Kongress- und Khilafat-Büros, nationale Bildungseinrichtungen. Doch Indien blickte dem britischen Löwen furchtlos ins Gesicht. Es forderte die versprochene Selbstregierung. Nehru beschrieb in seiner Autobiographie den Rausch, in dem sich das Land befand: »Das alte Gefühl der Unterdrückung und Hoffnungslosigkeit war vollkommen verschwunden. Da gab es kein Flüstern mehr, keine Wortklauberei über die Gesetzlichkeit unseres Vorgehens, um zu verhindern, dass wir in Schwierigkeiten mit den Behörden gerieten. Wir sprachen aus, was wir fühlten, und schrien es von den Dächern. Was kümmerten wir uns um die Folgen? Gefängnis? Wir freuten uns darauf, denn es würde unserer Sache weiterhelfen. Die zahllosen Spione und Geheimdienstleute, die uns ständig umkreisten, wurden zu bedauernswerten Gestalten, da es nichts Geheimes zu entdecken gab. Alle unsere Karten lagen stets offen auf dem Tisch.«

Aber wie die heißersehnte Selbstregierung konkret aussehen sollte, wussten weder Nehru noch die anderen Kongressführer. Swaraj war eine Losung, mit der jede Klasse und Schicht ihre eigenen Ziele umschrieb. Die Vertreter der Bourgeoisie wollten politisches Mitspracherecht, die Bauern Befreiung von der Schuldenlast und ein gesichertes Einkommen, die Arbeiter höhere Löhne, die Moslems die Lösung der Khilafat-Frage … Nationale, politische, soziale und religiöse Ziele, die einander teilweise widersprachen, fanden sich in der Opposition gegen die britische Kolonialherrschaft. Gandhis

Person und Programm bildeten den gemeinsamen Nenner. Ihm vertrauten alle. Seine Person schien zu garantieren, dass die innere Zerrissenheit Indiens, die es seinen Eroberern in die Hände gegeben hatte, ein Ende finden würde. So nimmt es nicht wunder, dass Gandhi sich »entzückend vage«, wie Nehru es ausdrückt, über den Inhalt der Unabhängigkeit äußerte und »keineswegs zu klarem Nachdenken darüber« ermunterte.

Ein unverständlicher Schritt

Für die Regierung in Delhi war die Welt aus den Fugen. Sie sah keinen Weg mehr, als auch das Mittel der Gewalt versagte. Unerwartet kam ihr von einer Seite Hilfe, von der sie es am wenigsten erwartet hatte – von Gandhi. Ihn hatte sie bisher aus Furcht vor dem Volkszorn nicht zu verhaften gewagt. Gandhi besaß die uneingeschränkte Vollmacht des Kongresses, in seinem Namen zu handeln. Nur eine Bedingung war ihm gestellt: keinen Frieden mit der Regierung zu schließen. Im Dezember 1921 schrieb Gandhi an den Vizekönig in Delhi: »Was Sie auch tun, wie Sie uns auch unterdrücken, Sie werden es eines Tages widerwillig bereuen; wir raten Ihnen, beizeiten Ihr Handeln zu bedenken, damit Sie sich nicht dreihundert Millionen Inder zu Ihren ewigen Feinden machen.«

Die Regierung antwortete nicht. Die Feindschaft konnte sie ertragen, wenn sie nur die Macht behielt.

Das Land wartete auf ein Zeichen Gandhis. Der zögerte. Zwar erklärte er: »Ziviler Ungehorsam ... wird zur heiligen Pflicht, wenn der Staat gesetzlos oder, was dasselbe ist, korrupt wird.« Doch er fühlte, wie ihm die Bewegung aus den Händen glitt und gewaltsame Auseinandersetzungen unvermeidlich wurden. Gandhi beschloss, einen Steuerstreik in Bardoli (Gujarat) auszurufen, einem vergleichsweise kleinen Gebiet mit siebenundachtzigtausend Einwohnern. Wenn dieser Streik erfolgreich verlief, sollte er allmählich auf das ganze Land ausgeweitet werden. Doch noch ehe die Aktion, wie vorgesehen, am 8. Februar 1922 beginnen konnte, ereignete sich in dem Dorf Chauri-Chaura ein blutiger Zwischenfall. Als britische Polizisten einige Inder misshandelt hatten, stürmten die empörten Bauern die Polizeistation des Dorfes und brannten sie nieder. Polizisten, die den Flammen entrinnen konnten, wurden von der Menge niedergetrampelt, misshandelt und ins Feuer geworfen. Gandhi war entsetzt Er sagte den Steuerstreik in Bardoli ab und verlangte vom Arbeitskomitee des Kongresses, sofort den zivilen Massenungehorsam aufzugeben. Er argumentierte: »Chauri-Chaura wird die Regierung verhärten, die Polizei weiter korrumpieren, und die folgenden Repressalien werden das Volk weiter demoralisieren … Die drastische Abkehr von praktisch dem gesamten aggressiven Programm mag politisch unvernünftig sein, aber sie ist zweifellos religiös vernünftig.« Das überstieg nun das Fassungsvermögen der Kongressführer. In Briefen aus dem Gefängnis und in den Sitzungen des Arbeitskomitees wehrten sie sich leidenschaftlich gegen Gandhis Sicht der Ereignisse. Resigniert ließen sie Gandhi schließlich gewähren, denn ohne ihn, auf den die Massen hörten, ging nichts mehr. Von einem starken Willen, den Kampf weiterzuführen, war weit und breit nichts zu spüren. Hätte es ihn gegeben, wäre die Bewegung über Gandhi hinweggeschritten.

Aber auch Gandhi war nicht glücklich über seinen Sieg im Arbeitskomitee, denn er wusste, dass er die Mehrheit nicht überzeugt hatte. Die Menschen verstanden nicht, warum er seine religiöse Überzeugung über den scheinbar nahen politischen Erfolg stellte. Das war für die Regierung der geeignete Augenblick, der Revolte das Haupt abzuschlagen. Zwei Wochen nach seiner Rückkehr in den Sabarmati-Ashram verhaftete die Polizei Gandhi. »Die Entfernung meiner Person aus seiner Mitte wird für das Volk ein Segen sein«, sagte er erleichtert, bevor man ihn abführte.

Welche Bedrohung Gandhi und seine Bewegung für die Kolonialmacht gewesen waren, geht aus den Worten Lord Loyds hervor, der sich 1939 an seine Zeit als Gouverneur von Bombay erinnerte: »Er jagte uns vielleicht einen Schrecken ein! Sein Programm füllte unsere Gefängnisse. Man kann aber nicht immer weiter Leute einsperren, nicht, wenn es dreihundertneunzehn Millionen davon gibt. Und wenn sie gar noch den nächsten Schritt unternommen und sich geweigert hätten, Steuern zu zahlen – Gott allein weiß, wo wir hingeraten wären! Gandhis Experiment war das kolossalste Experiment der Weltgeschichte; es war vom Erfolg nur noch einen Zentimeter entfernt. Aber er konnte die menschlichen Leidenschaften nicht kontrollieren. Die Menschen wurden gewalttätig, und er brach sein Programm ab ... Wir warfen ihn ins Gefängnis.« Aber nicht nur die Briten atmeten erleichtert auf, sondern auch die indischen Grundbesitzer, die Zamindare. Der drohende Steuerstreik hatte sie fürchten lassen, dass die Bauern auch ihnen die Pacht verweigern würden. Die Bardoli-Resolution Gandhis, vom Kongress bestätigt, enthob sie ihrer Sorgen. In der Klausel sechs wurde ausdrücklich gesagt, dass »die Zurückhaltung der Pachtzahlungen an die Zamindare im Gegensatz zu den Resolutionen des Kongresses steht und die höchsten Interessen des Landes verletzt«.

Gandhis Rückzug enttäuschte junge nationale Politiker wie Jawaharlal Nehru und Subash Chandra Bose. Sie betrachteten die Gewaltlosigkeit nicht als ein Glaubensbekenntnis, sondern als *eine* Methode des politischen Kampfes, die an ihren Ergebnissen gemessen wurde. War aber der gewaltlose Widerstand nicht zur Wirkungslosigkeit verurteilt, wenn der Gegner das Volk zu jedem gewünschten Zeitpunkt durch Provokateure zu Gewalttaten anstacheln und damit den zivilen Ungehorsam abbrechen konnte? fragten sie.

Chauri-Chaura hatte Gandhi nur den letzten Anstoß gegeben, den Widerstand aufzugeben. Deutlicher als seine jungen ungestümen Freunde erkannte er, dass die Bewegung trotz der zur Schau getragenen Kraft und Begeisterung zerfiel. Die meisten Führer waren im Gefängnis und die Massen nicht geschult genug, allein den Kampf fortzuführen. »Unerwünschte Elemente« und »Agents provocateurs« drangen, wie Jawaharlal Nehru später schrieb, in die Spitze des Kongresses ein und beherrschten ihn örtlich. Zudem waren die Ziele der Bewegung von 1922 noch viel zu verschwommen, als dass unter diesen Umständen ein Kampf – mit oder ohne Gewalt – hätte zum Erfolg führen können. Doch Gandhi argumentierte nicht politisch, sondern religiös. Das machte seine Handlungsweise für so viele junge Nationalisten unverständlich. Sie wandten sich von ihm ab und suchten nach neuen Wegen. Nehru berichtet in seiner Autobiographie von einem sechzehnjährigen Mithäftling im Gefängnis von Lucknow, der zur Strafe für einen Disziplinarverstoß ausgepeitscht wurde. Bei jedem Hieb schrie der Junge: »Mahatma Gandhi ki jai!« (»Es lebe Mahatma Gandhi!«), bis er ohnmächtig zusammenbrach. Später wurde er ein führender Terrorist in Nordindien.

IM ZEICHEN DES SPINNRADS

»Ich bin nicht geschaffen für akademische Schrif-
ten. Mein Feld ist Handeln ...
Die Welt hungert nicht nach Lehrbüchern. Wo-
nach sie sich sehnt und immer sehnen wird, ist ehr-
liches Handeln.«

Haft in Poona

»Alter: 52 Jahre, Beruf: Bauer und Weber, Wohnung:
Sabarmati-Ashram.« So stand es im Protokoll des Unter-
suchungsrichters. Die Engländer behandelten ihren Gefangenen respektvoll, so sehr saß ihnen der Schreck noch
in den Gliedern. Am 18. März 1922 begann der Prozess
vor dem Distriktgericht Ahmedabad. Gandhi erwartete
eine hohe Strafe und sah ihr mit Gleichmut entgegen.
Nach der Turbulenz der letzten drei Jahre sehnte er sich
geradezu nach der Einsamkeit der Gefängniszelle, um
Abstand zu gewinnen. Für ihn selbst überraschend, hatten die Ereignisse ihn zum geistigen Führer von Millionen gemacht. War er dieser Verantwortung gerecht geworden? Welchen Weg musste Indien, musste er selbst
fortan einschlagen? Fragen, die zu bedenken in den vergangenen Monaten kaum Zeit gewesen war.

Die Anklage beschuldigte Gandhi, durch drei Artikel
in »Young India« zur Erhebung gegen die Regierung Seiner Britischen Majestät aufgerufen zu haben. Der Prozess
ging in die indische Geschichte als der »große Prozess«
ein. Als der Angeklagte in den Gerichtssaal geführt
wurde, erhoben sich spontan Zuschauer wie Richter, um

ihm ihre Achtung zu bezeugen. Gandhi hatte auf einen Verteidiger verzichtet. Er erklärte sich in allen Punkten für schuldig und forderte für sich die Höchststrafe. Richter Broomfield, der den Vorsitz führte, fühlte sich nicht wohl in seiner Haut. Vor ihm stand ein Mann, der für sein Land das beanspruchte, was Großbritannien in seinen politischen Thesen lauthals verkündete: Demokratie, Gerechtigkeit, Selbstbestimmung. Er konnte in diesem furchtlosen, freundlichen Inder keinen Feind sehen. So kam er seiner lästigen Pflicht gegenüber dem Angeklagten mit Ritterlichkeit nach. Das Urteil lautete auf sechs Jahre Gefängnis. Zum Ende des Prozesses bot sich den im Saal Anwesenden ein denkwürdiges Schauspiel. Richter Broomfield verneigte sich vor Gandhi und sagte: »Das Gesetz kennt keinen Respekt vor der Persönlichkeit. Dennoch ist es mir unmöglich, über die Tatsache hinwegzusehen, dass Sie in den Augen von Millionen Ihrer Landsleute ein großer Führer und Patriot sind. Selbst jene, die eine andere politische Meinung als Sie haben, sehen zu Ihnen als einem Mann von hohen Idealen und einem ehrenhaften, ja heiligen Lebenswandel auf.« Gandhi dankte dem Richter für den fairen Prozess und nahm den Schuldspruch an. Beide schieden als Freunde. Fortan vermieden es die Briten, Gandhi den Prozess zu machen, bevor sie ihn einsperrten.

Gandhi wurde in das Yeravda-Gefängnis bei Poona gebracht. Von der Ritterlichkeit eines Broomfield war hier nichts mehr zu spüren. Die Gefängnisbehörde behandelte Gandhi wie einen Schwerverbrecher. Sie hielt ihn in strenger Einzelhaft. Wärter durchsuchten täglich seine Zelle. Besuche durfte Gandhi nur stehend empfangen. Mehr als vier Briefe im Jahr waren ihm nicht erlaubt. Sein Name wurde von der Anwaltsliste gestrichen. All diese Maßnahmen konnten Gandhi jedoch nicht demütigen.

Er genoss die Einsamkeit und Stille, die er in den letzten Jahren so sehr entbehrt hatte. Aus der Gefängnisbibliothek bestellte er sich Bücher über Religion, Literatur und Naturwissenschaften. Bacon, Haeckel, Wells, Goethe, Tagore, Shaw und Kipling gehörten zu den Autoren. Seine Studien bestärkten ihn in der Ansicht, dass hinter allen historischen Abläufen das Walten eines Weltgeistes stehe, den er Wahrheit nannte.

»Namen und Formen bedeuten wenig«, schrieb er, »sie kommen und gehen. Das Bleibende entzieht sich dem Historiker der Ereignisse. Die Wahrheit übersteigt die Geschichte.«

Im ewigen Kreislauf des Werdens und Vergehens sah Gandhi nur eine Entwicklung: das unausgesetzte Streben des Menschen nach Wahrheit unter den jeweiligen historischen Bedingungen. Deshalb bedeutete ihm ein konkretes politisches Ziel nicht so viel, dass er jeden Preis dafür zu zahlen bereit gewesen wäre. Politik war dem praktischen Idealisten ein Weg zur absoluten Wahrheit, die man nie erreichen, der man sich immer nur annähern kann. »Denn immer weicht das Ziel vor uns zurück. Je größer der Fortschritt, umso größer die Erkenntnis unseres Unwerts. Die Genugtuung liegt im Streben, nicht im Erreichen. Höchstes Streben ist höchster Sieg«, verkündete er.

Anfang des Jahres 1924 erkrankte Gandhi an einer Blinddarmentzündung. Sein Zustand verschlechterte sich so rasch, dass der englische Chirurg des Krankenhauses von Poona operieren musste, noch ehe die angeforderten Spezialisten eingetroffen waren. Die Operation vollzog sich unter dramatischen Umständen. Vor den Fenstern tobte ein heftiges Gewitter. Plötzlich verlosch das Licht, ein Blitz hatte die Leitung getroffen. Im Schein einer Taschenlampe arbeitete der Arzt weiter. Als auch diese nach kurzer Zeit versagte, leuchtete eine der drei Operationsschwestern dem Arzt mit einer eilig herbeigeholten Stalllaterne. Nach einer unsäglich langen Stunde war die Operation erfolgreich beendet.

Die Nachricht von Gandhis Krankheit verbreitete sich in Windeseile. »Indien war von Angst gelähmt, wir hielten den Atem an und warteten voller Unruhe«, schrieb Jawaharlal Nehru. Freunde wie politische Gegner, indische Bauern wie pensionierte englische Beamte eilten nach Poona, um den Kranken zu besuchen. Die zu ihm vordrangen, kamen mit Tränen in den Augen und gingen mit einem Lächeln. Gandhi würde leben.

Der Kongress in Schwierigkeiten

Am 5. Februar 1924 entließ die Kolonialregierung Gandhi aus der Haft. Die politische Lage in Indien hatte sich stabilisiert. So fiel es den Briten nicht schwer, Milde walten zu lassen und Gandhi die restlichen vier Jahre Gefängnishaft zu erlassen. An Märtyrern war ihnen nicht gelegen. Gandhi teilte die Freude seiner Anhänger nicht. Noch immer sehr schwach, verlangte es ihn nach der Abgeschiedenheit und Stille seiner Zelle. »Der Gedanke an meine völlige Unfähigkeit, die vor mir liegende Arbeit aufzunehmen, demütigt meinen Stolz«, gestand er. An der Meeresküste, nahe Bombay, erholte sich Gandhi in den nächsten Wochen. Als er am 28. Mai 1924 in den Sabarmati-Ashram zurückkehrte, war an Ausruhen nicht mehr zu denken.

Innerhalb der Kongresspartei tobte ein heftiger Streit. Eine Gruppe unter Motilal Nehru wollte sich den Wahlen für die Provinzräte stellen und auf parlamentarischem Weg gegen die Kolonialregierung vorgehen. Zu diesem Zweck hatte sie die Swaraj-Partei gegründet, die von den

Non-Changers (Nicht-Veränderern) im Kongress heftig abgelehnt wurde. Diese wollten die Gandhische Politik des konstruktiven Programms beibehalten. Den Unterschied zwischen beiden Gruppen beschrieb Jawaharlal Nehru so: Die Anhänger Gandhis »blieben mit den Bauernmassen in Kontakt, während die Swarajisten in den Räten von parlamentarischen Taktiken vollauf in Anspruch genommen waren«.

Nach dem Abebben der revolutionären Bewegung herrschte im Kongress eine allgemeine Rat- und Ziellosigkeit. Gandhi wusste in der augenblicklichen Situation nichts Besseres zu tun, als durch geschicktes Taktieren die Einheit des Kongresses zu erhalten. »Unsere Bewegung der Nicht-Zusammenarbeit«, schrieb er bitter in seiner Zeitschrift »Young India«, »hat in der Praxis die Form einer Nicht-Zusammenarbeit zwischen uns statt mit der Regierung angenommen.« Aber auch das gespannte Verhältnis zwischen Hindus und Moslems erfüllte ihn mit Sorge. Das politisch einigende Band zwischen beiden Religionsgemeinschaften, das im Khilafat-Komitee seinen sichtbaren Ausdruck gefunden hatte, war zerrissen, seitdem Kemal Atatürk 1922 die türkische Republik ausgerufen und den Sultan davongejagt hatte. Die Kritik der Moslems an den Briten verpuffte im leeren Raum. Aufgestaute politische und soziale Spannungen entluden sich in blutigen Zusammenstößen zwischen den Anhängern beider Religionen. Orthodoxe Hindus warfen Gandhi vor, er habe durch die Parteinahme in der Khilafat-Frage die politischen Energien der Moslems geweckt, die sich jetzt gegen die Hindus richteten. Gandhi verteidigte sich: »Das Erwecken der Massen war ein notwendiger Bestandteil unseres Kampfes. Das ist ein riesiger Gewinn. Ich würde nichts tun, um die Menschen wieder in den Schlaf zu wiegen.« Seinen

Religionsbrüdern hielt er vor, dass sie sich zwar aufregten, wenn die Moslems eine Kuh schlachteten, die den Hindus als heiliges Tier gilt, aber kein Wort über die Schlachthäuser der Briten verlören. Nirgendwo würden die Kühe schlechter behandelt als in Indien. Gandhi mahnte beide Seiten zur religiösen Toleranz. Als im September 1924 von Fanatikern aufgeputschte Hindus und Moslems in Kohat übereinander herfielen, wobei es viele Tote und Verletzte gab, wusste Gandhi nicht mehr weiter. »Meine Hilflosigkeit ist unerträglich …«, gestand er. »Es scheint, als sei Gott entthront worden.« Er entschloss sich zu einem einundzwanzigtägigen Fasten. Kongresspolitiker versuchten, ihn davon abzuhalten. So kurz nach seiner Haft und schweren Krankheit konnte dies den Tod des Mahatma bedeuten. Ihre Einwände fruchteten nichts. Ein einmal abgelegtes Gelübde war Gandhi heilig. Den Vorschlag eines Moslemführers, durch das Land zu reisen und zu den einander bekämpfenden Hindus und Moslems zu sprechen, lehnte er mit den Worten ab: »Ich bin ein unverbesserlicher Optimist, aber ich begründe meinen Optimismus immer auf solide Tatsachen. Sie sind auch ein unverbesserlicher Optimist, aber Sie bauen zuzeiten auf Sand. Niemand wird heute auf Sie hören.« Sein Fasten sollte jene, die ihn liebten, veranlassen, mit dem sinnlosen Blutvergießen aufzuhören. Einen anderen Weg sah Gandhi nicht. Wenn sein persönlicher Einsatz die verfeindeten Gruppen auch zeitweise miteinander zu versöhnen vermochte, ein dauerhafter Erfolg war ihm nicht beschieden. Solange der Reichtum in den Händen einer Hinduoberschicht lag, die nicht nur die moslemischen Pächter schamlos ausbeutete, sondern auch die ökonomisch schwächeren Moslemschichten an ihrer Entwicklung hinderte, konnte es keinen Frieden geben. Hier spielte sich nicht der

Kampf zwischen zwei Religionen ab, sondern ein erbarmungsloser Klassenkampf, der sich in den Mantel religiöser Vorurteile hüllte. Dies nicht erkannt zu haben, bestimmte die persönliche Tragik Gandhis in seinen letzten Lebensjahren. Zu jenem Zeitpunkt aber, unter den Bedingungen des nationalen Freiheitskampfes, der die Einheit des ganzen Volkes verlangte, fanden sich indische Nationalisten aller Glaubensrichtungen und Klassen in Delhi zu einer Konferenz zusammen und gelobten Gandhi, ihr Äußerstes zu tun, um die religiösen Streitigkeiten beizulegen. Als Gandhi sein Fasten beendet hatte, wollte er nach Kohat reisen, um dort die Wunden der vergangenen Ausschreitungen heilen zu helfen. Die Regierung verweigerte ihm dazu die Erlaubnis. Ihr kamen die Streitigkeiten zwischen Hindus und Moslems sehr gelegen. Sie sah lieber das Blut der Inder fließen als das der Engländer. Nichts fürchtete sie mehr, als dass die Nachkriegsereignisse sich wiederholen könnten. In Bengalen holte sie zum Schlag gegen die Swaraj-Partei aus, die sie beschuldigte, mit ihrer destruktiven Opposition das Regieren unmöglich zu machen. Die Behörden ließen jene Politiker verhaften, die sie nicht durch einträgliche Posten hatten korrumpieren können. Polizisten drangen in Kongressbüros ein, durchsuchten Privathäuser, beschlagnahmten Dokumente.

Die Kongresspartei, einst Hoffnung eines ganzen Landes, fiel auseinander. Nur Gandhi war noch imstande, die auseinander strebenden Kräfte zusammenzuhalten. Widerwillig die einen, hoffnungsvoll die anderen, nahmen sie auf der 39. Tagung des Kongresses in Belgaum sein konstruktives Programm an und wählten ihn zum Präsidenten. In dieser Funktion vermied er jegliche politische Initiative und widmete sich ganz seinem Reformprogramm.

Übermenschliche Strapazen in Kauf nehmend, bereiste er das Land vom Himalaja bis zum Kap Komorin. Per Bahn, Auto, Boot und zu Fuß besuchte er die entlegensten Dörfer und warb für das Spinnrad. »Es gibt dem Dorfbewohner neues Leben und neue Hoffnung«, argumentierte er. »Es kann Millionen hungriger Münder füllen. Es erzieht die Millionen. Es ist lebenspendend ...« Er begutachtete den technischen Zustand der Spinnräder, kritisierte, lobte, ermutigte. Gandhi spann selbst täglich ein bestimmtes Pensum an Garn und forderte die Kongressmitglieder auf, es ihm gleichzutun. Statt des Mitgliedsbeitrages sollten sie eine festgelegte Menge selbst gesponnenen Garns abliefern. Die führenden Mitglieder des Kongresses waren davon wenig erbaut. Sie sahen nicht ein, warum sie ihre kostbare Zeit am Spinnrad verbringen sollten, um mit ungeübten Händen schlechtes Garn herzustellen. Der Dichter Tagore warf Gandhi erneut vor, er wolle das Rad der Zeit zurückdrehen und jeden Inder, ungeachtet seines Berufes und seiner Fähigkeiten, zwingen, die Tage am Spinnrad zu verbringen. Gandhi kämpfte gegen das Missverständnis an. »Wenn man den Allerelendsten helfen will, muss man sie verstehen«, widersprach er, »und um sie zu verstehen, muss man gelegentlich so leben und arbeiten wie sie.« Er warnte die Intellektuellen, dass sie im Begriff seien, »das gebildete Indien vom einzigen sichtbaren und greifbaren Band abzuschneiden, das es mit den Massen verbindet – das Spinnrad.«

Im September 1925 gründete Gandhi die Allindische Spinnvereinigung und regte an, dass jedes Kongressmitglied zum Zeichen seiner Verbundenheit mit den indischen Massen handgesponnene und handgewebte Kleidung (Khadi) tragen sollte. Das Spinnrad bedeutete Gandhi mehr als ein bloßes Existenzmittel für die Armen.

Mit seinem ausgeprägten Sinn für Gleichnisse machte er es zum Symbol nationaler Einheit und Eigenständigkeit. Es war ein Symbol, das auch die analphabetischen Massen verstanden, denn es baute auf ihrer Welt auf. Das Garn, das täglich über Millionen von Spinnrädern lief, beschnitt den Profit des britischen Kapitals und verband den Khadi tragenden Kongressführer mit dem Bauern auf dem Land. Das Spinnrad wurde zur Waffe eines ganzen Volkes gegen seine Unterdrücker.

Das Jahr des Schweigens

Ende des Jahres 1925 gab Gandhi erleichtert den Kongressvorsitz auf und zog sich erneut nach Sabarmati zurück. Es war das letzte Mal gewesen, dass Gandhi eine offizielle Kongressfunktion ausgeübt hatte. Das Jahr 1926 erklärte er für sich zu einem Jahr des Schweigens. Er wollte Ahmedabad und Sabarmati in dieser Zeit nicht verlassen. Die Idee des Schweigens als regenerierende Kraft fesselte ihn, seit er in Südafrika ein Trappistenkloster besucht hatte. Die Einfachheit und Freundlichkeit jener schweigsamen deutschen Mönche in den Bergen von Natal waren ihm als nachahmenswertes Beispiel erschienen. Redeten die Menschen doch ohnehin zu viel und zu unüberlegt, anstatt durch Schweigen die Kraft ihrer Worte zu erhöhen. Er selbst ging mit Worten sparsam und konzentriert um. Die Montage galten ihm als Schweigetage, und nur wenn unbedingt nötig, kritzelte er ein paar Worte auf ein Stück Papier, um sich mit seiner Umgebung zu verständigen. Sein politisches Schweigen im Jahr 1926 war ein Eingeständnis, dass es ihm nicht gelungen war, die widerstreitenden Parteien innerhalb des Kongresses miteinander zu versöhnen. »Ihre Methode ist nicht die meine«, erklärte er. »Ich versuche, von unten her nach oben zu arbeiten. Für einen Beobachter ist das eine überaus langsame Arbeit. Sie arbeiten von der Spitze nach unten – ein schwierigerer und komplizierterer Prozess als der meine.«

Gandhi widmete sich seinem Ashram und kümmerte sich um die Allindische Spinnvereinigung. Er schrieb an seiner Autobiographie, von der jede Woche ein Kapitel in der Zeitschrift »Young India« erschien. Es war bezeichnend, dass er ihr den Titel gab: »Die Geschichte meiner Experimente mit der Wahrheit«. Schonungslos und zuweilen qualvoll offen zeichnete er sein bisheriges Leben als Suche nach der Wahrheit auf, deren wechselnde Gestalt unter den verschiedenen Bedingungen ihm nur durch die Tat erkennbar wurde.

Etwa zur selben Zeit erschien in Europa Romain Rollands Buch über Gandhi. Beide Bücher machten Gandhis Namen weit über die Grenzen Indiens hinaus bekannt. Auch ausländische Besucher kamen jetzt gelegentlich nach Sabarmati, um Gandhi persönlich kennen zu lernen oder sich gar den strengen Regeln eines Lebens im Ashram zu unterwerfen. Engländer und Amerikaner hofften, hier das verlorene Paradies zu finden, das sie in ihrer profitorientierten Welt vergeblich suchten. Sie sahen in Gandhi einen religiösen Lehrer, während viele indische Besucher ihn als einen Heiligen, manche sogar als einen Gott verehrten. Gandhi wandte sich sowohl gegen die eine wie auch gegen die andere Wertung seiner Person. Er verstand sich als ein Wahrheitssucher, ein Mensch mit vielen Fehlern, dessen einzige Stärke darin lag, seine eigenen Grenzen zu kennen. Zeit seines Lebens wehrte er sich gegen die blinde Verehrung seiner Person. Er tat es humorvoll und schlagfertig. Als einmal einer seiner Begleiter bei einem Sturz aus dem fahrenden Zug unverletzt blieb und dies dem Umstand zuschrieb, dass er mit dem Mahatma gereist sei, sagte Gandhi lachend: »Dann hätten Sie gar nicht erst herausfallen dürfen.«

Der Humor war ein Grundzug seines Wesens. Jawaharlal Nehru schrieb über ihn: »Sein Lächeln ist entzückend, sein Gelächter ansteckend, und er strahlt Frohsinn aus. Etwas Kindliches liegt in seinem Wesen, das voller Reiz ist. Wenn er einen Raum betritt, bringt er einen Hauch frischer Luft mit sich, der die Atmosphäre aufhellt.« Nichts lag Gandhi ferner als religiöser Eifer. Er hatte keine Visionen, er verachtete die Askese, die jemand um ihrer selbst willen auf sich nahm. Seine Religiosität schaltete den Verstand nicht aus, sie bedurfte seiner geradezu.

In Artikeln und persönlichen Gesprächen beantwortete Gandhi geduldig die vielen Fragen, die ihm täglich gestellt wurden. Man warf ihm vor, er wolle zum vorindustriellen Zeitalter zurückkehren, weil er das Spinnrad und die handwerklichen Fähigkeiten in den Vordergrund seines Reformprogramms stellte. Gandhi verwies auf die rückständige Sozialstruktur des Landes und meinte, dass man das Elend der Millionen nicht einfach mit modernen Maschinen beseitigen könne. Maschinen gäben einigen wenigen qualifizierten Kräften Lohn und Brot und stießen die anderen in noch tiefere Armut. »Wogegen ich bin, ist der Maschinenwahnwitz, nicht die Maschine als solche. Wahnwitz ist das, was sie arbeitskräftesparende Maschinerie nennen. Die Menschen ›sparen Arbeit ein‹, bis Tausende ohne Arbeit sind und auf den Straßen verhungern. Ich will Zeit und Arbeit für alle sparen, nicht nur für einen Teil der Menschheit. Ich bin gegen die Konzentration des Reichtums in wenigen Händen. Heute verhilft die Maschine einigen wenigen dazu, auf den Rücken von Millionen herumzureiten. Was dahinter steckt, ist nicht die Philanthropie, Arbeit zu sparen, sondern der Gewinn. Dagegen kämpfe ich mit aller Macht.« Wenn also Maschinen nötig seien, erklärte Gandhi, »dann bin ich Sozialist genug zu sagen, dass solche Fabriken nationalisiert oder vom Staat kontrolliert werden sollten. Sie sollten nicht für den Profit arbeiten, sondern zum Wohle der Menschen. Liebe sollte an die Stelle des Gewinnstrebens treten. Ich möchte eine Veränderung der Arbeitsbedingungen. Diese Gier nach Reichtum muss aufhören, und der Arbeiter muss sich nicht nur seines Existenzminimums sicher sein, sondern auch einer täglichen Aufgabe, die nicht bloße Schinderei ist«.

In den zahllosen Diskussionen konnte keiner seiner Gesprächspartner der Kraft und dem Zauber seiner Persönlichkeit widerstehen. Gandhi besaß Macht über Menschen, weil er, wie sein Sekretär und späterer Biograph Pyarelal schrieb, »niemals jemanden für etwas einsetzte, das nicht zu dessen eigenem Besten gewesen wäre. Er benutzte seine Instrumente so, dass er aus jedem das Beste herausholte und entwickelte, so dass sie von Tag zu Tag an Kraft und Format zunahmen … Bei einem Streit versuchte er nie, seinen Gegner durch intellektuelles Niederknüppeln zu bewältigen. Er verwandelte seinen Gegner in einen Bruder, einen Mitsuchenden nach der Wahrheit. Sein Ziel blieb stets, zu bekehren, niemals einzuzuengen oder zu unterdrücken. Der Gegner fühlte nie das Schmerzliche der Niederlage, sondern teilte die Erregung und den Genuss bei der Entdeckung einer Wahrheit, die, wie man ihn fühlen ließ, in ebenso großem Maße seine Entdeckung war wie die Gandhis. Das machte den Geist des Gegners aufnahmefähig, anstatt ihn zu verhärten«. Gandhi fürchtete nicht den Widerspruch. Ihm war »ein Nein, aus tiefster Überzeugung geäußert«, lieber »als ein Ja, nur gesagt, um zu gefallen oder, was schlimmer ist, um Ärger zu vermeiden«.

Wenn Gandhis Einfluss auf die indische Politik in den Jahren 1920 bis 1942 so bestimmend war, dass linke Hitzköpfe ihn den »Diktator des Kongresses« nannten, dann entsprang diese »Diktatur« der Überzeugungskraft und der Liebe. Die einzigen Waffen, über die Gandhi verfügte, waren ein unbeugsamer Wille, Mut, Prinzipientreue und aus ihnen gewachsene moralische Autorität. Die aufstrebende indische Bourgeoisie hatte viel mehr Grund, ihn zu fürchten, denn ihn als einen der ihren anzusehen. Doch noch brauchte sie ihn und seinen Einfluss auf die Massen, um ihr Ziel, die Herrschaft, zu erreichen.

Vorläufig aber sah es so aus, als hätte Gandhi der Kongresspolitik den Rücken gekehrt. 1927 begab er sich wieder auf Reisen. Bis zur völligen physischen Erschöpfung sprach er zu den Menschen. Er kam in Dörfer, in die noch nie ein Kongresspolitiker seinen Fuß gesetzt hatte. Während er die Bauern ermahnte, den Fatalismus abzuschütteln und sich selbst zu helfen, spann er, verkaufte mit Schere und Bandmaß Khadi, sammelte für sein Reformprogramm.

»Seid nicht Sklaven eures Schmucks und eurer Männer«, rief er den Frauen und Mädchen zu. »Besinnt euch auf eure Kraft und wirkt mit an der Erneuerung Indiens!« Diesem »Bettlerprinzen« vermochte niemand zu widerstehen. Die Frauen warfen Armbänder und Ketten, ihren einzigen Besitz, die Männer ihre kostbaren Kupfer- und Nickelmünzen in die herumgereichten Zinntöpfe. Die Armen gaben alles, was sie besaßen, die Reichen ein Almosen oder gar nichts. Gandhi wusste es, doch er vertraute darauf, dass die Reichen eines Tages ihren Besitz im Interesse der Armen verwalten würden. Man musste nur Geduld haben.

In Ceylon (heute Sri Lanka) sammelte er sechsundachtzigtausend Rupien für sein Programm. In Orissa predigte er gegen die Unberührbarkeit, die sich hier zu Exzessen auswuchs. Er riet den Kastenlosen, ihre Furcht zu bekämpfen. »Nur jenen, die sich fürchten, kann man Furcht einjagen. Und man muss zugeben, dass wir lange vor der Ankunft der Briten durch unsere Zamindare und Rajas an Furcht gewöhnt waren. Die gegenwärtigen Herrscher haben nur zu einer Wissenschaft erhoben, was es schon vorher in einer mehr oder weniger rohen Form gab.«

Die Studenten und Schüler ermahnte er, immer an jene zu denken, deren Schweiß und Entbehrungen sie ihr Studium verdankten. Überall ging er die Übel der indischen Gesellschaft bei der Wurzel an. Er richtete die Rücken der Inder gerade, wohl wissend, dass die Macht nur auf gebeugten Rücken sicher sitzt.

DER SALZMARSCH

>*Ich verlange nicht von Indien, Gewaltlosigkeit zu üben, weil es schwach ist. Ich verlange von ihm, Gewaltlosigkeit zu üben aus dem Bewusstsein seiner Kraft und Macht heraus.*«

Neue Hoffnung

Nach den turbulenten Jahren 1919 bis 1922 herrschte in Indien politische Windstille. Aber unter der ruhigen Oberfläche erstarkten die Kräfte des Widerstandes. Im Dezember 1925 gründeten kommunistische Gruppen in Cawnpore die Kommunistische Partei Indiens. Die Gewerkschaftsbewegung formierte sich. Der Anfang der zwanziger Jahre gegründete Allindische Gewerkschaftskongress gewann an Einfluss. Lang andauernde kämpferische Streiks waren die Folge. Die Bauern protestierten gegen die drückenden Steuern. Die Inder, die auf eine gleichberechtigte Zusammenarbeit mit den Briten gehofft hatten, waren bitter enttäuscht, als Vizekönig Lord Irwin Ende 1927 ankündigte, dass London in Kürze eine Kommission nach Indien entsenden werde, um Möglichkeiten für Verfassungsänderungen zu erkunden. Kein einziger Inder war Mitglied dieser Kommission. Damit sprach Großbritannien den Indern jegliches Recht ab, die Geschicke ihres Landes mitzubestimmen.

Jawaharlal Nehru kehrte mit neuen Ideen von einer anderthalbjährigen Reise durch Europa zurück. Er hatte an der Tagung der Internationalen Liga gegen den Imperialismus teilgenommen und die Sowjetunion besucht. Ihr Beispiel begeisterte ihn. Die Kongresstagung im Dezember 1927 in Madras stand ganz im Zeichen der energischen und vorwärts drängenden Generalsekretäre Jawaharlal Nehru und Subash Chandra Bose. Die Jugend zollte ihnen enthusiastisch Beifall. Der Kongress beschloss, die Simon-Kommission zu boykottieren, einen eigenen Verfassungsplan auszuarbeiten und sich der Antiimperialistischen Liga anzuschließen. Einstimmig wurde eine Resolution zur Erlangung der vollständigen Unabhängigkeit Indiens verabschiedet. Der Kongress erstarkte und begrub die alten Zwistigkeiten.

Gandhi hielt sich zurück. Die heroischen Reden seiner jungen Freunde erfüllten ihn mit Unbehagen. Ihm schien der Ruf nach völliger Unabhängigkeit verfrüht. »Der Kongress macht sich lächerlich«, konstatierte er, »indem er Jahr für Jahr Resolutionen dieser Art fasst, während er weiß, dass es unmöglich ist, sie in die Wirklichkeit umzusetzen. Indem wir solche Resolutionen verabschieden, stellen wir unsere Unfähigkeit zur Schau, werden zur Zielscheibe des Spotts der Kritiker und fordern die Verachtung unseres Gegners heraus. Der Kongress kann nicht zur unwiderstehlichen Kraft werden, die er sein möchte, wenn seine Resolutionen schlecht durchdacht sind und deshalb Papier bleiben müssen.«

Gandhi warnte davor, die Minderheit westlich gebildeter Inder mit Indien gleichzusetzen. Obwohl seine Einschätzung der Lage von der des Kongresses abwich, sagte er doch seine für 1928 geplante Europareise ab, um die ihn seine ausländischen Freunde und Bewunderer gebeten hatten. Er wollte in Indien sein, wenn man ihn brauchte.

1928 rief er den Steuerstreik in Bardoli (Gujarat) aus, der schon vor acht Jahren hatte stattfinden sollen, aber wegen der Ereignisse von Chauri-Chaura abgeblasen worden war. Diesmal wurde die Satyagraha-Aktion ein voller Erfolg. Einmütig widersetzten sich die Bauern der Steuererhöhung von 22,7 Prozent. Fast sechs Monate dauerte der Kampf, den die Behörden mit brutaler Härte niederzuschlagen suchten. Zweihundertfünfzig Satyagraha-Kämpfer wurden verhaftet, die Bauern von Haus und Hof vertrieben. Doch nichts konnte ihren Widerstand brechen. Die Regierung musste schließlich nachgeben. Sie entließ die Gefangenen, leistete Entschädigungen für beschlagnahmtes Gut und setzte die Steuererhöhung auf 5,7 Prozent herab. Bardoli wirkte auf Indiens Bauern wie ein Signal: Sie konnten siegen, wenn sie einig waren.

In den Städten empfingen die Menschen die Simon-Kommission mit schwarzen Fahnen und dem Ruf »Go home!« Polizisten schlugen rücksichtslos auf die Demonstranten ein, in Bombay, Madras und Kalkutta wurde geschossen. Eine Streikbewegung bisher ungekannten Ausmaßes erfasste Indien. Die Gewerkschaften unter Führung der Kommunisten standen in der ersten Reihe des Boykotts gegen die Simon-Kommission.

Im März 1929 ließ die Regierung dreiunddreißig Arbeiterführer, die Hälfte von ihnen Kommunisten, verhaften. In Meerut, einer kleinen, weitab von jedem Industriezentrum gelegenen Stadt, machte man ihnen den Prozess. Viereinhalb Jahre schleppte er sich hin und endete mit ungeheuerlichen Urteilen. Die Höchststrafe war lebenslängliche Deportation, das »mildeste« Urteil betrug drei Jahre erschwerter Kerkerhaft.

Auf die Gewalt des Staates folgte dann das gewaltsame Aufbegehren der Inder. Am 9. April 1929 explodierten im Parlament von Neu-Delhi zwei Bomben, aus ihnen flatterten rote Flugblätter auf die erschrockenen Parlamentarier nieder. Die Regierung nahm den Vorfall zum Anlass, die Zügel noch straffer zu ziehen.

»Die Bombenwerfer haben die Sache der Freiheit, in deren Namen sie die Bomben warfen, in Misskredit gebracht«, kommentierte Gandhi. Die Motive der Terroristen achtete er, ihre Methoden lehnte er ab.

Die Bombenwerfer wurden zu lebenslänglicher Deportation verurteilt. In ihrem Schlusswort vor Gericht sagten sie: »Wir haben nur das Ende der Ära der utopischen Gewaltlosigkeit markiert, von deren Nutzlosigkeit die heranwachsende Generation überzeugt ist. Revolution ist das unveräußerliche Recht der Menschheit. Freiheit ist das ungeschriebene Geburtsrecht aller. Der Arbeiter ist die wirkliche Stütze der Gesellschaft. Die Souveränität des Volkes ist das Endziel der Arbeiter. Für diese Ideale und für diesen Glauben nehmen wir alle Leiden auf uns. Wir haben unsere Jugend auf dem Altar der Revolution geopfert, denn für eine solche Sache ist kein Opfer zu groß. Wir sind zufrieden. Wir erwarten die Ankunft der Revolution. Lang lebe die Revolution!« Der linke Nationalist Subash Chandra Bose rief seinen Landsleuten zu: »Gebt mir euer Blut, und ich verspreche euch die Freiheit!« Solch eine kühne Sprache begeisterte die Jugend, allein nach Gandhis Geschmack war sie nicht. Große Worte und Bomben veränderten das Leben der Armen nicht. Sie verrieten einen zu kurzen Atem. Gesellschaftliche Veränderungen brauchten Zeit, Geduld und unermüdliche Kleinarbeit, nicht nur den Aufschrei einer edlen Seele. Der radikale Flügel des Kongresses forderte lautstark die sofortige Unabhängigkeit, und sei es durch Gewalt. Davon wollte Gandhi nichts wissen. Auf die Sprache der Waffen und des Terrors verstünden sich die Briten besser als die Inder, meinte er. Wenn die Inder siegen wollten, müssten sie sich in Satyagraha üben.

Da die Massen auf ihn hörten, war er für die Gemäßigten im Kongress ein Fels, auf den sie bauen konnten. Dennoch wurde Vizekönig Lord Irwin kaum Herr der

Lage im Lande. Die Streiks und Terroranschläge machten das Regieren fast unmöglich.

Im Mai 1929 übernahm in London die Labour Party die Regierung. Lord Irwin setzte seine ganze Hoffnung auf den als Freund Indiens bekannten Premierminister James Ramsay MacDonald. Zwar erklärte sich der Premierminister zu Gesprächen über einen Dominionstatus Indiens bereit, aber schon nach einem halben Jahr hatte die Mehrheit von Konservativen und Liberalen im Londoner Parlament die Indienpläne der Regierung zu Fall gebracht. Vizekönig Irwin musste sehen, wie er in Indien allein zurechtkam.

In Bombay streikten fünfzehntausend Textilarbeiter, es streikten die Eisenbahner, die Arbeiter in den Jutefabriken Bengalens, die Straßenreiniger von Kalkutta. Gandhi reiste durch das unruhige Land. Kein Politiker hatte das Ohr näher an den Massen als er. Innerhalb von sechs Monaten sprach er in dreihundertneunzehn Dörfern – ein Wanderprediger für Indiens Freiheit und ein Bettelmönch für die Armen. Er ließ sich ein Auto so herrichten, dass es mit wenigen Griffen in eine Plattform umgebaut werden konnte, von der aus er seine Reden hielt. Das ersparte ihm den zeit- und kräfteraubenden Weg durch die Menge. Der Sechzigjährige nahm Strapazen auf sich, unter denen viel Jüngere zusammengebrochen wären. So nüchtern und zurückhaltend seine Worte auch klangen, hinter ihnen stand eine Leidenschaft des Wollens, eine Glut der Überzeugung, die auf seine Zuhörer übersprang. Er rief die Studenten auf, sich mit dem Volk zu verbinden. Die orthodoxen Hindus ermahnte er, die Kastenlosen nicht länger als Parias zu behandeln. Von den Gutsbesitzern und Industriellen forderte er, sich ihrer sozialen Verantwortung bewusst zu werden und ihren Besitz zum Vorteil der Armen zu verwalten.

1   *Gandhi (links), vierzehnjährig, mit dem Bruder Karsandas*

2   *Als Rechtsanwalt in Südafrika*

3   *Gandhi als Satyagraha-Kämpfer in Südafrika*

4   Gandhi und Kasturba, Indien 1915

5   »Meine lieben kleinen Vögelchen ...«

6   Begegnung mit Charles Chaplin

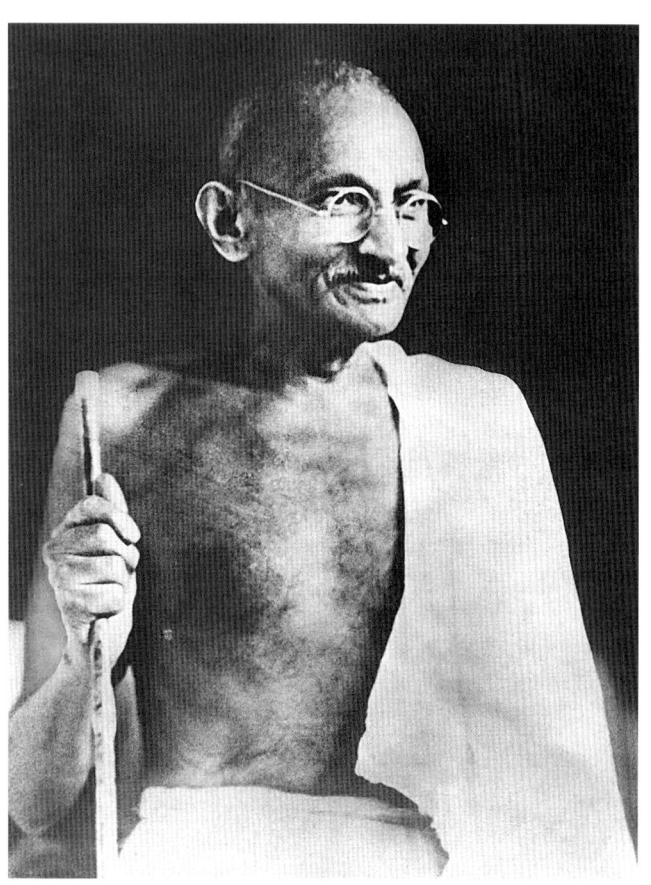

7

8   Mit Kasturba (links) zu Gast bei dem indischen Nationaldichter Rabindranath Tagore

9   Gandhi auf dem Totenbett, aufgebahrt im Birla-Haus in Neu-Delhi kurz vor der Einäscherung an den Ufern des Jumna-Flusses

10   *Gandhis ganze Habe*

Gandhi sammelte Hunderttausende von Rupien und führte über jede einzelne genau Buch. Das Geld wurde für die Sanierung von Dörfern, für die Förderung des Handwerks und für Hilfsmaßnahmen verwandt. Indien sollte lernen, sich selbst zu helfen. Kritik, Unverständnis, Hohn und Heuchelei hinderten Gandhi nicht, immer aufs Neue seine Botschaft der Liebe und Gewaltlosigkeit zu verkünden. Er richtete den Blick der Menschen auf das allen gemeinsame Ziel: die Befreiung vom Kolonialjoch. Für dieses große Ziel mussten die Klasseninteressen dem nationalen Kampf untergeordnet werden. Indem Gandhi sich dieser Gesetzmäßigkeit unterwarf, leistete er seinem Volk einen wertvollen Dienst. Die historische Situation bedurfte eines solchen Einigers. Die Zeit brachte ihn hervor.

Ein folgenschwerer Brief

1929 rief der Kongress wieder nach der Führung Gandhis. Er war der Einzige, auf den sich die unterschiedlichen Gruppen einigen konnten. Den Gemäßigten bot er Schutz vor einer drohenden Revolution, den Linken sicherte er Einfluss auf die Massen. Gandhi lehnte mit den Worten ab: »Alte Männer haben ihre Zeit gehabt. Die Schlacht der Zukunft muss von jüngeren Männern und Frauen geschlagen werden.« Gandhi wollte den neununddreißigjährigen Jawaharlal Nehru an seiner Stelle sehen. Die älteren Kongressführer zögerten, dieser Wahl zuzustimmen, ihnen war Nehru zu radikal. Gandhi beruhigte sie: »Nehru und ich mögen intellektuelle Differenzen haben, aber unsere Herzen sind eins. Und wenn er auch den Schwung und die Entschlossenheit eines Kriegers besitzt, verfügt er ebenso über die Klugheit eines Staatsmannes … Er ist zweifellos ein Extremist, der weiter denkt als seine Umgebung. Aber er ist bescheiden und praktisch genug, nichts auf die Spitze zu treiben. Er ist klar wie ein Kristall … Er ist ein Ritter ohne Furcht und Tadel.«

Seit 1919 verband Gandhi mit der Familie Nehru eine enge Freundschaft. Motilal Nehru, der Vater, ein reicher Rechtsanwalt und gemäßigter Kongressführer, war ein stolzer, standesbewusster Mann. Ein größerer Gegensatz als der zwischen ihm und Gandhi war nicht denkbar. Einmal erzählte Motilal Nehru dem Sekretär Gandhis, Pyarelal: »Ich habe dem Mahatma gesagt, ich glaube nicht an eine Geistigkeit, und an Gott werde ich auch nicht glauben lernen, wenigstens nicht in diesem Leben.« Erschrocken fragte Pyarelal: »Und was hat er gesagt?« – »Er hat nur gelacht.«

Den klugen jungen Jawaharlal, in England ausgebildet, liebte Gandhi wie einen Sohn. Sie führten zahllose politische Streitgespräche miteinander. Ein begeisterter Anhänger Gandhis in den Jahren 1916 bis 1919, hatte Jawaharlal Nehru in den folgenden Jahren einen kritischen Abstand zu dem verehrten Meister gewonnen. Er teilte nicht dessen religiöse und, wie ihm manchmal schien, geradezu mystische Betrachtungsweise in politischen Fragen. Der junge Nehru entwickelte sich zu einem klarsichtigen Vertreter des indischen Bürgertums, der die Furcht seiner Klasse vor den Volksmassen nicht teilte. Gandhi fühlte sich angezogen von Nehrus Widerspruchsgeist und seinem scharfen Verstand. Er sah in dem jungen Nehru einen originellen Politiker, der imstande war, Indien in die Unabhängigkeit zu führen, zumal er sich seines Einflusses auf ihn bewusst war. Das trug Jawaharlal Nehru die Bezeichnung »Kronprinz« ein.

Im Dezember 1929 übernahm Jawaharlal Nehru auf der Kongresstagung in Lahore von seinem Vater die Präsidentschaft. Der neue Präsident, der sich als Sozialist und Republikaner bezeichnete, rief unter dem Beifall von dreißigtausend Delegierten: »Unabhängigkeit bedeutet für uns vollständige Freiheit von der britischen Vorherrschaft und dem britischen Imperialismus!« Der 26. Januar 1930 wurde zum Tag der Unabhängigkeit erklärt. Im ganzen Land fanden Massenkundgebungen statt, auf denen die Menschen feierlich das Gelübde ablegten, gewaltlos »das Ende dieser unmenschlichen Herrschaft« anzustreben. Der Kongress bevollmächtigte Gandhi, eine Bewegung des gewaltlosen Widerstandes einzuleiten. Wieder einmal stand der Mahatma im Brennpunkt des politischen Geschehens.

Indien schaute nach Sabarmati, wohin er sich zurückgezogen hatte, um zu meditieren. Sechs lange Wochen verstrichen, ohne dass sich Gandhi äußerte, auf welche Weise er den Kampf zu führen gedachte. Endlich, am 2. März 1930, schrieb er einen Brief an den Vizekönig Lord Irwin. Er begann mit den Worten: »Lieber Freund …«, aber der Inhalt des Briefes war nicht dazu angetan, Lord Irwin freundlich zu stimmen. Welcher britische Beamte ließ sich schon gern vorrechnen, dass sein Einkommen fünftausendmal so hoch war wie das durchschnittliche Einkommen der Inder und dass das Britische Empire auf der schamlosen Ausbeutung der Ärmsten der Armen beruhte. »Selbst das Salz, das er zum Leben braucht, ist besteuert, so dass er die schwerste Bürde von allen zu tragen hat … Diese Salzsteuer ist noch drückender, wenn man sich vor Augen hält, dass Salz dasjenige Nahrungsmittel ist, das er mehr braucht als der Reiche.« Gandhi rechnete dem Vizekönig vor, dass die Salzsteuer den Verdienst von drei Arbeitstagen des Bauern verschlinge. Sollte diese diskriminierende Steuer nicht abgeschafft werden, kündigte Gandhi für den 11. März einen Marsch zur Küste an, wo er das Salzmonopol der Regierung brechen wollte.

Das Salzmonopol ging noch auf die von der Ostindischen Kompanie verhängte Steuer auf indisches Salz zurück. Die Briten wollten das Salz, womit sie auf ihren Fahrten von England nach Indien die Segelschiffe belasteten, mit Gewinn verkaufen. Die Segelschiffe gehörten längst der Vergangenheit an, aber die Steuer war geblieben und zu einer der Haupteinnahmequellen der britischen Kolonialverwaltung geworden. Lord Irwin mag gelächelt haben, als er von Gandhis Vorhaben las. Er konnte sich nicht vorstellen, welchen Erfolg sich der Weise von Sabarmati davon erhoffte. So antwortete er auf den eindringlichen Brief nur, er bedauere, dass Gandhi Gesetz und Frieden zu brechen beabsichtige. »Das einzige Gesetz«, bemerkte Gandhi sarkastisch, »das die Nation kennt, ist der Wille der britischen Administratoren; der einzig öffentliche Frieden, den die Nation kennt, ist der Frieden eines Gefängnisses. Indien ist ein riesiges Gefängnis.«

Die Welt schaut auf Indien

Die Kongresskollegen waren enttäuscht. Das Land rief nach Unabhängigkeit, und Gandhi wollte einen Feldzug gegen die Salzsteuer beginnen. Sie verstanden Gandhis Taktik nicht. Indem er Forderungen stellte, die der Gegner erfüllen konnte, zwang er diesen, entweder einen Schritt in die gewünschte Richtung zu tun oder, was wahrscheinlicher war, sie abzulehnen. Damit enthüllte die Kolonialmacht ihr wahres Gesicht. Jeder Inder sollte begreifen, worum es konkret ging. Die Salzsteuer betraf jeden.

Der Widerhall in der Bevölkerung gab Gandhi Recht. Die Politiker staunten über seine Phantasie, sein Einfühlungsvermögen in die Welt des kleinen Mannes und über seinen Sinn für dramatische Effekte. Was mit einem Brief so harmlos begonnen hatte, löste innerhalb weniger Tage eine Lawine begeisterter Zustimmung aus. Zehntausende von Menschen fanden sich vor dem geplanten Abmarsch am Ufer des Sabarmati-Flusses ein, um Gandhi zu sehen, zu hören, mit ihm zu beten. In Ahmedabad blockierten sensationslüsterne Reporter und Filmemacher aus aller Welt die Rundfunk- und Telegrafenstationen. Kein Dramatiker hätte die Situation wirkungsvoller ihrem Höhepunkt entgegenführen können. Eine knisternde Spannung lag über dem Land. Am Morgen des 12. März 1930 war es endlich soweit. Mit achtundzwanzig Satyagrahis verließ Gandhi den Ashram in Richtung Meer. Tausende von Menschen säumten den mit Wasser besprengten und mit Blättern übersäten Weg. Beobachter mochten sich in biblische Zeiten versetzt fühlen. Wie einst Jesus von Nazareth zog Gandhi an der Spitze seiner Jünger aus, dem Volk ein Zeichen zu geben. Auf staubigen Straßen, in glühender Sonne wanderten die Pilger von Dorf zu Dorf. Wenn die Menschen des barhäuptigen Gandhi mit seinem langen Bambusstab ansichtig wurden, warfen sie sich ehrfürchtig vor ihm nieder und berührten seine Füße. Ob in Aslali, Navagam, Nadiad, in Borsad oder Surat, überall erwartete ihn eine unübersehbare Menschenmenge. Gandhis Kraft schien unerschöpflich zu sein. Mit einundsechzig Jahren der Älteste der Gruppe, lächelte er nachsichtig über seine jungen Begleiter, die nach einigen Tagen den Strapazen kaum noch gewachsen waren. Jeden Tag legten die Pilger etwa sechzehn Kilometer zurück. Abends sprach Gandhi zu den Menschen auf den Straßen und Plätzen, ermahnte sie zu Disziplin und Opferbereitschaft und forderte sie auf, das Salzmonopol der Regierung zu brechen.

Loyalität gegenüber einem korrupten Staat und seinen Gesetzen sei eine Sünde, ihm zu widerstehen eine Tugend, rief er ihnen zu. Während er sprach, spann er auf seinem zusammenklappbaren Spinnrad. Später gab er Reportern Interviews, schrieb Zeitungsartikel. Nach kurzem Schlaf erledigte er morgens um vier Uhr die Post. Er schrieb seine Briefe bei Mondlicht, wenn das Öl für die Lampe ausgegangen war.

Die kleine Schar wuchs, je näher sie dem Meer kam, zu einem Heer an. Lord Irwin bereute seine Anordnung, Gandhi ungehindert ziehen zu lassen. Nicht im Traum hatte er vermutet, dass dieser Marsch solche Dimensionen annehmen könnte. Die Zeitungen und Rundfunkstationen berichteten von nichts anderem. Alle Augen, alle Gedanken, alle Hoffnungen Indiens richteten sich auf den kleinen Mann und seine tapfere Schar, die es wagten, das britische Weltreich herauszufordern. Um der Polizei die Arbeit zu erleichtern, hatte Gandhi die Personalien aller Teilnehmer in »Young India« veröffentlicht. Er setzte die Waffen ein, die er am besten zu handhaben verstand: Opferbereitschaft und Furchtlosigkeit. Jenen Gegnern Gandhis, die sein Unternehmen als monströse Show eines selbst ernannten Heiligen abwerten wollten, blieb der Spott im Halse stecken. Der linke Nationalistenführer Subhas Chandra Bose, Gandhis Methoden gegenüber eher kritisch eingestellt, verglich den Marsch zum Meer mit der Rückkehr Napoleons von Elba.

Am Abend des 5. April 1930 erreichte die Gruppe ihr Ziel: das Dorf Dandi an der Küste des Arabischen Meeres. Vierundzwanzig Tage hatte sie für die dreihundertfünfundachtzig Kilometer gebraucht; Tage, deren jeder den vorherigen an Spannung und Ausstrahlung auf das Land übertraf. Alles fieberte dem Höhepunkt entgegen. Nach Gebeten und einem Bad im Meer nahm Gandhi im Morgengrauen des 6. April von den natürlichen Salzablagerungen an der Küste eine Hand voll auf und zeigte sie der sechstausendköpfigen Menge. Die Dichterin Sarojini Naidu rief emphatisch: »Heil dir, Befreier!« Mit dieser schlichten Geste löste Gandhi eine Bewegung aus, die niemand, vielleicht nicht einmal er selbst, erwartet hatte. Die Bauern strömten in Massen zum Meer, um Salz zu gewinnen. Allerorten siedeten die Menschen grobkörniges, schmutziggelbes Salz. Es war ihnen kostbarer als Gold, denn mit seiner Hilfe konnten sie das verhasste Salzgesetz brechen. Doch dabei blieb es nicht. Kasturba zog mit den Frauen des Sabarmati-Ashram nach Ahmedabad, um vor den Textil- und Alkoholgeschäften Posten zu beziehen. Andere taten es ihnen nach. Der Boykott englischer Waren übertraf alle vorherigen Aktionen dieser Art. Im ganzen Land verließen die Frauen die Abgeschiedenheit ihrer Heime und beteiligten sich am gewaltlosen Widerstand. Das war noch nie zuvor dagewesen. Indiens Frauen traten in jenen Apriltagen des Jahres 1930 in das Rampenlicht der Öffentlichkeit. Das kam im traditionsbewussten Indien einer Revolution gleich. Schon in Südafrika hatte Gandhi die Frauen als Kampfgefährtinnen des Mannes schätzen gelernt. Seitdem war er nicht müde geworden, ihren Mut und ihre Opferbereitschaft zu preisen. »Frauen das schwache Geschlecht zu nennen ist eine Verleumdung«, erklärte er. »Es ist die Ungerechtigkeit des Mannes gegenüber der Frau. Wenn man unter Stärke die körperliche Stärke versteht, dann ist die Frau wirklich weniger stark als der Mann. Wenn man unter Stärke jedoch moralische Kraft versteht, dann ist die Frau dem Mann weit überlegen. Besitzt sie nicht die größere Intuition, ist sie nicht aufopferungsvoller, hat sie nicht die größere Ausdauer und den größeren Mut? Ohne sie ist der Mann nichts.«

Als erster politischer Führer Indiens bezog Gandhi die Frauen in den Kampf um die politische und soziale Befreiung ein. Ihr Ansehen in der Gesellschaft stand im umgekehrten Verhältnis zu der Rolle, die sie tatsächlich spielten. Sie wurden neben den Kastenlosen am meisten ausgebeutet und genossen noch weniger Rechte als diese. Oft schon im frühen Kindesalter verheiratet, dem Mann und den Schwiegereltern untertan und nach deren Tod den Söhnen oder anderen männlichen Verwandten, waren sie Lustobjekt, Gebärmaschine und Dienstmagd in einer Person. Verbannt in die hinteren Räume des Hauses, führten sie ein freudloses Dasein. In seinem Roman »Nirmala« beschreibt der indische Schriftsteller Premtschand eindrucksvoll die Tragödie der indischen Frau. Gandhi war selbst als Kind verheiratet worden und seiner Frau ein tyrannischer Ehemann gewesen. Doch Kasturba und das Leben hatten ihn gelehrt, dass nur der frei ist, der andere nicht unterdrückt. Das gilt für das Zusammenleben der Individuen ebenso wie für das der Völker. Gleichberechtigung bedeutete Gandhi nicht, dass die Frau die Tugenden und Unarten des Mannes nachahmte, sondern dass sie sich auf ihre eigenen Fähigkeiten besann und sie zum Wohle der Gemeinschaft einsetzte. Kasturba unterwarf sich ihrem Mann niemals blindlings, sie bestand auf ihrer eigenen Meinung und ihren eigenen Gewohnheiten, und das gefiel ihm. Er vergalt ihre Hingabe mit äußerster Rücksichtnahme. Seine männliche Kraft und Entschlossenheit, gepaart mit liebevollem Verständnis und hochgradiger Sensibilität, machten ihn für Frauen anziehend. Da er sie lehrte, Vertrauen in die eigene Kraft zu haben, wurden sie seine ergebensten Mitarbeiter.

In jenem Frühjahr geschahen noch mehr bemerkenswerte Dinge. In der Grenzprovinz zu Afghanistan, in Peshawar, weigerten sich die Soldaten des 18. Royal-Garhwali-Regiments, auf die unbewaffneten Demonstranten zu schießen. Zehn Tage lang befand sich die Stadt in den Händen des Volkes. Zeitungen stellten ihr Erscheinen ein, Dorfälteste legten ihre Ämter nieder. Amtliche Erlasse des Vizekönigs trafen auf den gewaltlosen Widerstand der Massen. Der Moslem Abdul Gaffar Khan war die Seele dieser Bewegung. Man nannte ihn den »Grenzprovinzen-Gandhi«, weil er es fertig gebracht hatte, die seit jeher kriegerischen Pathanen für den gewaltlosen Widerstand zu gewinnen.

Das Land war für die Briten unregierbar geworden. Die ersehnte Freiheit schien zum Greifen nahe. Als Gandhi ankündigte, mit seinen Anhängern die Dharasana-Salzwerke nördlich von Bombay zu besetzen, ließ ihn die Regierung verhaften. Am 4. Mai, kurz nach Mitternacht, umstellten dreißig schwer bewaffnete Polizisten das Lager Gandhis. Im Schutz ihrer Waffen und der Dunkelheit brachten sie den Aufrührer in das Yeravda-Gefängnis. Gandhi meinte nur heiter: »Jetzt kann ich endlich einmal ausschlafen.«

Als der Tag anbrach, wusste ganz Indien und darüber hinaus die Welt, was in der Nacht geschehen war. Landauf, landab legten die Arbeiter ihre Arbeit nieder, schlossen Schulen und Geschäfte. Allein in Bombay streikten fünfzigtausend Textilarbeiter. Wenn die Behörden geglaubt hatten, Gandhis Vorhaben vereiteln zu können, sahen sie sich nun getäuscht. Immer darauf gefasst, verhaftet zu werden, hatte Gandhi vorgesorgt.

Am 21. Mai 1930 marschierte eine Gruppe von zweitausendfünfhundert Menschen auf die Dharasana-Salzwerke zu. An der Spitze gingen der zweitgeborene Sohn

Gandhis, Manilal, und die Dichterin Sarojini Naidu. Vor dem mit Stacheldrahtzäunen und Polizeitruppen gesicherten Werk machten sie Halt. Die Dichterin rief den Freiwilligen zu: »Gandhis Körper ist im Gefängnis, aber seine Seele ist mit euch. Indiens Ansehen liegt in euren Händen. Ihr dürft unter keinen Umständen Gewalt anwenden. Ihr werdet geschlagen werden, aber ihr dürft keinen Widerstand leisten, ja nicht einmal die Hand heben, um euch vor Schlägen zu schützen.« Welchen sagenhaften Mut die Satyagrahis zeigten, berichtete der amerikanische Journalist Webb Miller: »In vollständigem Schweigen marschierten die Gandhi-Leute auf und blieben etwa neunzig Meter von der Einfriedung entfernt stehen. Eine ausgewählte Schar löste sich aus der Menge, watete durch den Graben und näherte sich dem Stacheldrahtzaun ... Plötzlich ein Kommando, und Haufen von indischen Polizisten stürzten sich auf die herandrängenden Demonstranten und schlugen mit eisenbeschlagenen Bambusstöcken auf die Köpfe der Menschen. Nicht einer der Demonstranten erhob auch nur den Arm, um die Schläge abzuwehren. Sie fielen um wie die Kegel. Dort, wo ich stand, hörte ich die entnervenden Schläge der Keulen auf ungeschützte Schädel. Die wartende Menge stöhnte und zog bei jedem Schlag den Atem ein in leidendem Mitgefühl. Die Niedergeschlagenen fielen mit ausgebreiteten Armen hin, bewusstlos oder sich krümmend mit gebrochenen Schädeln oder Schultern ... Da gab es keinen Kampf, kein Handgemenge, die Demonstranten marschierten einfach vorwärts, bis sie niedergeschlagen wurden.« Das ging stunden- und tagelang so. Miller erinnerte sich nicht, in seiner an blutigen Ereignissen reichen achtzehnjährigen Reporterzeit jemals solche schrecklichen Szenen beobachtet zu haben.

Sarojini Naidu und Manilal Gandhi wurden verhaftet, es gab dreihundertzwanzig Verletzte und zwei Tote. Vergeblich bemühten sich die Behörden, das Erscheinen von Webb Millers Aufsehen erregendem Bericht zu verhindern. Mehr als tausend von der amerikanischen Nachrichtenagentur United Press belieferte Zeitungen druckten den Artikel über die Vorgänge von Dharasana ab und lösten damit einen weltweiten Protest aus.

Dharasana blieb kein Einzelfall. Ähnliches spielte sich in vielen Orten Indiens ab. Der Boykott englischer Waren hielt unvermindert an. Gegenüber dem Vorjahr sank der Import von Baumwollstoffen auf ein Viertel, der von Zigaretten sogar auf ein Sechstel. Obwohl die Regierung den Kongress in die Illegalität getrieben hatte, arbeiteten die örtlichen Kongresskomitees weiter. Die Gefängnisse fassten die Verhafteten nicht mehr. Kriminelle wurden entlassen, um für die politischen Häftlinge Platz zu schaffen. Doch der Geist des Widerstandes blieb ungebrochen.

Die Labour-Regierung des Premierministers MacDonald befand sich in einer schwierigen Lage. Proteste aus aller Welt forderten die Freilassung Gandhis und der politischen Gefangenen. Eine von der Regierung nach London einberufene Round-table-Konferenz über eine Verwaltungsreform in Indien tagte ergebnislos, weil die Kongresspartei, die fünfundachtzig Prozent der indischen Bevölkerung vertrat, keine Vertreter nach London entsandt hatte. Aus Delhi berichtete der Vizekönig Lord Irwin, dass die inhaftierten Führer des Kongresses nach wie vor die Unabhängigkeit Indiens forderten. Im britischen Parlament spottete der Abgeordnete der Konservativen, Winston Churchill: »Die Regierung von Indien hat Gandhi eingesperrt und sitzt nun vor seiner Zellentür und bettelt ihn, er möge ihr aus ihren Schwierigkeiten heraushelfen.« Sein Spott schlug in offenen Ärger um, als Lord Irwin Gandhi und die anderen Kongressführer im Januar 1931 bedingungslos freiließ. Indien war anders nicht mehr zu regieren.

Gespräch mit Lord Irwin

Am 17. Februar empfing der Vizekönig Gandhi in seinem Amtssitz zu einem mehr als dreistündigen Gespräch. Churchill wütete darüber, wie »alarmierend und übelerregend« es sei, »Mister Gandhi, einen ehemaligen Inner-Temple-Rechtsanwalt und nunmehrigen Fakir, halbnackt die Treppen zum Palast des Vizekönigs heraufsteigen und gleichberechtigt mit dem Vertreter des Königs und Kaisers verhandeln zu sehen, während er weiterhin seine herausfordernde Kampagne des zivilen Ungehorsams organisiert und leitet«. Ihn empörte, dass die britische Herrschaft in Indien diesem »halbnackten Fakir« ausgeliefert war. Damit erkannte er klarer als andere britische Politiker die Situation in Indien. Doch welche Schlüsse zog er daraus? Ganz der Kolonialherrenmentalität des neunzehnten Jahrhunderts verhaftet, sah Churchill den einzigen Ausweg aus der indischen Krise in brutaler Unterdrückung. So ließ er denn in den folgenden Jahren auch keine Gelegenheit aus, die Indienpolitik der Labour Party scharf anzugreifen und, wo es möglich war, sie zu durchkreuzen.

Der ersten Konferenz in Neu-Delhi folgten weitere. Nach langen zähen Verhandlungen unterzeichneten der Vizekönig und Gandhi das sogenannte Irwin-Gandhi-Abkommen. Es legte fest, dass die Bewegung des zivilen Ungehorsams eingestellt werde. Dafür ließ die Regierung alle politischen Gefangenen frei und erlaubte die Salzgewinnung für den persönlichen Bedarf. An der nächsten Runde der Round-table-Konferenz in London sollte ein Vertreter des Kongresses teilnehmen. Kein Wort von Unabhängigkeit. Die Briten, abgesehen von hartgesottenen Konservativen wie Winston Churchill, äußerten Zufriedenheit. Der tote Punkt war überwunden. Bei den Indern stieß das Abkommen auf heftige Kritik. Gandhi beschwichtigte die Gegner des Vertrages, dass »nichts Wichtiges verloren gegangen und kein Prinzip aufgegeben worden« sei. Der gewaltlose Kampf beinhalte auch immer den Kompromiss. Der weitere Verlauf der Geschichte gab Gandhi Recht. Nicht das Abkommen erwies sich als historisch, sondern die Tatsache, dass Indien in der Person Gandhis erstmals gleichberechtigt mit der Kolonialmacht verhandelt hatte.

Nach der Unterzeichnung des Abkommens lud Lord Irwin zum Tee. Gandhi entnahm seiner Kleidung ein Tütchen selbstgewonnenes Salz und streute eine Prise davon in seinen Tee, um, wie er mit einem verschmitzten Seitenblick auf den Vizekönig bemerkte, »uns an die berühmte Boston Tea Party zu erinnern«. Diese Geste und die Anspielung auf ein dunkles Kapitel britischer Geschichte ließ Lord Irwin das Lächeln auf den Lippen gefrieren. Dem Teeboykott von Boston im Jahre 1773 war der Unabhängigkeitskrieg und die Lostrennung der nordamerikanischen Kolonien vom Mutterland gefolgt – ein beklemmend aktueller Vergleich. Auf der nachfolgenden Pressekonferenz fragte denn auch ein Journalist Gandhi, ob er beabsichtige, Premierminister des unabhängigen Indien zu werden. Gandhi erwiderte, dies überlasse er jüngeren Hirnen und kräftigeren Händen. Der Journalist ließ sich nicht abweisen. »Und wenn die Leute darauf bestehen?« Schlagfertig antwortete Gandhi: »Dann werde ich mich hinter Journalisten wie Ihnen verstecken.« Er hatte die Lacher auf seiner Seite.

Das Abkommen erwähnte die Unabhängigkeit mit keinem Wort, aber das Verlangen nach ihr hing weiter wie ein Damoklesschwert über den Briten. Sie hatten den Kampf nicht abgewendet, sondern nur eine Atempause gewonnen. Wäre die Unabhängigkeit zu diesem Zeitpunkt erreichbar gewesen, hätte sie auch kein Irwin-Gandhi-Abkommen verhindern können. Viele Inder sahen das nicht so. Rastlos reiste Gandhi von Ort zu Ort, um sie von seinem Standpunkt zu überzeugen. Manche Tage schlief er nicht mehr als eine Stunde. Unermüdlich warb er für das unpopuläre Abkommen. »Der spektakuläre Teil des Programms ist vorbei«, sagte er und mahnte: »Lasst uns unser Pulver trocken halten und unsere Waffen blank.« Junge Leute empfingen ihn mit schwarzen Fahnen und den Rufen: »Gandhi, hau ab!«, »Nieder mit dem Gandhismus!«, »Gandhis Vertrag hat Bhagat Singh an den Galgen gebracht!« Der Terrorist Bhagat Singh war wegen der Ermordung des stellvertretenden Polizeichefs von Lahore zum Tod verurteilt worden. Mehrmals hatte Gandhi Lord Irwin um das Leben Bhagat Singhs gebeten. Drei Wochen nach der Unterzeichnung des Abkommens wurden Bhagat Singh und seine Kameraden gehängt Die Jugendlichen warfen Gandhi vor, er sei am Tod der Männer schuld. Geduldig und furchtlos stellte er sich seinen jungen Kritikern und verteidigte gegenüber anderen Kongresspolitikern das Recht der Demonstranten, ihren Unmut offen auszusprechen. Gandhi versicherte, dass er dem Mut Bhagat Singhs Achtung zolle, seine Methoden jedoch verurteile. Wer das Schwert gebrauche, werde durch das Schwert umkommen. Zuerst richte es sich gegen die Unterdrücker, später gegen Andersdenkende in den eigenen Reihen. Seine, Gandhis, Methode verlange größeren Mut als den, eine Pistole zu ziehen oder Bomben zu werfen. Die Jungen hörten Gandhi zu, überzeugen konnte er sie nicht.

Im März 1931 beauftragte der Kongress Gandhi, ihn auf der Round-table-Konferenz in London zu vertreten. Die weiterhin angespannte Lage in Indien, die Differenzen mit dem neuen Vizekönig Lord Willingdon ließen Gandhi ohne jegliche Illusion nach London reisen. Seine Abschiedsworte drückten es deutlich aus: »Der Horizont ist so dunkel, wie er es nur sein kann. Alles spricht dafür, dass ich mit leeren Händen zurückkehre.«

ZWISCHEN LANCASHIRE
UND BUCKINGHAMPALAST

*»Niemand fesselt einen Sklaven, ohne auch sich
selbst zu fesseln.«*

In den Slums von London

Am 29. August 1931 ging Gandhi in Bombay an Bord der
»Rajputana«, eines Passagierschiffes der englischen Pen-
insular & Oriental Navigation Company. Auf dem Schiff
lebte er nicht anders als in seinem Ashram. Die Kinder
der Passagiere freundeten sich sofort mit ihm an. »Grape-
fruits oder Datteln?« fragte er, wenn sie die Köpfe zu
seiner Kabinentür hereinsteckten, und schenkte ihnen
von seinen getrockneten Früchten. Er unternahm lange
Spaziergänge auf Deck und unterhielt sich mit den Reisenden und dem Schiffspersonal. An seinen Abendandachten nahmen viele Passagiere teil, die einen zu
ihrer Erbauung, die anderen aus Neugier. Nachts schlief
er auf Deck unter freiem Himmel. Seine Begleiter, zu
denen sein jüngster Sohn Devadas, seine Sekretäre und
die Dichterin Sarojini Naidu gehörten, tadelte er wegen
des vielen Gepäcks. Vom ersten Hafen, den das Schiff
anlief, mussten sie sieben Koffer nach Indien zurück-
schicken. Er stöhnte über die vielen wollenen Um-
schlagtücher, die ihm besorgte Freunde geschenkt hatten, damit er im winterlichen London nicht fröre. Doch
praktisch, wie er war, wusste Gandhi seinen Überfluss
zum Nutzen der Armen zu verwenden. Einen kostbaren
Schal im Wert von siebenhundert Rupien verkaufte er
einem reichen Passagier für siebentausend Rupien.

Die vierzehntägige Überfahrt nach Europa war mit Arbeit angefüllt. Grußbotschaften aus aller Welt trafen ein, Briefe mussten beantwortet werden, die zahlreichen mitreisenden Journalisten brauchten Stoff für ihre Zeitungen. Daneben spann Gandhi sein tägliches Pensum, schrieb Artikel für »Young India« und las. In Aden, Suez und Port Said kamen Vertreter der indischen Bevölkerung und Journalisten an Bord, um ihn zu sprechen. In Marseille begrüßte ihn Madeleine Rolland und überbrachte ihm eine herzliche Einladung ihres Bruders, des Dichters Romain Rolland. Die französischen Journalisten zeigten sich schockiert über Gandhis Kleidung. Der Inder lächelte freundlich und erklärte ihnen: »Ich bin ein Bettler. Meine irdischen Besitztümer bestehen aus sechs Spinnrädern, Gefängnisgeschirr, einer Kanne für Ziegenmilch, sechs Lenden- und Handtüchern und meiner Reputation, die nicht viel wert sein kann.« Die konservative Presse verleumdete ihn als Heuchler und Prediger des Hasses gegen die Briten. Zu einem dieser Journalisten sagte Gandhi, dass ihn sein Humor davor bewahre, sich über die Lügen und Unwahrheiten zu ärgern. Er brauchte viel Humor. Denn nicht nur konservative, sondern auch linke Blätter fielen über ihn her. Gandhi, der als Heiliger posiere, sei in Wirklichkeit ein Agent der reaktionärsten Kräfte in Indien und Großbritannien, hieß es. Um den Arbeitern Sand in die Augen zu streuen, beabsichtige er, im Arbeiterviertel Kingsley Hall im Londoner East End zu wohnen. Sie übersahen, dass dieser »Reaktionär« das Antlitz Indiens entscheidender verändert hatte als so mancher »Revolutionär«.

Am 12. September traf Gandhi in London ein. Hier erregte er mit seiner Kleidung nicht weniger Aufsehen als in Frankreich. Es gab Leute, die sich noch erinnerten, wie er seinerzeit betont modisch gekleidet durch die Straßen von London gegangen war. Sie erkannten ihn kaum wieder.

Zu Beginn der Round-table-Konferenz hielt Gandhi eine fünfundvierzigminütige Rede, in der er die Forderungen des Kongresses auf den Tisch legte. Sehr bald erkannte er, dass die meisten Delegierten nur sich selbst oder die Interessen ihrer britischen Herren vertraten. Zwischen ihm und ihnen klaffte ein unüberbrückbarer Abgrund. Als der Dramatiker George Bernard Shaw ihn fragte, ob die Round-table-Konferenz seine Geduld nicht auf eine harte Probe stelle, seufzte Gandhi und meinte: »Das Ganze ist eine riesige Verschleierung, und die feierlichen Ansprachen kosten nur Zeit. Warum, habe ich sie gefragt, offenbart ihr nicht klar und deutlich eure Politik und lasst uns unsere Wahl treffen? Aber das scheint nicht in der politischen Natur der Engländer zu liegen. Alles muss seinen qualvollen Weg nehmen.«

Gandhi fand andere Wege, wirkungsvoll für die Sache des indischen Volkes zu werben. Wie überall gewann er zuerst die Herzen der Kinder. Sie begleiteten ihn auf seinen Morgenspaziergängen durch das neblig-dunkle Kingsley Hall. Anfangs hatten sie ihm nachgerufen: »He, Gandhi, wo hast du deine Hosen?« Sein herzliches Lachen und seine scherzhaften Worte ließen sie zutraulich werden. Wo immer Gandhi in seinem fremdartigen Gewand auftauchte, grüßten ihn die Bewohner des Arbeiterviertels, öffneten ihm die Tür und baten ihn, auf einen Sprung hereinzukommen. Interessiert hörte er den Männern und Frauen zu. Er wollte wissen, ob und wieviel Arbeitslosenunterstützung sie bekamen, wieviel Miete sie bezahlen mussten und wie sie mit ihrem Leben fertig wurden. Vertrauensvoll sprachen die Menschen über ihre Probleme. Zwischen ihnen kam keine Fremdheit auf. Ob in Indien, Südafrika oder England, überall fand Gandhi einen direkten Weg zu den Herzen der Menschen. Das bestätigte ihn in der Überzeugung, »dass die menschliche Natur dieselbe ist, unter welchem Himmel sie immer blüht, und dass man, wenn man den Menschen mit Vertrauen und Zuneigung entgegenkommt, zehnfaches Vertrauen und tausendfache Zuneigung erntet«.

Gandhi suchte das Gespräch, um Barrieren abzubauen. Er warb um Verständnis, stellte sich dem Widerspruch. Als er den Wunsch äußerte, mit den Textilarbeitern von Lancashire zu sprechen, warnten ihn Freunde. In Lancashire war die Zahl der Arbeitslosen wegen des Boykotts britischer Baumwollstoffe durch die Inder besonders hoch. Die Unternehmer hatten nicht versäumt, eindringlich auf diese Zusammenhänge hinzuweisen. Die Arbeiter würden Gandhi für ihre Misere verantwortlich machen und ihn mit Protestdemonstrationen empfangen. Nichts dergleichen geschah. Die Textilarbeiter waren bereit, mit Gandhi zu diskutieren. Er appellierte an die Solidarität der Unterdrückten und Ausgebeuteten und fand ein offenes Ohr. In Indien, erklärte er, gäbe es nicht drei Millionen Arbeitslose wie in Großbritannien, dort seien dreihundert Millionen Menschen ein halbes Jahr ohne Arbeit, während sie das andere halbe Jahr nur kümmerlich von ihrer Hände Arbeit leben können. »Wollt ihr gut leben, indem ihr den indischen Spinnern und Webern und ihren hungrigen Kindern ihr Stückchen Brot stehlt?« fragte er. Eine Fotografie zeigt Gandhi inmitten der Arbeiterinnen und Arbeiter von Lancashire, er – still vor sich hin lächelnd, die Frauen ausgelassen winkend. Wer konnte die Not der Inder besser begreifen als die arbeitslosen oder von Arbeitslosigkeit bedrohten Textilarbeiter Englands? Einer von ihnen sprach in einer Versammlung aus, was die meisten dachten: »Ich bin einer der Arbeitslosen, aber wenn ich in Indien lebte, würde ich dasselbe sagen, was Gandhi sagt.«

Die klassenbewussten Arbeiter Englands brauchte Gandhi nicht erst zu überzeugen, dass das britische Kapital und nicht das indische Volk an ihrem Elend schuld war. Seinen Schlussfolgerungen standen sie allerdings eher skeptisch gegenüber. In jenen bitteren Jahren der Weltwirtschaftskrise klang Gandhis Bekenntnis zur freiwilligen Armut vielen Arbeitern, die um ihre nackte Existenz kämpften, fremd in den Ohren. In der Guild Hall in London erklärte er, das ständige Streben nach immer mehr Besitz, nach Luxus, den man zum Leben gar nicht brauche, lege dem Menschen goldene Ketten an. Er werde der Gefangene seiner eigenen künstlich erzeugten Bedürfnisse. Besitz sei nicht nur Lust, sondern vor allem Last. Umgekehrt fühle er sich umso reicher und freier, je weniger er besitze. Kritiker warfen Gandhi vor, er verherrliche die Armut. Es ging ihm wie Sokrates, von dem berichtet wird, er habe nach der Gerichtsverhandlung gesagt: »Was bin ich denn gegen sie mit meiner nackten Wahrheit anderes als ein kleines Kind im kurzen Hemdchen?« Gandhi betonte immer wieder, dass Gott den Hungernden als Brot erscheine. Nicht die Armut der Elenden und Gedemütigten pries er, sondern die Armut dessen, der sein Brot im Schweiße seines Angesichts verdient. Dem naiven Fortschrittsglauben hielt er entgegen, dass die Schätze dieser Erde nicht unerschöpflich seien. Das Streben nach immer mehr materiellen Gütern lasse den Menschen nicht nur geistig verarmen, es bedrohe auch seine physische Existenz, weil es den Boden zerstöre, auf dem er stehe – die Natur. Nur die kluge Beschränkung der materiellen Bedürfnisse ermögliche der Menschheit das Überleben. Das starke religiöse Moment der Gandhischen Gedankengänge machte es dem klas-

senbewussten Proletariat Europas schwer, ihn zu verstehen, klammerte Gandhi doch die ökonomischen und
sozialen Voraussetzungen aus, die der Gesellschaft eine
»freiwillige Armut« erst ermöglichten. Er lehnte den
Klassenkampf und die gewaltsame Veränderung der Gesellschaft ab und baute gleichermaßen auf die Einsicht
der Herrschenden wie auf die moralische Stärke der
Unterdrückten. Aus dieser Haltung erwuchs auch der
Widerspruch zwischen ihm und seinen kommunistischen
Mitstreitern für Indiens Freiheit. Er konnte sie nicht von
seiner Methode, sie konnten ihn nicht von ihrem Weg
überzeugen. Aber niemals ließ Gandhi einen Zweifel
daran, dass sein Herz für die Ausgebeuteten schlug.
Wenige Jahre zuvor hatte er in einem Gespräch mit
einem indischen Kommunisten gemeint: »Wir stehen an
entgegengesetzten Polen, aber es gibt eine große Sache,
die wir gemeinsam haben. Wir behaupten beide, das
Wohl des Landes und der Menschheit zum Ziel zu
haben. Obgleich es im Moment so scheinen mag, als ob
wir uns in entgegengesetzter Richtung bewegen, glaube
ich, dass wir eines Tages zusammengehen werden. Ich
verspreche, dann vieles wieder gutzumachen, wenn ich
meinen Irrtum entdecke.«

Ein prominenter Besucher

Der Strom von Besuchern in Gandhis Londoner Wohnung riss nicht ab. Politiker, Wissenschaftler, Künstler
und Journalisten wollten mit dem berühmten Mann sprechen. Menschen aus ganz Europa und aus Amerika luden
ihn ein, sie zu besuchen. Gandhis Begleiter hatten alle
Hände voll zu tun, seinen Tagesablauf zu planen. Obwohl
der Mahatma nur drei bis vier Stunden täglich schlief,
blieb ihm nicht die Zeit, alle Besucher zu empfangen.

Auch Charles Chaplin bemühte sich zuerst vergeblich um eine Audienz. Gandhi, der noch nie einen Film gesehen hatte, fragte, wer Chaplin sei. Man sagte es ihm. Er winkte ab, Schauspieler interessierten ihn nicht. Als ihm aber jemand erzählte, Chaplin entstamme einer armen Familie aus einem Elendsviertel von London, war Gandhi sofort bereit, ihn zu sehen. Der gefeierte Schauspieler kam zu früh in das kleine Haus in den Slums nahe der East India Road. Gandhi war noch nicht zu Hause. Chaplin schaute aus dem Fenster auf die Straße. Dort wogte eine Menschenmenge. Journalisten und Fotografen belagerten die Tür. Als Gandhi endlich aus einem Taxi stieg, wurden Hochrufe und Gelächter laut. Der indische Gast war für seine humorvolle Schlagfertigkeit inzwischen bekannt. Mühsam bahnte er sich einen Weg durch die Menge. In dem überfüllten Vorzimmer im ersten Stock begegneten sich der »Tramp« und der »Bettlerprinz«.

Wenige Tage zuvor hatte Chaplin während eines Essens bei Churchill erzählt, dass er beabsichtige, Gandhi zu besuchen. Einer der Anwesenden meinte darauf, man habe sich genügend um diesen Mann bemüht. Jetzt solle man sich nicht mehr um seine Hungerstreiks kümmern, sondern ihn ins Gefängnis sperren und nicht mehr freilassen. »Ihn einzusperren wäre eine sehr einfache Lösung, wenn sie Erfolg hätte«, erwiderte Chaplin. »Doch wenn Sie einen Gandhi ins Gefängnis setzen, dann wird der nächste aufstehen. Er ist das Symbol dessen, was das indische Volk will. Wenn sie nicht bekommen, was sie wollen, dann werden die Inder einen Gandhi nach dem anderen hervorbringen.« – »Sie würden einen guten Labour-Abgeordneten abgeben«, meinte darauf Churchill ironisch lächelnd zu Chaplin.

Nun stand Chaplin Gandhi gegenüber und wusste nicht, was er sagen sollte. Der Mahatma schaute ihn erwartungsvoll an, im Raum herrschte tiefe Stille. Chaplin erinnerte sich, gehört zu haben, Gandhi sei gegen die Technik. So räusperte er sich verlegen und sagte: »Natürlich habe ich große Sympathien für Indiens Freiheitskampf. Doch ich verstehe nicht ganz, weshalb Sie eine solche Abneigung gegen Maschinen haben.« Gandhi erläuterte freundlich seine Ansicht über Maschinen und gab zugleich, wie Chaplin berichtete, »einen sehr klaren Unterricht über die taktischen Manöver in Indiens Freiheitskampf, der paradoxerweise von einem realistischen und sehr männlichen Seher inspiriert worden war, der auch den eisernen Willen besaß, diesen Kampf zu Ende zu führen«. Die höchste Unabhängigkeit des Menschen, erklärte Gandhi weiter, liege darin, sich von unnötigen Dingen zu befreien.

Einige Jahre später drehte Chaplin den Film »Moderne Zeiten« (»Modern Times«). In ihm hallt das Gespräch nach, das er mit Gandhi führte. Der Film klagt eine Gesellschaft an, die den Menschen zum Anhängsel der Maschine macht und ihn körperlich und seelisch verkrüppelt.

Charles Chaplin schwankte wie viele europäische Besucher zwischen Bewunderung und Befremden. Gandhis nüchterne, klare Worte begeisterten ihn. Seine Haltung nötigte ihm Respekt ab. Dazu wollte das Auftreten dieses Mannes nicht passen: das weiße Gewand, die nackten Füße, nur mit Sandalen bekleidet mitten im Londoner Winter. Das Befremden verstärkte sich in der nun folgenden Andacht. Chaplin beschrieb diese Szene so: »Es war ein eigenartiger Anblick. Da saßen sechs Menschen auf dem Fußboden in einem kleinen Zimmer im Herzen der Londoner Slums, während eine safrangelbe Sonne schnell hinter den Dächern versank. Ich saß auf dem Sofa und blickte auf sie herunter, während sie demütig ihre Gebete anstimmten. Welch ein Paradoxon war das, dachte ich, als ich diesen so überaus realistischen Mann betrachtete. Er besaß einen scharfen juristischen Verstand und einen untrüglichen Sinn für die politische Wirklichkeit, doch all das schien sich im Singsang der Gebete aufzulösen.«

König Georg gerät aus der Fassung

Wenn die Reise Gandhis nach London auch keinen politischen Erfolg brachte, war sie dennoch nicht vergebens. Durch sein Auftreten, seine vielen menschlichen Kontakte und die ungeheure Popularität, die ihm sein Besuch einbrachte, wurde der Kampf Indiens um seine Befreiung erstmals breiten Schichten der britischen Bevölkerung verständlich. Dieser freundliche alte Mann strafte die Propaganda Lügen, die ihn als eitlen Narren und bösartigen Volksverführer hinstellte. Was er sagte, klang vernünftig. Dies war der eigentliche Erfolg seiner Europareise. Sie bereitete psychologisch den Boden vor, auf dem das britische Volk fünfzehn Jahre später die Unabhängigkeit Indiens begrüßte.

Am 9. November 1931 telegrafierte die Kongressführung, Gandhi solle so bald wie möglich in die Heimat zurückkehren. In London könne er ohnehin nichts mehr ausrichten. Die täglich zunehmenden Spannungen in Bengalen und in den Grenzprovinzen erforderten dringend seine Anwesenheit. Gandhi beschloss, das Ende der Konferenz abzuwarten. Er hielt an seinem Prinzip fest, jede auch noch so vage Möglichkeit für Verhandlungen zu nutzen. Dafür verzichtete er darauf, Irland, Dänemark und Deutschland zu besuchen, wie er es ursprünglich vorgehabt hatte. Am 11. Dezember endete die Roundtable-Konferenz. Zwischen dem indischen Volk, als dessen einziger Vertreter Gandhi am Verhandlungstisch gesessen hatte, und der Kolonialmacht, wie liberal und indienfreundlich sie in der Person Ramsay MacDonalds auch aufgetreten sein mochte, gab es keine gemeinsame Sprache. Indien bestand auf Unabhängigkeit, Großbritannien auf dem Kolonialstatus.

Vor der Abreise der Konferenzteilnehmer gab König Georg V. einen Empfang im Buckinghampalast. Der Glanz des englischen Königshauses sollte die Inder über die ergebnislose Konferenz hinwegtrösten. Mochten sie zu Hause wenigstens voller Stolz berichten, dass sie dem König von England und Kaiser von Indien die Hand geschüttelt hatten. Tage vor dem Empfang rätselten die Zeitungen, ob Gandhi in seiner aller Etikette widersprechenden Kleidung vor den König treten werde. Auch von anderer Seite gab man Gandhi diskret zu verstehen, dass er aus diesem Anlass die vorgeschriebene Kleidung zu tragen habe. Dessen kurze Antwort war, dass er nicht daran denke, sich anders als bisher zu kleiden. Wenn das nicht erwünscht sei, müsse er eben darauf verzichten, an dem Empfang teilzunehmen. An jenem Tag, da der »halbnackte Fakir« die Stufen zum Buckinghampalast hinaufstieg, schäumte Winston Churchill vor Wut. Er selbst hatte sich geweigert, Gandhi zu empfangen, der König aber erwies ihm die Ehre. Das hatte es noch nicht gegeben, seit das englische Königshaus bestand. Eine größere Herausforderung war nicht vorstellbar. Inmitten von glanzvollen Roben, seidenen Fräcken, blitzenden Geschmeiden leuchtete das weiße Khadi-Gewand Gandhis. Die nackten Füße in Ledersandalen, trat vor den König des mächtigsten Kolonialreichs der Welt ein anderer König, den man den König der Kulis oder den Bettlerprinzen nannte. König Georg war geschickt genug, den skandalösen Aufzug des Inders zu übersehen. Dennoch wollte er Gandhi sein Urteil über ihn nicht vorenthalten. In Südafrika und bis 1918 sei er ja »ein guter Mann« gewesen, aber danach sei er entschieden auf die falsche Bahn geraten. Gandhi schwieg taktvoll. »Warum habt Ihr meinen Sohn boykottiert?« verlangte König Georg dann zu wissen. Er spielte auf den Besuch des Kronprinzen in Indien im Jahre 1921 an. »Nicht Ihren Sohn«, stellte Gandhi richtig, »sondern den offiziellen Vertreter der britischen Krone.« Gereizt erklärte der König, dass eine Rebellion in Indien niemals geduldet und die königliche Regierung im Amt bleiben würde. Diese Bemerkung konnte Gandhi nicht schweigend hinnehmen. Freundlich wies er König Georg darauf hin, dass hier nicht der rechte Ort und die rechte Zeit sei, über diese Dinge zu sprechen. »Eure Majestät werden doch nicht erwarten, dass ich diesen Punkt mit Ihnen diskutiere.« Neidvoll mochte König Georg an seine Vorfahren im Amt denken, die sich eine solche Haltung von ihren indischen Untertanen nicht hatten bieten lassen müssen.

Nach dem Empfang mokierte sich jemand über Gandhis spärliche Kleidung. Der schmunzelte nur und meinte: »Der König hatte ja genug für uns beide an.« Diese Bemerkung entsprach so recht dem Humor der Briten. Das ganze Land lachte.

Zu Gast bei Romain Rolland

Am 5. Dezember verließ Gandhi London. Eine riesige Menschenmenge verabschiedete ihn auf dem Victoria-Bahnhof. Aus Großbritannien nahm Gandhi nichts mit außer Spielzeug – kleine, aus Wolle gefertigte Tiere, bemalte Kerzen und Zeichnungen, die ihm Kinder zum Geburtstag geschenkt hatten. Diese Geschenke hütete er wie einen kostbaren Schatz.

In Paris machte er einige Stunden Zwischenstation. Am Abend traf er in Villeneuve ein, dem Wohnort Romain Rollands in der Schweiz. Seit der französische Dichter 1923 seine viel beachtete feinfühlige Gandhi-Biographie geschrieben hatte, verband beide Männer eine tiefe Freundschaft. Jetzt sahen sie sich zum ersten Mal – der französische Aristokrat des Geistes und der indische Apostel der Armut. Rolland beschrieb ihre erste Begegnung spöttisch-liebevoll: »Der kleine Mann, bebrillt und zahnlos, war in einen weißen Burnus gehüllt, aber seine Beine, dünn wie Reiherstelzen, waren nackt. Sein rasierter Kopf mit den wenigen Haaren war unbedeckt und nass vom Regen. Er trat mit einem trockenen Lachen ein, den Mund geöffnet wie ein guter Hund, der außer Atem geraten war. Seinen Arm um mich legend, lehnte er seine Wange gegen meine Schulter. Ich fühlte seinen grauhaarigen Kopf an meiner Wange. Es war, der Gedanke belustigte mich, der Kuss des heiligen Dominikus und des heiligen Franziskus.«

Romain Rolland spielte auf die Begegnung des italienischen Bettelmönchs Franz von Assisi und des spanischen Ordensgründers Dominikus von Osma im Jahre 1218 in Rom an. Bei aller Unterschiedlichkeit der Charaktere fassten die beiden Männer Zuneigung zueinander. Als sie voneinander schieden, umarmten sie sich, und Dominikus sagte zu den Umstehenden: »Es ist die Wahrheit und meine feste Überzeugung, dass alle Ordensleute diesem heiligen Menschen Franziskus nacheifern sollten, denn er ist vollkommen in seiner Heiligkeit.«

Gandhi glich Franz von Assisi im Lobpreis der freiwilligen Armut, in der Güte, der Fröhlichkeit, dem Dienst an den Armen und Aussätzigen, der Verachtung jeglichen Müßigganges und der Liebe zu allen Geschöpfen dieser

Erde. Gleich ihm war er einfach wie ein Kind, sanft und bescheiden, voller Liebe, ohne ein Schwärmer zu sein. Ein Zeitgenosse verglich Gandhis Haltung mit dem Stammeln eines Kindes in einer überzivilisierten Welt. Wer ihn nicht verstand, belächelte ihn, doch sein Wesen blieb ihm verborgen. Die Erde trug leicht an ihm, weil er den Himmel in sich erkannte.

Der zurückgezogen lebende Rolland hatte nicht geahnt, was in den folgenden fünf Tagen auf ihn zukommen sollte. Die Telefone standen keinen Augenblick still, immer neue Besucher begehrten, Gandhi zu sprechen. Fotografen und Journalisten lauerten ihnen auf. Das Haus glich einer belagerten Festung. Rollands Schwester, die den beiden Männern als Dolmetscherin diente, war nach dem Besuch so erschöpft, dass sie eine Kur antreten musste. Gandhi, an Menschenaufläufe gewöhnt, schickte sich humorvoll und gelassen in die Situation. »Er ist unermüdlich, Ermüdung ist ein Wort, das in seinem Vokabular nicht existiert«, bemerkte sein Gastgeber.

In den Gesprächen zwischen ihm und Gandhi traten deutlich ihre unterschiedlichen Auffassungen in vielen Fragen zutage. Rolland betrachtete sorgenvoll die zunehmend faschistischen Tendenzen in der europäischen Politik und vermochte Gandhis Glauben an die Waffe der Gewaltlosigkeit nicht zu teilen. Was in Indien möglich sein mochte, in Europa sah Rolland keinen Boden für Gandhis Ideen. Unterschiede zeigten sich auch in ihrer Haltung gegenüber der Kunst. Ähnlich wie Tagore vermisste Rolland in Gandhis Kunstauffassung die Elemente der Freude und der Leichtigkeit. Kunst und Literatur nur als moralische Anstalt anzusehen widerstrebte dem Künstler, der beileibe keine Theorie der Kunst um der Kunst willen predigte. Gandhi indessen kannte nur eine Musik – die des surrenden Spinnrads; nur ein Bild –

das Leid der Elenden; nur eine Philosophie – Wahrheit und Brot. Zu verschieden war der Boden ihrer geschichtlichen Herkunft und ihrer Berufung, als dass sie hätten denselben Weg gehen können. Doch sie trennten sich wie Franziskus und Dominikus – voller Achtung und Liebe füreinander.

Romain Rolland schrieb in sein Tagebuch: »Ich habe das Gefühl, dass Gandhis Weg so scharf markiert ist und in vielen Dingen so anders als meiner, dass wir wenig miteinander zu diskutieren haben. Jeder weiß genau, wohin er geht, und Gandhis Weg ist für ihn und sein Volk perfekt.«

Stippvisite bei Mussolini

Von Villeneuve fuhr Gandhi nach Rom. Dort traf er mit Benito Mussolini zusammen. Rolland hatte ihn gewarnt und ihm gesagt, dieser Besuch könne missverstanden werden. Doch Gandhi bestand darauf, sich selbst eine Meinung von dem Duce zu bilden. Dem Rat Rollands folgend, lehnte er es ab, Gast der italienischen Regierung zu sein, und wohnte in Rom bei einem Freund des Dichters. Das Gespräch mit Mussolini dauerte nur zehn Minuten. Die faschistische Presse erging sich in hochtrabenden Schilderungen über das Treffen. Natürlich erwähnte sie nicht, dass Gandhi auf Mussolinis Frage, welchen Eindruck er von seinem faschistischen Staat habe, geantwortet hatte: »Sie bauen ein Kartenhaus.« Während der Dichter Tagore zeitweise von Mussolinis Person eingenommen war, flößte sie Gandhi vom ersten Moment an Widerwillen ein. Der Diktator wirkte auf ihn wie ein Scharfrichter. »Seine Augen stehen niemals still«, meinte er.

Der Papst lehnte es ab, Gandhi zu empfangen. Immerhin wurden die vatikanischen Galerien für den Besucher aus Indien geöffnet. Die Schönheit des Petersdoms, vor allem aber der Sixtinischen Kapelle, verschlug Gandhi den Atem. Ein lebensgroßes Kruzifix rührte ihn zu Tränen. Wenn Gandhi auch freimütig zugab, von Kunst nicht allzu viel zu verstehen, weil er keine Zeit für sie habe, so liebte er sie doch und bedauerte, sich nicht länger in Rom umsehen zu können.

Bevor Gandhi am 14. Dezember in Brindisi an Bord eines Schiffes ging, reichte man ihm als Abschiedstrunk Ziegenmilch in einem Gefäß aus dem fünften Jahrhundert vor Christus. Sein einziger Kommentar, die Schale betreffend, war: »Ist auch wirklich Ziegenmilch darin?«

Nahezu ein Vierteljahr hatte Gandhi in Europa zugebracht. Der krisengeschüttelte Kontinent taumelte dem faschistischen Abgrund entgegen. Hoffnungsvoll schauten viele Menschen auf Gandhi, denen sensationell aufgemachte Zeitungsartikel den Eindruck vermitteln mochten, dieser »Weise aus dem Morgenlande« halte auch für Europa ein Erfolgsrezept bereit. Pazifisten fühlten sich durch ein Interview für eine amerikanische Rundfunkanstalt in ihren Überzeugungen bestätigt, in dem Gandhi die Rettung der Welt »nicht in Gewalt, nicht im Blutvergießen, nicht in einer Diplomatie, wie man sie heute versteht«, sah, »sondern schlicht und einfach in der Wahrheit und Gewaltlosigkeit«. Doch Gandhis Ruf verhallte wirkungslos in den Klassenschlachten Europas und Nordamerikas. Sein Einfluss als Politiker blieb auf Indien beschränkt, wo das Ziel der nationalen Selbständigkeit noch nahezu alle Klassen und Schichten des Volkes einte.

HARIJANS – DIE KINDER GOTTES

> »Es gibt Augiasställe genug, die auf unsere Tätigkeit warten.«

Ein Schritt zurück?

Der neue Vizekönig von Indien, Lord Willingdon, teilte nicht die Ansicht seines Vorgängers, Indien durch Verhandlungen und Kompromisse sicher im Schoß des Britischen Empire halten zu können. Die nationale Bewegung musste zerstört, nicht dressiert werden. Noch ehe Gandhi in Bombay eintraf, schlug Lord Willingdon zu. Führende Kongresspolitiker, unter ihnen Jawaharlal Nehru, wurden eingekerkert. Tausende traf das gleiche Schicksal. Acht Tage nach seiner Rückkehr befand sich auch Gandhi wieder im Yeravda-Gefängnis. Der Irwin-Gandhi-Pakt und der darauffolgende Waffenstillstand hatten es der Kolonialregierung ermöglicht, den vernichtenden Schlag gegen den Kongress sorgfältig vorzubereiten. Unvermittelt wechselte sie von der Taktik der Verhandlungen zur bewährten Strategie der Gewalt. Innerhalb von vier Monaten wurden achtzigtausend Menschen verhaftet. Zwar rissen die Demonstrationen, Streiks und Boykotte nicht ab, aber es fehlte ihnen die Führung. Der Elan des Jahres 1930 zerbrach allmählich unter den pausenlosen Schlägen der Polizei. Der Kongress war gegenüber der Regierung in die Defensive gedrängt worden und starrte hilfesuchend auf Gandhi. Wie das Land erwarteten auch viele seiner Führer Wunder von einem Mann, der niemals behauptet hatte, solche vollbringen zu können. Deshalb glaubten sie ihren Ohren nicht zu trauen, als sie hörten, dass Gandhi sich im Gefängnis den Problemen der Kastenlosen zugewandt habe. Statt den zivilen Widerstand fortzuführen, lenkte Gandhi das Interesse der Inder auf die Unberührbarkeit. Es war nun an der Kolonialregierung, an ein Wunder zu glauben. Erleichtert konnte der Staatssekretär für Indien Ende 1932 im Unterhaus verkünden: »Das Interesse vieler Kongressarbeiter ist auf Mister Gandhis Kampagne gegen die Unberührbarkeit abgelenkt worden.« Die linken Kongressführer, die Gandhis Salzmarsch begeistert gefeiert und so viele Hoffnungen damit verknüpft hatten, traf Gandhis Abkehr vom zivilen Widerstand wie ein Keulenschlag. Subash Chandra Bose sprach für viele, als er sagte: »Der Mahatma hat als politischer Führer versagt. Die Zeit ist gekommen, den Kongress radikal auf neuen Prinzipien, mit neuen Methoden und mit einem neuen Führer zu reorganisieren.« Jawaharlal Nehru schrieb tief enttäuscht: »... das Band der Treue, das mich viele Jahre an ihn gebunden hat, ist zerrissen.«

Die Situation von 1922 wiederholte sich. Völlig unerwartet zog sich Gandhi aus der nationalen Bewegung zurück und konzentrierte sich ganz auf soziale Probleme. Wenn ihn seine empörten Mitstreiter und Kritiker vom linken Flügel der Kongresspartei deshalb als »Jonas der Revolution«, als »General der ununterbrochenen Kette von Niederlagen«, als »glückbringender Zauberstab der Bourgeoisie« bezeichneten, so entsprang dies mehr ihrer revolutionären Ungeduld als einer sachlichen Analyse der gesellschaftlichen Bedingungen. Im Getümmel der Schlacht denkt jeder nur an den greifbaren Sieg, aber erst Jahre und Jahrzehnte später stellt sich heraus, ob der Sieg wirklich ein Sieg und die Niederlage unwiderruflich eine Niederlage gewesen ist. In der Rückständigkeit der indischen Massen sah Gandhi das entscheidende Hemmnis für die wahre Unabhängigkeit. Ohne Reformen und Aufklärung der Massen, so fürchtete Gandhi, würde die Herrschaft der weißen Sahibs nur durch die der braunen ersetzt. Heute wissen wir, dass die Bewegung Anfang der dreißiger Jahre die Generalprobe für die entscheidende Schlacht um Indiens Freiheit war.

In dem Maße, wie sich die Klassengegensätze im Ringen um die Gestalt des künftigen Indien zuspitzten, trennten sich Gandhis Wege vom Kongress. 1934 trat er aus der Organisation aus, weil »ein sehr großer Teil der Kongressintelligenz meiner Methoden und Ansichten und des auf ihnen beruhenden Programms müde ist, so dass ich dem natürlichen Wachstum des Kongresses eher im Wege bin, als es zu befördern. Anstatt der Kongress die am meisten demokratische und repräsentative Organisation bleibt, wird er durch meine Persönlichkeit beherrscht, und es gibt kein freies Spiel der Argumente mehr.« Die Kongressdelegierten ehrten die noble Haltung Gandhis mit minutenlangen Beifallsstürmen. Gandhis Rückzug aus dem Kongress bedeutete nicht seinen Rückzug aus der Politik. Selbst wenn er es gewollt hätte, wäre dies unmöglich gewesen. Sein Name und seine Person standen für den Kampf des indischen Volkes um seine Unabhängigkeit. Er hatte einer ganzen Periode der indischen Geschichte Gesicht und Stimme verliehen und eine neue Generation von Politikern geprägt. Sein Einfluss auf die Massen blieb unverändert groß. So konnte es nicht ausbleiben, dass er immer wieder direkt oder indirekt die Politik des Kongresses entscheidend mitbestimmte.

Nicht mehr gebunden durch Kongressbeschlüsse, wandte sich Gandhi ganz seinem Reformprogramm zu. Seit Südafrika beschäftigte ihn die Stellung der Kastenlosen in der indischen Gesellschaft. Sie mussten die niedrigsten und schmutzigsten Arbeiten verrichten, schon ihr Anblick oder gar ihr Schatten galt als verunreinigend. Geduldet, wo ihre Arbeit nötig war, wurden sie von der Hindugemeinschaft verachtet. Sie lebten abgeschlossen, durften die gemeinsamen Brunnen nicht benutzen, die Tempel nicht betreten. Den Knaben Mohandas hatte diese menschenverachtende Praxis des Hinduismus abgestoßen, den jungen Rechtsanwalt hatte sie beschämt, den Mahatma empörte sie.

»Wie können wir mit gutem Gewissen unsere Unterdrücker verurteilen, wenn wir unsere eigenen Brüder schamlos unterdrücken?« fragte er immer wieder. Menschenrechte maß Gandhi niemals mit zweierlei Maß. Es war nicht etwas schlecht, weil es die Engländer taten, und etwas gut, weil es von Indern kam. Der gläubige Hindu Gandhi ging so weit, zu erklären, dass er sich als einen offenen Rebellen gegen den Hinduismus betrachtete, solange dieser die Sünde der Unberührbarkeit beibehalte. Er wollte die Kasten nicht abschaffen, er wollte sie von Verkrustungen und Missbräuchen befreien. Als ein System zur Verteilung der Pflichten hielt Gandhi die Kasten nach wie vor für sinnvoll. Da die Menschen in ihren Fähigkeiten unterschiedlich sind, argumentierte er, hätte jeder seinen bestimmten Platz im Leben und bestimmte Aufgaben. Wer diese Aufgaben gewissenhaft erfülle, ob als Straßenkehrer, Rechtsanwalt, Handwerker oder Bauer, habe den gleichen Anspruch auf die Achtung der Gesellschaft. Die Privilegien der einzelnen Kasten, ihre Abgeschlossenheit gegeneinander und die Behandlung der Kastenlosen seien spätere Entartungen des Kastenwesens.

Als die britische Regierung beschloss, den Unberührbaren bei den Wahlen eine eigene Liste zuzugestehen, protestierte Gandhi. Lief das doch darauf hinaus, die Kastenlosen als festen Bestandteil des Hinduismus anzuerkennen. Er warf den Briten vor, dass sie damit einen weiteren Keil in die indische Gesellschaft zu treiben versuchten. Um dies zu verhindern, rief er die Hindus auf, von sich aus mit dem Übel der Unberührbaren Schluss zu machen. Dazu war jedoch keine Religionsgruppe bereit. Sowohl die Führer der orthodoxen Hinduvereinigung Hindu Mahasabha, der Moslemliga, der Religionsgemeinschaft der Sikhs wie auch die der Kastenlosen waren nur auf ihre eigenen Vorteile bedacht. Die Briten ignorierten Gandhis Einspruch gegen das Wahlschema. Da kündigte Gandhi für den 20. September 1932 ein »Fasten bis zum Tode« an, wenn es bei dieser Regelung bleibe. Am Morgen dieses Tages schrieb er dem Dichter Rabindranath Tagore: »… Um zwölf Uhr mittags gehe ich durch das Feuertor. Wenn Sie mein Vorhaben segnen können, dann tun Sie es. Sie sind mir immer ein wahrer Freund gewesen, denn Sie waren mir ein offener Freund, der mit seinen Gedanken nicht hinter dem Berge hielt. Wenn mich Ihre Kritik nun auch während meines Fastens erreicht, werde ich Sie doch in jeder Weise schätzen, auch wenn Ihr Herz mein Handeln verdammt. Ich bin nicht so stolz, dass ich nicht offen meine Fehler bekenne, wäre ein solches Bekenntnis auch schwer, wenn ich mich in einem Irrtum befinde. Sollte Ihr Herz aber mein Handeln billigen, dann segnen Sie mich. Ihr Segen wird mir Stütze sein.«

Das Yeravda-Gefängnis in Poona wurde zum Mittelpunkt Indiens. Dort lag der Mahatma auf seinem Eisenbett im Schatten eines Mangobaumes, bereit zu sterben. Das konnte, das durfte nicht geschehen. In aller Öffentlichkeit verbrüderten sich Hindus und Kastenlose, sie aßen gemeinsam am Tisch. Tempel öffneten sich wie durch Zauberhand den Kastenlosen. Es schien, als habe Gandhis drohender Tod die Hindus zur Besinnung gebracht und ein jahrtausendealtes Übel fände ein plötzliches Ende. Wenn Gandhi auch von einem »modernen Wunder« sprach, war er doch Realist genug, zu wissen, dass Gefühlsaufwallungen nur von kurzer Dauer sind. Er verlangte eine rechtliche Gleichstellung der Kastenlosen innerhalb der Hindugesellschaft. Die religiösen Führer tagten pausenlos. Der sich rapide verschlechternde Gesundheitszustand des Mahatma setzte sie unter Druck. Dr. Ambedkar, der politische Führer der Kastenlosen, focht zäh und ausdauernd für seine Sache. Solch eine günstige Gelegenheit bot sich nicht so schnell wieder. Die Verhandlungen nahmen einen dramatischen Verlauf, als Gandhis Tod unvermeidlich schien. Am vierten Tag des Fastens kam es zu einer Krise, der Blutdruck stieg beunruhigend hoch. Am fünften Tag unterzeichneten die Führer der Religionsgemeinschaften und Dr. Ambedkar den sogenannten Yeravda-Pakt, in dem sie feierlich erklärten, dass niemand aufgrund seiner Geburt diskriminiert werden dürfe. Nun hing es von den Briten ab, ob Gandhi sterben oder leben würde. Als in London die Nachricht vom Yeravda-Pakt eintraf, brach Premierminister Ramsay MacDonald seinen Landaufenthalt ab und kehrte eilig nach London zurück. Jetzt zählten Stunden, einen toten Mahatma konnten sich die Briten nicht leisten. Das Kabinett in London zog sein Wahlschema zurück. Gandhi hatte gesiegt. Am 26. September beendete er sein Fasten. Aus der Hand von Kasturba empfing er ein Glas Orangensaft. Die um sein Lager versammelten Gefährten weinten Freudentränen, während Rabindranath Tagore dem Freund die Bengali-Hymne vorsang. Von nun an betrachtete Gandhi sich als Kastenloser. Er nannte die Parias »Harijans« – Kinder

Gottes. Im Februar 1933 erschien in Poona die erste Ausgabe von Gandhis neuer Zeitschrift »Harijan«, die fortan sein Sprachrohr war.

In der ersten allgemeinen Begeisterung, die Kastenschranke niederzureißen, und in der Furcht vor Gandhis möglichem Tod waren die Stimmen der orthodoxen Hindus untergegangen. Nach dem Abschluss des Yeravda-Paktes erhoben sie sich in der Presse und in den öffentlichen Diskussionen zu voller Lautstärke. Sie sprachen von Sünde und von Ketzerei. Gandhi sah nur einen Weg, sich selbst und seine Glaubensbrüder zu läutern. Im Mai 1933 begann er ein erneutes einundzwanzigtägiges Fasten. Alle Versuche seiner Freunde, es ihm auszureden, schlugen fehl. Seine »kleine innere Stimme«, wie er sein Gewissen nannte, hätte es ihm befohlen. »Es ist ein Herzensgebet für die Reinigung meiner selbst und meiner Freunde, für größere Umsicht und Wachsamkeit«, erläuterte er. Die Behörden entließen Gandhi am 8. Mai 1933 aus dem Gefängnis. Wenn er schon sterben wollte, dann sollte es wenigstens nicht in einem britischen Gefängnis geschehen. Gandhi überstand das Fasten unerwartet gut. Nur wenige Tage danach segnete er im Sabarmati-Ashram die Ehe zwischen seinem jüngsten Sohn Devadas und Lakshmi, der Tochter seines langjährigen Freundes und Mitschülers Rajagopalachari. Es war eine Interkastenheirat, denn Lakshmi gehörte zur Kaste der Brahmanen. Fünf Jahre lang hatten die Liebenden auf diesen Tag warten müssen. Gandhi wollte, dass sie sich diesen Schritt genau überlegten, und hatte sie harten Prüfungen unterworfen. War es doch einem Hindu untersagt, sich mit einem Angehörigen einer anderen Kaste zu vermählen. Als die Zuneigung der beiden auch nach langer Trennung unverändert groß war, stimmte Gandhi der Eheschließung zu.

Aufbruch

Seit sechzehn Jahren betrachtete Gandhi den Sabarmati-Ashram als sein Zuhause. Von hier zog er aus, seine Lehren zu verkünden, hierher kehrte er zurück, um neue Kraft zu schöpfen. Sabarmati war ihm Arbeitsstätte, Ruhepunkt und auch Zuflucht. Dieses Verhaftetsein machte ihn jetzt unruhig. Er wollte seinem Land mit der ganzen Kraft seines Leibes und seiner Seele dienen. Dazu musste er innerlich frei von Bindungen an Orte und Menschen sein. Die erstaunliche geistige Frische und Spannkraft des nunmehr Dreiundsechzigjährigen erwuchs aus seiner Bereitschaft, Vertrautes hinter sich zu lassen und immer wieder zu neuen Ufern aufzubrechen. Seiner kämpferischen Natur widerstrebte äußerliche Geborgenheit. Wirklich geborgen fühlte er sich nur im Zentrum des Lebens, inmitten der Ärmsten der Armen. So gelobte er im Juli 1933, das ihm lieb gewordene Sabarmati aufzugeben und erst wieder dorthin zurückzukehren, wenn Indien frei sei. Kasturba und er packten die wenigen Habseligkeiten zusammen, die sie besaßen, und überließen Sabarmati den Harijans als Ausbildungsstätte. Sie machten sich auf, durch Indiens Dörfer zu wandern und zu helfen, wo ihre Hilfe gebraucht wurde. Doch sie kamen nicht weit. Die Regierung fürchtete den alten Mann so sehr, dass sie jeden seiner Schritte als eine Gefahr für das britische Kolonialimperium ansah. Unter einem Vorwand ließ sie ihn verhaften und zu einem Jahr Gefängnis verurteilen. In der Haft untersagte man Gandhi jegliche politische Tätigkeit, selbst die für die Harijans. Gandhi kündigte ein Fasten bis zum Tod an. Wenn er für seine Sache nicht leben durfte, wollte er wenigstens für sie sterben. Von den letzten achtzehn Monaten hatte er sechzehn im Gefängnis verbracht. Das

Fasten für die Harijans war von einer ungeheuren seelischen Anspannung begleitet gewesen. Nun verließ ihn die Kraft und mit ihr der Wille zum Leben. Nicht einmal mehr Wasser nahm er zu sich. Im August 1933 musste Gandhi ins Gefängnishospital eingeliefert werden. Sein Anblick erschreckte Ärzte und Besucher. In dem leichenblassen Gesicht waren die Augen tief eingesunken. Gandhi traf letzte Verfügungen, seine wenigen persönlichen Habseligkeiten betreffend, und bereitete sich auf den Tod vor. Er sah sich am Ende seines Weges. Die Regierung ordnete an, den unbequemen Gefangenen zu entlassen. Das hob Gandhis Lebensmut keineswegs, im Gegenteil. »Dunkel umgibt mich«, sagte er müde nach seiner Freilassung. Doch er überwand die Krise, die er für sein Ende gehalten hatte. Ein mehr als zweimonatiger Aufenthalt im Hause eines seiner Anhänger kräftigte seine Gesundheit. Neue Energien strömten ihm zu. Staunend sahen die Freunde die Verwandlung. Der schon Totgeglaubte stand auf wie Phoenix aus der Asche. Bereits Anfang November 1933 begab sich Gandhi auf eine neunmonatige Harijan-Tour durch ganz Indien. Er sprach auf Versammlungen, besuchte die Wohnviertel der Parias, Tempel, die ihnen geöffnet worden waren, und sammelte Geld. Damit sollten Kastenlose ausgebildet und ihre Wohnverhältnisse verbessert werden. Gandhi zog alle Register seines rhetorischen Könnens, um die Zuhörer zu Spenden zu bewegen. Den einen schlug er vor, einen Tag lang auf Zigaretten zu verzichten und das Geld dafür ihm zu geben. Andere tadelte er: »Ihr seid doch keine Schotten.« Er bat, er beschwor sie: »Gebt etwas, und sei es eine Kupfermünze.« In neun Monaten legte er zwanzigtausend Kilometer zurück und sammelte achthunderttausend Rupien. Wichtiger noch als das Geld war ihm die Haltung der Hindus gegenüber den Kastenlosen. Eine Welle der Verbrüderung ging ihm voraus. Wo er erschien, öffneten sich Tempel, die den Unberührbaren seit Jahrhunderten verschlossen waren. Wer die zählebigen Traditionen Indiens kennt, vermag zu ermessen, was das bedeutete. Gandhi rief enthusiastisch aus: »Was auch immer geschieht, die Unberührbarkeit kann sich nicht mehr lange halten.« Leider irrte hier der Optimist Gandhi. Noch immer ist die Unberührbarkeit ein ernstes Problem in Indien. Um sie zu beseitigen, bedarf es neben unermüdlicher Aufklärung vor allem tiefgreifender sozialer Umwälzungen. Gandhi sah nur die religiöse Seite der Unberührbarkeit und ging von dorther gegen sie an. Ihren sozialen und ökonomischen Hintergrund beachtete er kaum. Doch er weckte und schärfte das Bewusstsein der Menschen für die ungerechte Behandlung der Parias in der Hindugesellschaft. Schon das verlangte unwahrscheinliche Tapferkeit. Die orthodoxen Hindus erholten sich bald von dem Schock, in den sie Gandhis Feldzug gegen die Unberührbarkeit versetzt hatte. Sie störten die Versammlungen, demonstrierten mit schwarzen Fahnen gegen Gandhi, verwehrten den Unberührbaren den Zutritt zu Tempeln und schreckten selbst vor Tätlichkeiten nicht zurück. Einem Sprengstoffanschlag entging Gandhi nur durch einen Zufall. Der Widerstand spornte seinen Eifer an. Wie ein Prophet zog er durch das Land. Hingebungsvoll, ja geradezu besessen sprach er von nichts anderem als von den Harijans. Als im Januar 1934 ein Erdbeben in Bihar schwere Verwüstungen anrichtete und Tausende von Toten forderte, verstieg er sich sogar zu der Behauptung, dies sei die Strafe Gottes für die Sünde der Unberührbarkeit. Tagore reagierte gereizt. Es sei eines Mahatma unwürdig, im Namen des Göttlichen Furcht zu verbreiten, tadelte er ihn. Aber Gandhi hielt sich bei dieser

Kritik nicht auf. Er glaubte an die eigene Theorie, und das genügte ihm.

Das Volk von Bihar umdrängte ihn mit hoffenden Augen und bittenden Händen. Das Elend war grenzenlos. Überall Ruinen, aufgerissene Straßen, Krater. Gandhi rief den Menschen zu: »Arbeitet, arbeitet, bettelt nicht, sondern arbeitet!«

Anfang Mai 1934 entschloss sich Gandhi überraschend, seine Tour zu Fuß fortzusetzen. Fast einen Monat lang wanderte er durch die Dörfer von Orissa. Er und seine Gefährten schlugen ihr Nachtlager unter Mangobäumen und in Palmenhainen auf. Sie kochten, aßen und schliefen unter freiem Himmel. Die Dorfbewohner lernten von ihnen, wie man gesund und hygienisch lebt. Diese Art des Reisens sagte Gandhi mehr zu als der atemberaubende Ortswechsel mit Auto und Eisenbahnen in den Monaten zuvor. Er brauchte, um wirken zu können, das persönliche Gespräch, das Beispiel, die Praxis. Niemals verließ ihn die Scheu vor riesigen Menschenmengen, niemals fand er Gefallen an der überschwenglichen Begeisterung, die ihm entgegenbrandete. Er liebte die Stille des Nachdenkens und der Andacht. Doch die Umstände und sein Charakter zwangen ihn in den Mittelpunkt einer gewaltigen Bewegung. So tat er seine Pflicht.

Im August 1934 kehrte Gandhi nach Wardha zurück. Die Stadt Wardha liegt in Mittelindien. Hier kreuzen sich Züge aus allen vier Himmelsrichtungen. Die führenden Mitglieder der Kongresspartei passierten auf ihren ausgedehnten Reisen immer wieder diesen Ort. Hier stiegen sie um, trafen Freunde aus den entlegensten Teilen des Landes, ruhten sich einige Stunden oder auch Tage aus. Und natürlich statteten sie auch Gandhi einen Besuch ab. Sie holten sich Rat bei ihm und diskutierten mit ihm über seine Reformtätigkeit. Gandhi hatte eine All-India Village Industries Association (Allindische Vereinigung zur Förderung der Dorfindustrie) gegründet. In ihr beschäftigten sich junge Leute mit den Verhältnissen auf den Dörfern, entwickelten Werkzeuge und Arbeitsmethoden und veröffentlichten aufklärende Schriften. Gandhi war davon überzeugt, dass Indiens Weg zur Befreiung nicht über Delhi führte, sondern über die siebenhunderttausend Dörfer des Landes. Deshalb sollten Wissenschaftler, Ärzte und Experten sich der Lage in den Dörfern annehmen und deren Industrien wiederbeleben. Gandhi wollte nicht die Städter in die Dörfer zurücktreiben, wie oft fälschlich behauptet wurde. Er wies mit Recht darauf hin, dass die überwältigende Mehrheit der indischen Bevölkerung auf dem Land lebte, was die Politiker in den Städten häufig vergaßen.

Als 1935 der Kongress sein fünfzigjähriges Bestehen feierte, erklärte Gandhi sein Schweigen zu politischen Fragen mit folgenden Worten: »Ich bin mir bewusst, dass die Arbeit, die ich tue und die ich die Massen bitte zu tun, von den Millionen getan werden kann, während es außerhalb ihrer Möglichkeiten und Fähigkeiten liegt, die Politik unserer Herrscher zu kontrollieren. Lasst jene, die dazu imstande sind, es tun, so gut sie es können. Aber bis diese Führer große Veränderungen herbeiführen können, warum sollten nicht Millionen wie ich die Gaben, die ihnen Gott verliehen hat, nützlich anwenden? Warum sollten sie nicht den Schmutz und den Unrat vor ihrer Tür und in ihrer Umgebung beseitigen? Warum sollten sie immer Krankheiten ausgesetzt und unfähig sein, sich selbst oder jemand anderem zu helfen?«

Gandhis Vision einer zukünftigen Gesellschaft baute sich auf das Dorf auf. Die Gesundung der siebenhunderttausend Dörfer, worauf das Reformprogramm abzielte, werde die Pestbeulen der großen Städte mit ihren Slums, ihrer Ausbeutung und Entpersönlichung des Menschen austrocknen, meinte er. Eine demokratische Körperschaft nach dem Vorbild des Panchayat (traditioneller Dorfrat) sollte jedes Dorf regieren und auf dessen ökonomische und politische Selbständigkeit achten. Gandhi strebte eine weitgehend dezentralisierte Gesellschaft an. »... je weniger Staat, desto besser für die Menschen.« Er ging in seiner anarchistischen Einstellung nicht so weit, den Staat völlig abschaffen zu wollen. Dieser sollte sich nur darauf beschränken, soziale Normen zu überwachen und überregionale Wirtschaftszweige zu koordinieren. Gandhis ideale Gesellschaft schloss jeden politischen Zwang aus. Die Menschen sollten durch Liebe, Vernunft und Überzeugung dazu gebracht werden, ein Leben der Pflicht und des Maßes in materiellen Dingen zu führen. Das Streben nach geistigen und nicht nach materiellen Werten würde dann die Entwicklung der Gesellschaft bestimmen. Ein Traum, wie ihn viele große Geister vor Gandhi träumten. Thomas Morus' »Insel der Glücklichen«, Campanellas »Sonnenstaat«, Defoes »Robinson«, die Utopien Saint-Simons, Charles Fouriers, Robert Owens, Wilhelm Weitlings künden von der Sehnsucht der Menschen nach einem gerechten und glücklichen Gemeinwesen. Wie die seiner europäischen Vorgänger erwuchs Gandhis Vision aus dem bäuerlichen und kleinbürgerlichen Unbehagen an der kapitalistischen Gesellschaft. Sie ist treffend in der Kritik, stark in der Hoffnung, aber letztlich hilflos gegenüber der sie vernichtenden Gewalt des Kapitals. Gandhis Vision von Ram Raj, einem Goldenen Zeitalter, blieb ein Traum. Doch wie er für diesen Traum lebte und arbeitete, verdient allerhöchsten Respekt Der praktische Idealist Gandhi war ein Mann der Tat, nicht der Theorie.

1936 beschloss Gandhi, sich in Segaon anzusiedeln, einem Dorf, acht Kilometer von Wardha entfernt. Die Unabhängigkeit Indiens war nicht so nahe, wie er geglaubt hatte, als er den Sabarmati-Ashram aufgab. Seit drei Jahren wanderte er durch Indien. Obwohl überall zu Hause, verlangte es ihn doch nach einem Ort, wo er das, was er lehrte, in die Tat umsetzen konnte. Segaon schien ihm dafür der geeignete Platz. Die Freunde rieten ab. Nach Segaon führte keine Straße, es gab dort keine Post, der Mahatma sei mit seinen siebenundsechzig Jahren zu alt, unter den primitivsten Verhältnissen zu leben und alle Arbeit allein zu verrichten, erklärten sie. Sie predigten tauben Ohren. Am 16. Juni machte er sich bei strömendem Regen auf den Weg nach Segaon, um wieder einmal ganz von vorn anzufangen. Er lebte mit Kasturba zuerst in einer Einraumhütte. Hier wurde gekocht, gearbeitet, geschlafen, wurden Besucher empfangen und Konferenzen abgehalten. Ein winziges Schreibpult, ein kleines Bücherregal und eine Sturmlaterne waren das ganze Mobiliar. Man saß auf der Erde, zum Schlafen rollte man Bastmatten auf dem Lehmboden aus.

Segaon hatte ein mörderisches Klima. Die heiße Sonne versengte die Erde. Das Gras verdorrte, sobald es die schützende Hülle des Bodens verließ. Stürme wirbelten Sand und Staub auf und bedeckten Menschen, Tiere und Pflanzen damit. Der Monsunregen überschwemmte das Land. Mit ihm kamen Schlangen und Moskitos. Die Einwohner von Segaon litten unter chronischer Malaria, Durchfallerkrankungen und an Unterernährung. Die Kinder waren zu schwach, um die Fliegen von den Gesichtern zu jagen. Überall lagen Exkremente, selbst an der einzigen Wasserstelle des Dorfes. Gandhi beseitigte sie und zeigte den Einwohnern, wie man hygienisch lebt und den Abfall als Dung nutzbringend verwendet. Die Leute sahen ihm erstaunt zu. Es dauerte lange, bis sie begriffen, wozu das alles gut war. Gandhi erkrankte schwer an Malaria, aber er blieb in dem Dorf. Er machte es seinen zahlreichen Besuchern nicht leicht. In der Regenzeit wateten sie über aufgeweichte Wege von Wardha nach Segaon. Gandhi meinte, es schade keineswegs, diese Unannehmlichkeiten auf sich zu nehmen. So lernten sie wenigstens Indien kennen, wie es wirklich war. Für Ausländer und ältere Personen spannte man ein Paar Ochsen vor die Hinterachse eines ausgedienten Fords. Dieses kuriose, aber hilfreiche Gefährt erhielt den Scherznamen Oxford. 1937 benannte die Regierung Segaon in Sevagram um, weil die Post Mühe hatte, die Verwechslungen zu klären, die es mit dem Ort Shegaon in Maharashtra gab. Zur großen Erleichterung der Kongressführer und der vielen Besucher wurde 1940 eine Straße von Wardha nach Sevagram gebaut. Gandhi kommentierte seufzend: »Ich bin ein Mahatma, aber die Welt verfolgt mich, wohin ich auch gehe. Als ich vor vier Jahren nach Sevagram kam, war hier keine einzige Hütte. Jetzt macht sich hier unter dem Namen meines Ashram eine ganze Ansiedlung breit.«

Nach Wardha und Sevagram reisten Menschen aus ganz Indien, aus Europa und Amerika, um Gandhi zu sehen, von ihm zu lernen, mit ihm zu leben. Im Dezember 1936 traf nach einer abenteuerlichen Reise auch ein junger Deutscher in Wardha ein. Von Spanien aus hatte er einen Brief mit der Anschrift »An Mahatma Gandhi – Indien« abgeschickt und Antwort erhalten. Ja, er könne nach Wardha kommen, aber das Leben dort sei sehr schwer, besonders für einen Europäer, schrieb Gandhi. Der unternehmungslustige junge Mann machte sich auf den Weg quer durch Südeuropa. In der Türkei brach sein altersschwaches Fahrrad zusammen. Aber der junge Deutsche besaß Gandhis Karte und genug Phantasie. Sie öffneten ihm die Türen und die Geldbeutel hilfsbereiter Menschen. Das Geld reichte aus, um mit dem Schiff bis nach Beirut und dem Bus bis nach Basra am Persischen Golf zu gelangen. Das Zauberwort Gandhi und seine Dienste als Babysitter für eine indische Familie verhalfen dem jungen Mann schließlich zu einer Schiffskarte nach Bombay. In Wardha traf er Gandhi nicht an, denn es fand gerade die jährliche Kongresstagung statt. Also packte er seine Sachen erst gar nicht aus, sondern reiste weiter, bis er Gandhi endlich gegenüberstand. Der schaute lächelnd zu dem fast zwei Meter langen blonden Burschen auf und sagte: »Da bist du also gekommen.« Der junge Mann hieß Herbert Fischer und sollte dreißig Jahre später der erste Botschafter der DDR in Indien werden. Am Tag nach seiner Ankunft passierte ihm ein Missgeschick. Er verlor seine Jacke mit dem Pass und seiner gesamten Barschaft – fünf britische Pfund. Gandhi, dem man davon berichtete, ließ Herbert Fischer eine grobe Decke kaufen, denn die Nächte sind in diesem Teil Indiens empfindlich kalt. Der junge Mann bedankte sich und meinte, um das Geld sei es nicht weiter schade, nur würde er ohne Pass vielleicht Schwierigkeiten mit den Behörden bekommen. Gandhi sagte missbilligend: »Solange es auf der Welt Armut gibt, junger Freund, sollte man das Geld nicht verachten.«

Welche Bedeutung der Mahatma dem sparsamen Umgang mit Geld beimaß, erfuhr Herbert Fischer im Ashram. Die Mitglieder dieser Gemeinschaft führten ein spartanisches Leben. Sie erhielten die notwendigste Kleidung: ein Hemd, eine kurze Hose oder einen Dhoti, wie ihn der indische Bauer trägt, und eine Decke. Ihre Nahrung beschränkte sich auf ein Minimum. Sie sollten sich in ihrer Lebensweise nicht von den Armen unterscheiden. Über alle Ausgaben wurde peinlich genau Buch geführt. Man stand um vier Uhr morgens auf. Der Tag war mit rastloser Tätigkeit angefüllt. Herbert Fischer arbeitete im Büro der Landwirtschaftsabteilung. Die Bibliothek von Wardha war für ihn eine Fundgrube des Wissens. Sie enthielt Tausende von in- und ausländischen Büchern, die sich mit Gandhis Ideen und seinem Kampf beschäftigten. Mehr noch bildeten ihn die Menschen, mit denen er im Ashram zusammentraf: Asketen, die auf Erleuchtung hofften, indem sie ihren Körper kasteiten; Gandhi-Jünger, die ihren Meister wie einen Gott verehrten; Globetrotter, die Berühmtheiten »sammelten« wie andere Leute Briefmarken. Viele Diskussionen und die eigenen Erlebnisse formten Herbert Fischers Weltanschauung. Es ist bezeichnend für Gandhis Toleranz, dass sich trotz seiner beherrschenden Persönlichkeit in seinem Ashram Menschen unterschiedlicher Weltanschauung trafen beziehungsweise an diesem Ort zu einer anderen Weltanschauung gelangten als Gandhi. Er besaß die seltene Gabe, Menschen zu sich selbst finden zu lassen und sie in ihrer Andersartigkeit zu achten.

Längere Zeit wohnte Herbert Fischer mit einem jungen Inder aus reichem Haus zusammen. Dieser hatte das Gelübde abgelegt, zwölf Jahre lang mit keinem Menschen außer mit Gandhi und Rabindranath Tagore zu sprechen. Er lief in einem schmalen Lendenschurz herum, schlief unbedeckt auf einer Bastmatte, nährte sich von Blättern und Wasser und meditierte. Sechs Jahre hatte er schon so gelebt, ehe er nach Wardha kam. Gandhi überzeugte ihn in langen Gesprächen davon, dass es unsinnig sei, sich selbst zugrunde zu richten. Ein Leben ohne Arbeit und ohne Dienst an der Gesellschaft

sei umsonst gelebt. Er brachte den jungen Mann schließlich dazu, als Lehrer an einer Dorfschule zu arbeiten.

Während der morgendlichen und abendlichen Spaziergänge drängten sich die Schüler um Gandhi. Jeder
wollte dem Mahatma nahe sein, mit ihm sprechen, seine
Aufmerksamkeit erregen. Kinder sprangen um ihn herum, mit tausend Fragen auf den Lippen. Einmal beschwerte sich eins der Kinder: »Bapu, in der Bhagavadgita stellt der Held Arjuna kurze Fragen, und Gott
Krishna gibt lange Antworten. Aber wenn wir dich etwas
fragen, antwortest du uns immer nur kurz.« Gandhi
lachte herzlich und meinte: »Gott Krishna hatte nur
einen Arjuna, mit dem er sich beschäftigen musste. Ich
habe Dutzende von euch.«

Oft musste Gandhi Streitigkeiten seiner aufeinander
eifersüchtigen Anhänger schlichten. Er kümmerte sich
um tausend Kleinigkeiten. Ihm war nichts zu klein oder
unwichtig. Er pflegte zu sagen, dass man große Dinge
nicht erreichen könne, wenn man den kleinen Dingen im
Leben zu wenig Aufmerksamkeit schenke.

Er beantwortete jeden Brief. Sein Sekretär zählte an
einem Tag sechsundfünfzig Briefe, die Gandhi eigenhändig geschrieben hatte. Der Mahatma beschäftigte sich
mit einer Vielzahl von Themen, Ereignissen und Personen. Sein Gedächtnis war erstaunlich. Auf jeden seiner
Besucher stellte er sich voll und ganz ein, riet, half praktisch, ohne jemals ein Gespräch über Gebühr auszudeh-
nen. Nur genaueste Zeiteinteilung und eine unerhörte
Konzentration ließen ihn das riesige Arbeitspensum bewältigen. Seine Konzentrationsfähigkeit entsprang der
Disziplin, die er von sich und anderen verlangte: Regel-
mäßigkeit, Sauberkeit, Genauigkeit im Denken und im
Sprechen. Gandhi lebte nach dem Grundsatz: »Meine
Schriften sollten mit meinem Körper zu Grabe getragen

werden. Was ich getan habe, wird dauern, nicht das, was ich gesagt und geschrieben habe.«

Hingebungsvoll pflegte er Kranke. Sein Wunsch, Arzt zu sein, begleitete ihn durch sein ganzes Leben. Er massierte die verkrüppelten Gliedmaßen von Leprakranken, wovor sich Freunde und Schüler wegen einer möglichen Ansteckung fürchteten. Auf seine Initiative wurde im nahe gelegenen Dattapur eine Leprakolonie gegründet, die sich mit einer Wiedereingliederung der Kranken in die Gesellschaft befasste. Viele Stunden verbrachte er am Krankenlager von Menschen, die seine Hilfe suchten. Er fühlte sich für die Leiden des Einzelnen wie für die Krankheiten der Nation gleichermaßen verantwortlich. Helfend und heilend vertrat er die Ansicht, dass physische Krankheit aus moralischer und geistiger Schwäche erwächst. Immer wieder betonte er den untrennbaren Zusammenhang zwischen Körper und Geist. Während seines letzten Gefängnisaufenthaltes von 1942 bis 1945 verfasste er einen »Wegweiser zur Gesundheit«. Darin warf er der modernen Medizin vor, dass sie nur die Folgen von Krankheiten und nicht deren Ursachen bekämpfe. Die Menschen leiden ebenso sehr an der Überfülle von Nahrung wie an ihrem Mangel. Sie erkranken an einer Gesellschaft, in deren Mittelpunkt nicht der Mensch, sondern der Profit steht. Gandhi empfahl den Menschen, Heilung in der Natur zu suchen (Licht, Luft, Erde, Wasser), um ein inneres Gleichgewicht zu ringen, indem sie ihre Reden, Gedanken und Aktionen kontrollierten, enthaltsam lebten und einen Teil ihrer Zeit körperlich arbeiteten (»gebraucht eure Hände und Füße«). Der Praktiker Gandhi wollte und konnte nicht warten, bis eine bessere Gesellschaftsordnung den Menschen gestattete, gesund zu leben und so alt wie Methusalem zu werden. Die Zukunft, von der er träumte, fing für ihn in der Gegenwart und bei jedem einzelnen Menschen an. Er verlangte nach der Tat. Deshalb nahm er sich derer an, die sich am wenigsten selber helfen konnten. Sein Leben unter den Ärmsten der Armen als Marotte eines alten Mannes oder als Flucht vor der Welt zu begreifen, wie dies oft geschah, zeugt von Unverständnis für die Person Gandhis wie auch für die Situation in Indien. Die wenigsten Probleme lassen sich vom Schreibtisch aus oder in intellektuellen Diskussionen lösen. Solch eine Haltung birgt die Gefahr in sich, an den Massen vorbeizureden. Gandhi wiederum lief Gefahr, über dem Detail das Ganze aus den Augen zu verlieren oder in unzulässiger Weise zu vereinfachen. Aber indem er unermüdlich auf die Lage der Dorfbevölkerung hinwies, half er die Kluft zwischen der nationalen Führungsschicht in den Städten und den Massen auf dem Land zu überbrücken. Er lehrte, dass man die Revolution nicht für die Armen, sondern mit ihnen machen muss, eine Wahrheit, die mancher enthusiastische Revolutionär gar zu leicht vergisst.

Auf der Gujarat-Literaturkonferenz im November 1936 stellte Gandhi den Schriftstellern die Frage: »Welch einen Sinn hat es, die Armen das Lesen und Schreiben zu lehren, wenn niemand für sie schreibt? Um für sie zu schreiben, muss man ihr Leben kennen. Ich möchte eine Kunst und Literatur, die zu den Millionen spricht ... Wenn ich an Segaon und seine Skelette denke ..., kann ich nicht umhin, unsere Literatur als eine miserable Angelegenheit anzusehen.«

In den Jahren 1937 und 1938 unternahm Gandhi ausgedehnte Reisen durch Indien, um für die Dorfindustrien zu werben und sich für die Harijans und die Einheit zwischen Hindus und Moslems einzusetzen. Ausgiebig beschäftigte er sich in dieser Zeit auch mit der Erziehung als Grundlage einer künftigen Gesellschaft. Auf der Erziehungskonferenz, die er 1937 nach Wardha einberief, forderte er eine Reorganisation der nationalen Erziehung. Wie schon in seinem Buch »Hind Swaraj« verwarf er das westliche Bildungssystem, das einseitig auf den Intellekt des Schülers ausgerichtet sei. Aneignung von Wissen allein, so argumentierte er, mache aus dem Menschen kein zivilisiertes Wesen. Noch wusste die Welt nichts von den Schreibtischmördern des faschistischen Deutschlands, die ihr ganzes Wissen und ihre Phantasie einsetzten, um möglichst »rationell« Menschen umzubringen. Aber spätestens der Nürnberger Kriegsverbrecherprozess lehrte die Menschheit, dass Wissen Barbarei nicht ausschließt.

Als Angehöriger eines kolonial unterdrückten Volkes hatte Gandhi frühzeitig erfahren, dass eine höhere technische Entwicklung die Menschen nicht automatisch mit einer höheren Moral ausstattet. Hier traf sich seine Ansicht mit der eines anderen großen Humanisten unseres Jahrhunderts, Albert Schweitzers, der einmal bemerkte, dass »mit dem Fortschritt der Geschichte und der ökonomischen Entwicklung der Welt es nicht leichter, sondem schwerer geworden ist, wirkliche Zivilisation zu entwickeln«. Gandhi forderte deshalb, den Charakter des Schülers in den Vordergrund aller Bildungsarbeit zu stellen. Es komme nicht darauf an, die Kinder mit Informationen voll zu stopfen, sondern sie geistig zu stimulieren und zur Entdeckung ihrer Fähigkeiten zu bringen. Dazu bedürfe es eines lebens- und volksverbundenen Erziehungssystems, das, ausgehend von manueller Arbeit, den Intellekt trainiert, ihn aber niemals zum Selbstzweck werden lässt. Gerade in Indien, wo Bildung gleichbedeutend mit der Entfremdung vom Volk war, ging aus den Schulen ein intellektuelles Proletariat hervor, das im eigenen Land keine Arbeit fand. Gleichzeitig fehlte es an gebildeten Menschen, die sich selbstlos und praxisverbunden der vielen Probleme eines rückständigen Landes annahmen. Gandhis Anregungen auf dem Gebiet der Bildung und Erziehung haben im heutigen Indien nichts von ihrer Aktualität eingebüßt.

Familienkonflikte

Das Beispiel seiner eigenen Kinder lehrte Gandhi, wie schwer sich Erziehungstheorien in die Praxis umsetzen lassen. Bis auf den ältesten Sohn Harilal hatte er sie nach seinen Grundsätzen auf der Phoenix- und der Tolstoi-Farm in Südafrika erzogen. Doch alle warfen ihrem Vater offen oder indirekt vor, dass sie keine westliche Bildung erhalten hatten. Harilal und Ramdas hätten gern in England studiert und ein Leben nach eigenem Maß geführt. Die sanfte, unwiderstehliche Autorität des Vaters aber ließ sie nur schwer zu sich selbst finden. Eine Anhängerin Gandhis sagte einmal: »Er war wie die Sonne. Wenn man nahe bei ihm war, verbrannte man, wenn man fern von ihm war, wärmte er einen.« Es bedurfte einer starken Natur wie der Kasturbas, mit Gandhi zu leben und doch unabhängig von ihm zu sein.

Gandhi war zu seinen Söhnen immer sehr streng gewesen. An ihnen musste er nun erfahren, dass Gebote und moralische Zwänge nicht nur schöpferische Kräfte freisetzen. Sie können auch das Gegenteil bewirken. Gandhi wollte nicht wahrhaben, dass es nicht jedem so wie ihm gegeben war, bedürfnislos zu leben. Hatte er in seiner Jugend mit geradezu missionarischem Eifer versucht, Kasturba und die Söhne nach seinem Bild zu formen, begnügte er sich später damit, durch sein Beispiel zu wirken. Neidvoll bemerkte einmal einer der Söhne, dass Gandhi als Großvater nachsichtiger und liebevoller sei denn als Vater.

Die vier Söhne, inzwischen Männer zwischen vierzig und fünfzig, gingen mehr oder weniger ihre eigenen Wege. Manilal, den Zweitgeborenen, zog es zurück nach Südafrika. Hier gewann er den notwendigen Abstand zu seinem Vater. Nicht als der Sohn eines berühmten Mannes, sondern als Manilal Gandhi kämpfte er für die Rechte der Inder in diesem Land. Er gewann Selbstvertrauen und leitete erfolgreich eine eigene Farm. Seinem jüngeren Bruder Ramdas behagte das bedürfnislose Leben im Ashram seines Vaters ebenfalls nicht. Er übernahm eine Geschäftsfiliale in einer indischen Kleinstadt und genoss seinen bescheidenen Wohlstand. Nur der Jüngste, Devadas, blieb eng mit seinen Eltern verbunden.

Der älteste Sohn Harilal hatte schon 1911 mit seinem Vater gebrochen, weil dieser ihm ein Studium in England verweigert hatte. Später geriet er auf die schiefe Bahn. Er trank, spielte, machte Schulden. 1936 versetzte er seinen Eltern den schwersten Schlag. Aus der Zeitung erfuhren sie, dass Harilal zum Islam übergetreten war. Gandhi erschütterte nicht der Religionswechsel, sondern der Grund, aus dem dieser erfolgt war. Moslemische Freunde hatten Harilal versprochen, seine Schulden zu bezahlen, wenn er ihre Religion annähme. Gandhis Gegner unter den Moslems wussten, wie sie ihn treffen konnten. Christliche Missionare, die das »Rennen« um Harilals Seele verloren hatten, erwarteten schadenfroh Gandhis Reaktion. In einem Artikel in »Harijan« erklärte Gandhi, dass er seine Söhne stets zur Toleranz gegenüber anderen Religionen erzogen hatte und dass es letztendlich gleich sei, in welcher Form sie mit Gott verkehrten. Dennoch verurteile er den Entschluss seines ältesten Sohnes, weil ihm unlautere Motive zugrunde lägen. Wie tief Gandhi getroffen war, geht aus einem Brief von Kasturba an Harilal hervor, in dem sie schrieb: »Dein Vater spricht mit niemandem darüber, aber ich weiß, wie ihm die Schläge, die Du ihm versetzt hast, das Herz brechen.« Doch Harilal verschloss sich seinen Eltern. Acht Jahre später erschien er betrunken am Sterbebett der Mutter, zum Begräbnis des Vaters kam er zu spät.

Für die Familie war es schwer, mit einem Mann zusammenzuleben, der dreihundertsechzig Millionen Inder als seine Familie ansah. Ständig umdrängten ihn fremde Menschen, getreue Anhänger folgten ihm auf Schritt und Tritt, niemals war er allein. Für einen elenden Bettler fand er mehr Zeit als für seine Söhne. Gandhi gehörte allen. Kasturba hatte sich nur schwer damit abgefunden; die Söhne verkrafteten es nicht, einen Mahatma zum Vater zu haben.

KRIEG

Vergeblicher Friedensappell

Am 23. Juli 1939 schrieb Gandhi einen Brief an Hitler.
»Es ist mir vollkommen klar, dass Sie heute der einzige
Mensch auf der Welt sind, der einen Krieg verhindern
kann, durch den die Humanität auf den Kehrichthaufen
geworfen würde. Muss dieser Preis für ein Objekt, mag es
auch noch so wertvoll erscheinen, wirklich bezahlt werden? Wollen Sie nicht auf den Friedensruf eines Mannes
hören, der nicht ohne beträchtlichen Erfolg das Mittel
des Krieges nach sorgfältigster Überlegung vermieden
hat?«

Gandhi gab sich kaum der Illusion hin, dass Hitler auf
ihn hören würde. Aber er wollte nichts unversucht lassen,
das Gewissen des Diktators zu erreichen. Doch Diktato-
ren unterdrücken nicht nur ihr Volk, sondern auch ihr
Gewissen. Der Brief blieb ein Ruf in die Wüste.

Die Vorgänge im faschistischen Deutschland erschütterten Gandhi. 1938 hatte er die verfolgten Juden seiner
Sympathie versichert und war dabei so weit gegangen
zu erklären: »Wenn jemals ein Krieg im Namen der
Menschlichkeit und für diese gerechtfertigt sein könnte,
dann wäre es ein Krieg gegen Deutschland, um die wüste
Vernichtung einer ganzen Rasse zu verhindern.« Die Na-
zipresse brüllte getroffen auf. Die Juden aber vernahmen
erstaunt den Rat, ihre in Deutschland lebenden Brüder

sollten sich gewaltlos wehren, indem sie freiwillig in den Tod gingen. Machte sich Gandhi überhaupt eine Vorstellung von dem Terror, der in Deutschland herrschte? Seine Bewegung der Gewaltlosigkeit setzte ein gewisses Maß an demokratischen Spielregeln voraus. In Südafrika wie in Indien hatte Gandhi die Massen auf Versammlungen und über die Presse erreichen und zum Kampf formieren können. In Deutschland aber herrschte die nackte Gewalt. Der Philosoph Martin Buber schrieb Gandhi aus Jerusalem: »Man kann einsichtslosen Menschenseelen gegenüber eine wirksame Haltung der Gewaltlosigkeit einnehmen aufgrund der Möglichkeit, ihnen dadurch allmählich Einsicht beizubringen, aber einer dämonischen Universalwalze kann man so nicht begegnen.«

Als Gandhi nach dem Krieg auf seine umstrittene Äußerung hin angesprochen wurde, meinte er, die meisten Juden hätten nun doch ihr Leben verloren, ohne die aufrüttelnde Wirkung des Opfertodes erzielt zu haben.

Der Friedensruf an Hitler ging im entfesselten Schlachtenlärm Europas unter. Das internationale Kapital hatte einen Wechselbalg erzeugt und genährt, der es nun das Fürchten lehrte. Am 1. September 1939 marschierte die faschistische Armee in Polen ein. Zwei Tage später erklärte das mit Polen verbündete Großbritannien Deutschland den Krieg. Das Kronjuwel Indien wurde den Briten kostbarer denn je, bildete es doch ein schier unerschöpfliches Reservoir an Soldaten, Material und Produktionskapazität. Der Vizekönig von Indien, Lord Linlithgow, verkündete namens der britischen Regierung, dass sich das Land ab sofort als kriegführende Partei zu betrachten habe. In gemeinsamer Anstrengung gelte es, das Selbstbestimmungsrecht der Völker, Freiheit und Demokratie zu verteidigen. Indien vernahm die Botschaft, allein es fehlte der Glaube. Wie sollte es etwas verteidigen, was es gar nicht besaß?

Der Indische Nationalkongress verurteilte den Überfall Deutschlands auf Polen und bekräftigte seine antifaschistische Haltung. Gleichzeitig erklärte er unmissverständlich, dass Indien sich »nicht einem Krieg anschließen und ihn unterstützen« könne, »der nach imperialistischen Gesichtspunkten geführt wird und dazu dienen soll, den Imperialismus in Indien und anderswo zu konsolidieren«. Gebt uns Demokratie, dann werden wir sie auch zu verteidigen wissen, forderte Indien von den Briten. Lord Linlithgow lehnte Verfassungsänderungen rundweg ab. Nach dem Krieg könne man über einen Dominionstatus für Indien verhandeln, nicht jetzt. Doch die Inder hatten die Politik des Taktierens der Briten während des Ersten Weltkriegs nicht vergessen. Den Versprechungen in der Not waren die Rowlatt-Gesetze gefolgt. Gandhi meinte zu Lord Linlithgows langatmiger Erklärung: »Die Deklaration macht deutlich, dass es in Indien keine Demokratie geben wird, solange das Britannien verhindern kann.« Der Kongress blieb bei seiner Weigerung, es sei denn, Großbritannien garantiere Indien die Unabhängigkeit nach dem Krieg und setze sofort eine nationale Regierung unter dem Vorsitz des Vizekönigs ein.

Der Kongress trennt sich von Gandhi

Die politische Entwicklung stürzte Gandhi in einen schweren Konflikt. Das Völkermorden, das nun anhob, machte ihn zeitweise völlig hilflos. Zwar stand er in diesem Krieg ganz auf der Seite der Angegriffenen, dennoch lehnte er eine direkte Teilnahme Indiens am Krieg ab, unter welchen Bedingungen auch immer. Wenn das Prinzip der Gewaltlosigkeit richtig war – und daran glaubte er fest –, dann musste es unter allen Umständen gelten. Zwischen Gandhi und der Kongressführung entspann sich eine Kontroverse, in der die unterschiedlichen Standpunkte hart aufeinander prallten. Gewaltlosigkeit als ewiges unerschütterliches Prinzip oder als taktische Variante des politischen Kampfes? – Das war die Frage. Kongresspräsident Azad erklärte schließlich im Juli 1940, dass »wir unsere Augen nicht vor den harten Tatsachen verschließen können. Wir haben nicht den Mut zu erklären, dass wir in diesem Land einen Staat ohne Streitkräfte errichten werden ... Mahatma Gandhi muss vor der Welt die Botschaft der Gewaltlosigkeit verkünden, und es ist deshalb seine Pflicht, sie zu propagieren, aber wir müssen unsere Position als Vertreter der indischen Nation sehen. Der Kongress ist eine politische Organisation, verpflichtet, für das Land die politische Unabhängigkeit zu erringen. Er ist keine Institution, den Weltfrieden zu organisieren. Wir können nicht so weit gehen, wie Mahatma Gandhi das gern möchte. Wir geben unsere Schwäche zu, aber das ist eine Schwäche, die wir mit der ganzen Menschheit teilen. Wir müssen allen Schwierigkeiten begegnen, und wir müssen ebenfalls der harten Tatsache ins Auge sehen, dass Mahatma Gandhi sich vom Kongress trennt«.

Gandhi war über diese Trennung eher erfreut als traurig. Die Bürde, als Führer der Nation angesehen zu werden, lastete ohnehin immer schwerer auf den Schultern des nunmehr Siebzigjährigen. Oft wünschte er sich, der Kongress möge ihn vergessen. Doch der leidenschaftliche Wunsch, Indien vom britischen Kolonialjoch zu befreien, und das Prinzip der Gewaltlosigkeit stritten heftig in ihm. Der Mensch Gandhi strebte den Zustand der Vollkommenheit in der Nicht-Gewalt an, der Politiker Gandhi musste und wollte sich der Zeit stellen. Das Volk wartete auf seine Botschaft. Indien vibrierte vor Erregung und Kampfbereitschaft. Die Menschen waren zu allem bereit, nur nicht zur Untätigkeit.

Als die Briten keinerlei Anstalten machten, auf die Forderungen des Kongresses einzugehen, wandten sich dessen Führer wieder hilfesuchend an Gandhi. Wer eine antiimperialistische Massenbewegung wie Anfang der zwanziger Jahre oder zur Zeit des Salzmarsches erwartet hatte, sah sich enttäuscht. Gandhi und der Kongress wollten die Tür zu Verhandlungen mit den Briten nicht zuschlagen.

Am 15. Oktober 1940 leitete Gandhi eine Bewegung des zivilen Ungehorsams ein. Ausgewählte Kongressführer durchbrachen das Verbot der Redefreiheit und betrieben Antikriegspropaganda. Gegen die spontanen Massendemonstrationen in den Großstädten zu Beginn des Krieges nahm sich das recht bescheiden aus. Den Engländern erschien es noch immer gefährlich genug. Als die erste Garnitur der Kongressführer hinter Gittern saß, folgte die nächste Welle des zivilen Ungehorsams aus der mittleren Führerschaft.

Im Januar 1941 zogen Hunderte von Satyagrahis durch die Städte und Dörfer und verkündeten:

»Es ist falsch, den Briten im Krieg mit Menschen oder Geld zu helfen. Wir müssen dem Krieg durch gewaltlosen Widerstand begegnen.«

Wieder einmal füllten sich die Gefängnisse. Die Briten zeigten den Indern deutlich, wer der Herr im Lande war und es bleiben würde. Ihr Vorgehen veranlasste den Dichter und Nobelpreisträger Rabindranath Tagore – einst ein glühender Bewunderer der englischen Demokratie – an seinem achtzigsten Geburtstag zu den bitteren Worten: »Ich kann diesem Blendwerk der Zivilisation nicht länger Achtung entgegenbringen, einer Zivilisation, die an die Gewaltherrschaft glaubt und überhaupt kein Vertrauen in die Freiheit hat. Die Engländer haben uns wirksam alle Wege des Fortschritts verschlossen, indem sie den Indern hartnäckig alles verweigern, was an ihrer Zivilisation gut ist, und ihnen echte menschliche Verbindungen vorenthalten.« Wenige Monate später starb der große Inder. Mit ihm verlor Gandhi einen seiner besten, weil kritischen Freunde.

1941 vollzog sich eine entscheidende Wende im Kriegsgeschehen. Das faschistische Deutschland überfiel die Sowjetunion, ganz Europa brannte, und im Fernen Osten glomm schon die Fackel in den Händen beutelüsterner japanischer Imperialisten. Am 7. Dezember 1941 ging der Hauptstützpunkt der US-Pazifik-Flotte, Pearl Harbor, in Flammen auf.

Am 10. Dezember landeten die Japaner auf den Philippinen. Am 15. Februar kapitulierte die als uneinnehmbar geltende Seefestung Singapur. Siebzigtausend Soldaten unter britischer Flagge gerieten in japanische Gefangenschaft. Malaya wurde okkupiert. Am 8. März besetzten die Japaner Rangun. Jetzt bedrohte der Krieg Indien unmittelbar. Die herrschenden Kreise in Großbritannien bekamen es mit der Angst zu tun. Wenn sie Indien verloren, waren sie selbst verloren. Sie entschlossen sich einzulenken und entließen die politischen Häftlinge in Indien. Gandhi meinte, das ändere nicht viel an der Situation. Hatte Churchill nicht klar und deutlich verkündet, das Selbstbestimmungsrecht der Völker gelte nur für die Staaten Europas? Gandhis Kollegen in der Kongresspartei teilten seine Meinung nicht ganz. Im Dezember 1941 verabschiedete der Kongress eine Entschließung, in der es hieß, dass Indien auf der Seite der Angegriffenen stehe. Wenn die Briten die Macht an die

Inder übergäben, würden diese sich mit Waffengewalt dem Ansturm der japanischen Armeen widersetzen.

Erneut tat sich eine Kluft zwischen Gandhi und dem Kongress auf. Gandhi argumentierte, dass man dem Krieg nicht durch den Krieg begegnen könne, sondern nur durch den gewaltlosen Widerstand der Starken und Entschlossenen. In diesem Krieg gäbe es keine Sieger, nur Verlierer. Bomben und Kanonen könnten dem Recht nicht zum Siege verhelfen. Erst an der Opferbereitschaft der Massen zerbreche die Macht des Krieges. Wie solle ein Eroberer die Früchte seines Sieges ernten, wenn die Eroberten nicht mit ihm zusammenarbeiteten? Gandhi riet den Indern, eher zu sterben, als sich von den Japanern in die Knie zwingen zu lassen. Aber er wusste auch, dass sie dazu nur bereit wären, wenn sie die Freiheit ihres eigenen Landes verteidigten. Deshalb müssten die Briten sofort ihre Herrschaft über Indien aufgeben.

Die Kongressführer verwarfen Gandhis Vorschläge als utopisch. Unvorstellbar, dass die Inder der japanischen Militärmaschinerie mit bloßen Händen entgegentraten. Die Zeiten hatten sich geändert. Im März 1942 entsandte das Kriegskabinett in London den Politiker Sir Stafford Cripps nach Indien. Dessen enge persönliche Beziehungen zu Gandhi und den führenden Kongresspolitikern schienen den Erfolg seiner Mission von vornherein zu gewährleisten, nämlich die Inder dazu zu bringen, die Kriegsanstrengungen Großbritanniens voll mitzutragen. Eine Volksbewaffnung, wie der Kongress dies wünschte, war natürlich nicht vorgesehen. Wie leicht konnten die Waffen sich gegen die Briten richten! Cripps sollte eine neue Verfassung und den Dominionstatus für die Zeit nach dem Krieg versprechen. Dafür wurde Gehorsam und Opferbereitschaft der Inder gefordert.

Der Londoner Emmissär mühte sich redlich, doch er konnte den Indern nicht zugestehen, was sie verlangten: die politische Macht. Premierminister Churchill dachte gar nicht daran, Indien aus dem britischen Herrschaftsbereich zu entlassen. Schon 1930 hatte er erklärt: »Früher oder später wird man Gandhi, den indischen Kongress und alles, was sie repräsentieren, zerschmettern müssen.«

Er war nicht Erster Minister Seiner Majestät geworden, um den Ausverkauf des Empire zu betreiben.

Nach zweistündiger Verhandlung sagte Gandhi enttäuscht zu Cripps: »Wenn England sonst nichts vorzuschlagen hat, möchte ich Ihnen raten, mit dem nächsten Flugzeug nach Hause zu fliegen.« Die Kongressführer waren derselben Ansicht. Cripps reiste unverrichteter Dinge wieder ab. Doch zuvor warnte er, dass die Zeit der Diskussionen vorbei und vorerst keine Regelung der indischen Frage denkbar sei. Die Briten nahmen lieber das Risiko auf sich, Indien an die Japaner zu verlieren, als es in die Unabhängigkeit zu entlassen.

»Quit India!«

Unter den Führern des Nationalkongresses breitete sich eine allgemeine Rat- und Hilflosigkeit aus. Sie hatten die Chance zu Massenbewegungen verpasst, als dafür noch Zeit gewesen war. Zu Anfang des Krieges setzten sie auf Verhandlungen mit den Briten. Den ersten Weg hatten sie nicht gehen wollen, der zweite erwies sich als Sackgasse. Jetzt traten sie die Flucht nach vorn an. Der Kongress richtete an die britische Regierung das Ultimatum, umgehend eine dem indischen Volk verantwortliche nationale Regierung einzusetzen, andernfalls werde man zum zivilen Ungehorsam übergehen. Nochmals bekräftigte der Kongresspräsident die antifaschistische Einstellung seiner Organisation und versicherte, dass Indien die Alliierten keinesfalls schwächen wolle. Doch die schmählichen Niederlagen der Engländer in Singapur, Malaya und Burma zeigten, dass sie nicht imstande waren, Indien zu schützen. Das könne nur ein freies Indien selbst tun.

In einer bewegenden Rede vor dem Kongress sagte Gandhi im August 1942: »Etwas in mir, was mich niemals täuscht, sagt mir jetzt: Du musst gegen die ganze Welt stehen, auch wenn du allein stehen magst. Du musst der Welt ins Gesicht sehen, auch wenn sie dich mit mordgierigen Augen anblickt. Fürchte dich nicht. Vertraue deinem Herzen. Es sagt: Vergiss Freunde, Frau und alles, aber lege Zeugnis ab, wofür du gelebt hast und wofür du sterben musst.« Noch einmal bot er den Briten Verhandlungen über die Zukunft Indiens an, beschwor sie, gemeinsam gegen die Japaner vorzugehen. So menschlich ergreifend Gandhis Haltung auf die meisten Kongressdelegierten auch wirkte, wurden viele von ihnen dennoch das ungute Gefühl nicht los, dass sich der Kongress mit dieser unter Gandhis Einfluss zustande gekommenen Augustresolution selbst ins politische Abseits stellte. Die Kommunisten sprachen es offen aus, aber ihre Stimme fand bei der Kongressführung kein Gehör. Die Augustresolution bot den Briten die lang ersehnte Gelegenheit, Churchills Worte aus dem Jahre 1930 in die Tat umzusetzen. Noch bevor der Kongress am 8. August 1942 an Großbritannien den Ruf »Quit India!« (»Verlasst Indien!«) richtete, lagen in den Tresoren der Kolonialverwaltung bereits bis ins Detail ausgearbeitete Pläne, wie gegen den Nationalkongress vorgegangen werden sollte. Am 9. August, morgens um vier Uhr, wurde Gandhi verhaftet. Auf dem Victoria-Bahnhof von Bombay erwartete ihn und die Mitglieder des Arbeitskomitees ein Sonderzug. Aus Erfahrungen klug geworden, behandelten die Engländer den dreiundsiebzigjährigen Gandhi mit besonderer Vorsicht. Während die anderen Verhafteten vom Zielbahnhof in Poona mit Lastkraftwagen in die Gefängnisse abtransportiert wurden, brachte ein Personenwagen Gandhi in den Aga-Khan-Palast. Kasturba und seine engsten Gefährten begleiteten ihn. Ein doppelter Kordon von Wachsoldaten sicherte das mit einem Zaun aus Stacheldraht umgebene Gebäude. Der Mahatma wehrte sich gegen die Sonderbehandlung und verlangte, das Los seiner Gefährten zu teilen. Sein Einspruch blieb erfolglos. Dieser Mann war zu gefährlich. Nur eine vollkommene Isolierung von der Umwelt konnte ihn unschädlich machen. Doch damit gaben sich die Briten noch nicht zufrieden. Im In- und Ausland entfesselten sie eine verleumderische Pressekampagne gegen Gandhi und die indische Nationalbewegung. Der Kongress wurde verboten, sein Vermögen beschlagnahmt. Ausnahmegesetze und eine scharfe Pressezensur erstickten jede kritische Stimme im Ansatz. Verhaftungswellen rollten über das Land.

Die indische Bevölkerung reagierte gereizt und heftig. Von Großstädten wie Bombay, Kalkutta, Karatschi und Delhi breitete sich die Protestbewegung wie ein Lauffeuer über das ganze Land aus. Streiks, Demonstrationen und Geschäftsschließungen lähmten das öffentliche Leben. Die Polizei ging hemmungslos und brutal gegen die Menschen vor. Tiefflieger schossen in Demonstrationszüge, Verhaftete wurden ausgepeitscht. Die Inder wehrten sich. Sie griffen Polizeistationen und Regierungsgebäude an, zerstörten Bahnhöfe, Postämter, Eisenbahnen und Brücken, durchschnitten Telegrafenleitungen.

Das Aufbegehren der führerlosen Massen hielt etwa zwei Monate an, dann erstarb es unter dem übermächtigen Druck der Staatsgewalt. Neunhundert Menschen starben auf der Straße, sechzigtausend kamen in die Gefängnisse. Die Regierung warf Gandhi und dem Kongress vor, sie seien an den Zerstörungen schuld, für die Toten trügen sie die Verantwortung. Der Vizekönig gab Gandhi zu verstehen, dass er von ihm erwarte, er möge wie 1922 das gewaltsame Vorgehen der Massen verurteilen. Gandhi antwortete aus dem Gefängnis: »Die Regierung, nicht der Kongress, ist für den Ausbruch der Gewalttätigkeiten verantwortlich.« Wenn Gandhi auch in den Kämpfen unter seiner Führung die Gewalt ablehnte, so verurteilte er doch nicht von vornherein jede gewaltsame Auseinandersetzung. Er ging stets von der konkreten politischen Situation aus. Hier unterschied er sehr genau zwischen der Gewalt der Staatsmacht und der Gegengewalt der Unterdrückten, die sich anders nicht mehr zu helfen wussten. Die Erfahrungen der vergangenen zwanzig Jahre hatten seinen Blick dafür geschärft. Stolz erklärte er dem Vizekönig, er sähe lieber ein mit dem Schwert kämpfendes Indien als ein Land, das sich feige demütigen ließ. Es gab keine gemeinsame Sprache zwischen der britischen Kolonialregierung und Gandhi. Die Standpunkte waren so unvereinbar, dass sich nicht der kleinste Kompromiss am Horizont abzeichnete.

Kasturbas Tod

Noch nie hatte Gandhi in einem so komfortablen Gefängnis gesessen, und noch nie war ihm mehr Leid widerfahren als während dieser letzten Haft. Wenige Tage nach der Ankunft in Poona erlitt sein mit ihm inhaftierter Sekretär Mahadev Desai einen tödlichen Herzanfall.

Gandhi stand neben dem Lager und rief beschwörend: »Mahadev, Mahadev!« Verzweifelt murmelte er: »Wenn er doch nur seine Augen öffnen und mich ansehen wollte, würde er nicht gehen.« Mahadevs Augen blieben für immer geschlossen. Mit ihm verlor Gandhi einen Freund, der sich selbst aufgegeben hatte, um dem Mahatma zu dienen. Auch ohne solche hingebungsvollen Gefährten wie den Vetter Maganlal in Südafrika, den Sekretär Mahadev und andere wäre Gandhi ein bemerkenswerter Mann gewesen. Doch ohne sie hätte er niemals die Wirkungen erreichen können, die ihn zu einer überragenden Gestalt der indischen Geschichte machten. Die Gefährten kümmerten sich um die tausend praktischen Dinge, von der Technologie des Spinnens und Webens über die Betreuung der Gäste bis hin zur Korrespondenz. Sie organisierten die Reisen, regelten den Besucherstrom und trugen die Ideen ihres Meisters in die entlegensten Dörfer Indiens.

Sosehr Gandhi des Widerspruchs und der Auseinandersetzung bedurfte, konnte er doch nicht auf den selbstlosen Dienst jener verzichten, die jeden Zweifel an seinem Tun aus ihrer Seele verbannten und durch ihn und für ihn lebten. Die Gandhi-Enkelin Sumitra hatte Recht und zugleich Unrecht, als sie einmal sagte: »Jedermann unter der Sonne wollte gern als Sekretär des Mahatma bekannt werden. Als er starb, sahen sie sich plötzlich der Realität gegenüber – ohne ihn waren sie nichts.« Für jene Anhänger, die sich im Strahlenkranz der Berühmtheit des Mahatma sonnten, mag das zutreffen. Für Mahadev nicht. Er war ein Teil von Gandhi geworden. Sein Tod erschütterte Gandhi tief. Mit zitternden Händen wusch er die Leiche, schmückte sie mit Blumen und flüsterte dabei: »Mahadev, ich dachte, du würdest das für mich tun. Nun muss ich es für dich tun.«

Als die Behörden den Toten wegbringen lassen wollten, widersetzte sich Gandhi. Nicht Fremde sollten Mahadev bestatten. Selbst die Leichen von Mördern übergab man nach der Hinrichtung den Verwandten. Den Angehörigen des gewaltlosen Rebellen Mahadev verweigerte man dies. Nach einer heftigen Kontroverse zwischen Gandhi und der Gefängnisverwaltung erlaubte diese endlich, Mahadev Desai im Garten des Aga-Khan-Palastes einzuäschern. Die Behörden wussten sich dennoch zu rächen. Gandhis Telegramm mit der Todesnachricht übermittelten sie den Angehörigen erst nach drei Wochen.

Der schwerste Schlag traf Gandhi anderthalb Jahre später. Vom ersten Tag an teilte Kasturba die Gefängnishaft mit ihrem Mann, obwohl sie seinen Aufruf »Quit India!« nicht billigte. Sie gab ihm die Schuld daran, dass so viele junge Männer und Frauen im Gefängnis schmachten und Schreckliches erdulden mussten. Stundenlang sprach Gandhi mit Kasturba. Seit langem fand er endlich Zeit, sich seiner Frau zu widmen. Er unterrichtete sie in Grammatik, Poesie, Geschichte und Geographie. Aber Kasturba war nicht bei der Sache. Sie fühlte sich nicht wohl. Ein schweres Leben lag hinter ihr. Mahadevs Tod hatte sie tief getroffen, die Zustände im Land bedrückten sie. Gandhi vermochte nicht, sie aus ihrer Müdigkeit und Trauer zu reißen. Oft sprach sie davon, sie wünsche sich nur noch, vor ihrem Mann zu sterben. Im Dezember 1943 verschlechterte sich ihr Gesundheitszustand, zwei Monate später, am 22. Februar 1944, tat sie in den Armen ihres Mannes den letzten Atemzug. Ein zweiundsechzig Jahre dauerndes gemeinsames Leben endete in einem britischen Gefängnis. Es war für Kasturba reich an Sorgen und Entbehrungen gewesen. Das junge Mädchen, das Mohandas einst vermählt worden war, hatte von einem anderen Leben geträumt – von einem bescheidenen Wohlstand, von Kindern und Enkelkindern, eingebettet in den Schoß der Familie. Statt dessen war sie über staubige Straßen gezogen, hatte in Gefängnissen gesessen und unter primitivsten Verhältnissen fast unbeachtet im Schatten eines Mannes gelebt, dessen Familie die ganze Menschheit war. Mohandas Gandhi gestaltete sein Leben freiwillig und bewusst, sie aber war ihm oft erst nach schweren inneren Kämpfen gefolgt. Kasturba hatte das größere Opfer gebracht. Als sie tot war, sagte Gandhi: »Ich kann mir das Leben ohne Ba nicht vorstellen. Sie war ein Stück von mir. Ihr Tod wird eine dauernde Leere in meinem Leben hinterlassen.«

Am 23. Februar 1944 öffnete sich das Tor des Aga-Khan-Palastes für die Verwandten und Freunde Kasturbas. Die Behörden fürchteten Aufruhr, wenn sie an der Totenfeier nur die Mithäftlinge teilnehmen ließen.

Gekleidet in einen weißen Sari – gewebt aus Garn, das Gandhi selbst gesponnen hatte – lag Kasturba auf der blumenübersäten Bahre. Söhne und Verwandte trugen sie zu derselben Stelle, wo anderthalb Jahre zuvor Mahadev Desai eingeäschert worden war. Ein Priester vollzog das Totenzeremoniell. Als der Körper auf den Holzstoß gelegt wurde, weinte Gandhi. Die Flammen schlugen empor. Die Trauergäste hatten die Stätte längst verlassen, als der greise Mahatma noch immer, auf einen Stock gestützt, neben dem glühenden Holzstoß stand. Die Gefährten wollten ihn wegführen. Er wehrte ab, den Blick nicht von dem langsam verbrennenden Körper abwendend. »Wie kann ich mich in diesem Augenblick von meinem alten und treuen Kameraden trennen?« murmelte er.

Später ließ er sich im Schatten eines Baumes nieder. Die Augen unverwandt auf die Verbrennungsstätte gerichtet, erzählte er den Mithäftlingen, die um ihn lagerten, Episoden aus Kasturbas Leben.

Um Gandhi war es einsam geworden. Seine Stimme erreichte das Volk nicht mehr. Der Briefwechsel mit dem Vizekönig blieb ebenso erfolglos wie ein einundzwanzigtägiges Fasten und die wiederholte Bitte, in ein normales Gefängnis überführt zu werden, das den Steuerzahler weniger koste. Die Behörden unterbanden jeglichen Kontakt zwischen Gandhi und den inhaftierten Kongressführern.

Am 6. Mai 1944 wurde der prominente Gefangene plötzlich entlassen. Die Regierung begründete ihren Schritt mit dem schlechten Gesundheitszustand des fast Fünfundsiebzigjährigen. Sie konnte sich diese »großzügige« Geste leisten, da die nationale Befreiungsbewegung zerschlagen und damit für die Briten ungefährlich geworden war. Zum letzten Mal ließ Gandhi Mauern und Stacheldraht hinter sich. Insgesamt hatte er fast sieben Jahre seines Lebens in südafrikanischen und indischen Gefängnissen verbracht.

Gandhi und Jinnah

Bombay, 9. September 1944. Das vornehme Wohnviertel auf den Malabar Hills wimmelte von Polizisten. Sie hatten keinen Blick für die wundervolle Aussicht auf die Stadt und das Meer, die sich von hier oben bot. Argwöhnisch musterten sie jeden, der nach eingehender Kontrolle den Weg zu der Villa Mohammed Ali Jinnahs einschlug. Als kurz vor vier Uhr nachmittags Gandhi und sein Sekretär Pyarelal eintrafen, entspannten sich ihre Gesichter. Hier war keine Kontrolle nötig.

Jinnah empfing die Gäste an der Tür seines Hauses. Lang und hager, in modischem hellem Anzug, begrüßte er den um einen Kopf kleineren Gandhi. Der umfasste mit seinem rechten Arm spontan die Schulter des Moslemführers. Jinnah lächelte steif und bat seinen Gast, einen Augenblick in dieser Stellung zu verharren. Fotoapparate klickten, Kameras surrten, lustige Zurufe flogen hin und her, dann zogen sich die beiden Männer in das Arbeitszimmer des Gastgebers zurück. Draußen rätselten die Journalisten, ob es zu einer Einigung zwischen Gandhi und Jinnah kommen würde.

Die gespannten Beziehungen zwischen dem Indischen Nationalkongress und der Moslemliga beherrschten seit Jahren die indische Innenpolitik. Mohammed Ali Jinnah war zu Gandhis größtem Problem geworden und sollte es bis zu seinem Tod bleiben.

Die Wege beider Männer hatten ähnlich begonnen. 1876 in Karachi geboren, entstammte Jinnah einer moslemischen Kaufmannsfamilie. Wie Gandhi heiratete er in sehr jungen Jahren, studierte in England Rechtswissenschaft, verlor früh seine Mutter. Nach dem Studium praktizierte er in Indien als Rechtsanwalt, trat 1906 dem Nationalkongress bei und war ein ergebener Anhänger von Gokhale. Doch hier endeten die Gemeinsamkeiten von Gandhi und Jinnah. Als Gandhis Stern in Indien aufging, trennte sich Jinnah vom Kongress. Dem ehrgeizigen Politiker, der sich an der politischen Elite Großbritanniens schulte, passte die neue Richtung nicht. Gandhis religiös gefärbte Politik, seine Massenkampagnen und sein Fasten stießen ihn ab. Der Mohammedaner Jinnah hielt wenig von der Religion. Die Moschee besuchte er selten, in zweiter Ehe heiratete er eine Parsin; er rauchte, trank Alkohol und aß Schweinefleisch – Verhaltensweisen, die den Mullahs missfielen. Doch gerade dieser Mann sollte zum fanatischen Anwalt eines islamischen Staates auf indischem Boden werden.

Mohammed Ali Jinnah trat der 1906 gegründeten Moslemliga noch unter dem Vorbehalt bei, dass ihn die Loyalität gegenüber der Sache der Moslems nicht hindern könne, den größeren Zielen Indiens zu dienen. Als aber Anfang der zwanziger Jahre die Hindu-Moslem-Einheit zerbrach, religiöse und soziale Gegensätze zwischen beiden Gemeinschaften sich zu blutigen Konflikten ausweiteten, wandte Jinnah seine Aufmerksamkeit mehr und mehr den Interessen der Moslems zu. Er wurde zum Sprecher der jungen Moslems, die sich von den an Zahl und Kapitalkraft überlegenen Hindus bedroht fühlten. Gandhis Vision vom Ram Raj, einem Goldenen Zeitalter wie ehedem, als es in Indien noch keine Moslems gab, erfüllte sie mit Misstrauen. Wer garantierte den Moslems, die zwanzig Prozent der Gesamtbevölkerung Indiens ausmachten, ihre religiösen und sozialen Rechte?

Bei den Parlamentswahlen von 1937 gewann der Indische Nationalkongress in sieben von elf Provinzen die Mehrheit. Die Rechten innerhalb des Kongresses nutzten die Gunst der Stunde und festigten ihre Positionen gegenüber den Minoritäten, zu denen die Moslems gehörten. Ihr betont antiislamisches Auftreten verbitterte viele Moslems. Die islamische Religionsgemeinschaft fürchtete in einem unabhängigen Indien mit einer Hindumehrheit um ihre Pfründe. Jetzt schlug Mohammed Ali Jinnahs Stunde. Mit Eifer, Geschick und Demagogie verwandelte er die bis dahin stockkonservative Moslemliga in eine Volkspartei. In den Jahren 1937 bis 1940 stieg die Mitgliederzahl der Moslemliga sprunghaft an. In Ostbengalen hatte sie ihre stärkste Bastion.

Den Briten kam diese Entwicklung sehr gelegen. In dem Maße, wie die Moslemliga unter Jinnah dem Nationalkongress das Recht strittig machte, für die ganze indische Nation zu sprechen, schwächte sie die nationale

Bewegung, ohne selbst eine dominierende Rolle zu spielen. Vorsichtig taktierend, unterstützte die britische Regierung die Autonomiebestrebungen der Moslems, indem sie wiederholt erklärte, die Rechte der Minderheiten sichern zu wollen. Das ermutigte die Moslemliga 1939, die Teilung Indiens in einen moslemischen und einen hinduistischen Staat zu fordern. Gespräche zwischen Nehru und Jinnah über einen gemeinsamen Unabhängigkeitskampf blieben erfolglos. Die Moslemliga beharrte darauf, dass sie alle Moslems, der Kongress hingegen nur die Hindus vertrete. Im Frühjahr 1940 verkündete die Moslemliga ihre Zweinationen-Theorie. Diese lehnte eine Zentralregierung für Indien ab und strebte einen islamischen Staat Pakistan an. Dieser Staat sollte aus den fünf nordwestlichen Provinzen Indiens und aus den vorwiegend von Moslems bewohnten Teilen von Assam, Bengalen und dem Fürstentum Hyderabad bestehen. Eine groteske Idee nahm Gestalt an, die aus neunzig Millionen Indern zwischen dem Himalaja und dem Kap Komorin Nichtinder machte. Einigendes Band dieser neuen Nation sollte einzig und allein der Glaube an Allah sein. Die Grenzlinie verlief durch Städte, Dörfer, Straßen und Familien. Nach ihr gehörte der zum Islam übergetretene Gandhi-Sohn Harilal einer anderen Nation an als seine Eltern und Brüder. Die Ideologen der Pakistan-Theorie hatten auch rassische Unterschiede herausgefunden. Sie konstruierten einen Gegensatz zwischen den »aktiven und realistischen Moslems« und den »weichlichen, dem Mystizismus verfallenen Hindus«. Dass die »verweichlichten Hindus« den »energischen Moslems« im Geschäftsleben den Rang abliefen, verschwieg man in diesem Zusammenhang. So stand zu Beginn des Krieges den Briten keine einheitliche nationale Bewegung gegenüber. Die Moslemliga steuerte einen Kurs, der die

Teilung Indiens vor die Unabhängigkeit stellte, und erwies damit Großbritannien einen gewaltigen Dienst. Gandhi entsetzte die Vorstellung, Indien könne auf eine solch abenteuerliche Weise geteilt werden. Sein Leben lang war er für die Einheit von Hindus und Moslems eingetreten, hatte das Verbindende an beiden Religionen hervorgehoben, wohl wissend, welchen Vorteil die Briten aus einer Spaltung zogen. Sollte alles vergeblich gewesen sein? Gandhi ließ nichts unversucht, das Verhängnis aufzuhalten, das sich auf die Nation zuwälzte. Als Jinnah endlich zustimmte, mit ihm zu verhandeln, verlor er keine Zeit. Drei Wochen lang trafen sich die beiden Männer fast täglich. Gandhi war sogar bereit, die Pakistan-Forderung der Moslemliga zu unterstützen, wenn diese sich zu einer nationalen Einheitsregierung bereit fand, um zuerst die Unabhängigkeit zu erkämpfen. Danach könne eine Volksabstimmung über die Teilung Indiens entscheiden. Wieder und wieder beschwor Gandhi Jinnah, den Ruin der indischen Nation zu verhindern. Jinnah antwortete ihm: »Das wahre Wohlergehen nicht nur der Moslems, sondern auch des übrigen Indiens liegt in der Teilung.« Gandhis Angebote zur Zusammenarbeit wies er mit den Worten zurück: »Sie vertreten niemanden sonst als die Hindus … « Gandhi scheiterte an der starren Haltung Jinnahs. Die Briten atmeten auf. Sie brauchten keine Einheitsfront mehr zu fürchten.

Subhas Chandra Bose

Am 2. Oktober 1944 beging Gandhi in Sevagram seinen fünfundsiebzigsten Geburtstag. Grußbotschaften aus aller Welt trafen ein. Liebe und Verehrung sprachen aus ihnen. Albert Einstein schrieb: »Ein Führer seines Volkes, ohne von äußerer Autorität gestützt zu sein, ein Politiker, dessen Erfolg nicht auf der Beherrschung und Meisterung technischer Mittel beruht, sondern einfach auf der überzeugenden Kraft seiner Persönlichkeit, ein siegreicher Kämpfer, der immer die Anwendung von Gewalt verschmähte, ein Mann von Weisheit und Bescheidenheit, gewappnet mit entschlossener und unbeugsamer Widerstandskraft, der seine ganze Stärke der Erhebung seines Volkes und der Verbesserung seines Loses weihte, ein Mann, welcher der Brutalität Europas die Würde des schlichten Menschenwesens gegenüberstellte und sich so alle Male überlegen erwies. Künftige Generationen werden es vielleicht kaum glaubhaft finden, dass ein Mensch wie dieser jemals in Fleisch und Blut auf dieser Erde einherwandelte.«

Gandhi ließ die Jubelfeier, die er so einfach wie nur möglich hielt, gelassen über sich ergehen. Er wusste, wie nahe beieinander das »Hosianna!« und das »Kreuzigt ihn!« lagen. Dass er, unbekümmert um Lob und Hass der Welt, immer nur der Stimme seines eigenen Gewissens gefolgt war, hatte ihm inneren Frieden und Kraft gegeben. Interessiert betrachtete er jetzt die Bilder eines ihm zu Ehren veröffentlichten Buches und meinte kindlich erstaunt: »Seht doch nur mal, durch welch verschiedene Phasen ich gegangen bin.« Ein langes Leben lag hinter ihm, aber er fühlte sich nicht alt. Unter dem Gelächter der Umstehenden beschwerte er sich humorvoll über ein Geburtstagstelegramm: »Ich will einhundertfünfundzwanzig Jahre leben. Aber Malaviyaji hat mir mein Leben um fünfundzwanzig Jahre beschnitten, als er mir telegrafierte, ich möge hundert Jahre alt werden.«

Im japanisch besetzten Rangun formierte Subhas Chandra Bose die Überreste der Indischen Nationalarmee (INA) zu einer Flaggenzeremonie, um Gandhi seinen Geburtstagsgruß zu entbieten. »Vater unserer Nation! In diesem heiligen Krieg für die Befreiung Indiens bitten wir um deinen Segen.« Hinter den Soldaten lagen die blutigen Schlachten von Imphal und Kohima, bei denen sie vergeblich versucht hatten, an der Seite der Japaner in Indien als Befreier einzumarschieren. Sie konnten zwar auf Gandhis Achtung für ihren glühenden Patriotismus zählen, nicht aber auf seinen Segen. Niemand wusste das besser als Subhas Chandra Bose.

Pablo Neruda beschrieb diesen nationalen Führer in seinen Memoiren als »stürmischen Demagogen, wütenden Antiimperialisten und faszinierende politische Gestalt seines Vaterlandes«. Das war er in der Tat. 1897 in Orissa geboren, der alten Krieger- und Herrscherkaste der Kshatriya zugehörig, verhieß die Begabung des jungen Mannes eine glänzende Karriere. Er studierte in Cambridge, arbeitete dann in der indischen Zivilverwaltung in London, bis er sich Gandhis Bewegung des zivilen Ungehorsams anschloss. Als Gandhi diese Bewegung 1922 plötzlich abbrach, war Bose tief enttäuscht. Niemals, so meinte er, würde man auf diese Weise die Unabhängigkeit erlangen können. Seine politischen Differenzen mit Gandhi erreichten 1939 ihren Höhepunkt, als Bose zum zweiten Mal zum Kongresspräsidenten gewählt wurde. Bose drängte auf ein aktiveres Vorgehen gegen die Engländer. Gandhi konnte seiner fragwürdigen These »Die Feinde unserer Feinde sind unsere Freunde« nicht zustimmen. Bose musste vom Kongressvorsitz zurücktreten. Im Juli 1940 wurde er zum zwölften Mal verhaftet. Nach einem Fasten im Gefängnis unter Hausarrest gestellt, gelang ihm die Flucht. Über Afghanistan und Moskau erreichte er kurz vor dem Überfall Deutschlands auf die Sowjetunion Berlin. Hier bot er der faschistischen Regierung seine Hilfe an. Für die Befreiung Indiens war er bereit, selbst mit dem Teufel zu paktieren. Sein glühender Patriotismus rebellierte gegen die Hilflosigkeit des Kongresses. Er wollte handeln. Doch erst nach der Niederlage von Stalingrad gaben die Deutschen seinem Drängen nach, ihn zu unterstützen. Im Februar 1943 verließ Bose Deutschland mit einem U-Boot, von dem er im Indischen Ozean in ein japanisches U-Boot umstieg. In Japan und später in Burma fasste er die beim Fall von Singapur gefangenen indischen Soldaten zu militärischen Einheiten zusammen. Endlich hatte er sein Ziel erreicht: eine indische Exilregierung, deren Chef er war, und eine indische Armee, bereit, Indien vom britischen Joch zu befreien. In einer Serie von Radioansprachen beschwor er seine indischen Landsleute: »Wenn das Blut freiheitsliebender Inder zu fließen beginnt, wird Indien seine Freiheit erlangen ... Ziviler Ungehorsam muss sich in einen bewaffneten Kampf verwandeln. Nur wenn das indische Volk im großen Maßstab die Feuertaufe erhält, wird es sich für die Freiheit qualifizieren ... «

»Wir müssen unser Blut geben und das Blut unserer Feinde nehmen. Darum sei der Kampfruf für das Jahr 1944: Blut, Blut, Blut!«

Für Gandhis Begriffe war da zu viel und zu leichtfertig von Blut die Rede. Wenn schon Blut fließen musste, dann im gewaltlosen Widerstand oder, wie Martin Luther King es zwanzig Jahre später ausdrückte: »Ströme von Blut müssen noch fließen, aber es muss unser Blut sein.«

Bose und Gandhi begegneten einander nicht mehr. Im August 1945 starb Subhas Chandra Bose bei einem Flugzeugabsturz in Taiwan.

BLUTIGE MORGENRÖTE

> *»Besitzen wir die Nicht-Gewalt des Starken? Es
> steht frei, sie als ein unmögliches Ideal zu verwer-
> fen und statt ihrer die Methode der Gewalt zu
> wählen. Aber die Wahl muss getroffen werden.«*

Kampf um die Macht

Das Jahr 1945 brachte den Höhepunkt und das Ende des
schrecklichsten Krieges, den die Menschheit je erlebt
hatte. Als die deutschen Faschisten im Mai in Berlin
kapitulierten und die Japaner im August die Waffen nie-
derlegten, waren weite Teile der Erde ein Trümmerfeld.
Millionen von Gefallenen bedeckten die Schlachtfelder
Europas, Afrikas und Asiens, Millionen irrten heimatlos
und hungernd durch zerstörte Städte und verwüstete Dörfer. Für die leidgeprüften Völker brach die Stunde Null an.

An der Gründungsversammlung der UNO im Frühjahr
1945 in San Francisco nahm auch eine indische Delegation von Britanniens Gnaden teil. Sie gab vor, das indische Volk zu vertreten. Der sowjetische Außenminister
Molotow fasste den Sachverhalt in die eindeutigen
Worte: »Wir haben auf dieser Konferenz eine indische
Delegation, aber Indien ist kein unabhängiger Staat. Wir
alle wissen, dass die Zeit kommen wird, da die Stimme
des unabhängigen Indien gehört werden wird.«

Eine Abordnung indischer Industrieller besuchte auf
Einladung der Briten Europa und die USA, um Möglichkeiten für günstige Kapitalanlagen zu erkunden. Der
Krieg hatte ihnen hohe Profite beschert. Die Unabhängigkeit Indiens interessierte sie nur soweit, wie sie ihnen
zusätzliche Gewinne versprach.

Die Vertreter der nationalen Bewegungen, von der Kolonialmacht als Faschisten und projapanische Agenten gebrandmarkt, reagierten erbittert. Während sie in den Gefängnissen saßen, teilten die alten und neuen Herren die Beute Indien unter sich auf. Gandhi protestierte gegen die Delegation: »Großhändler, Kapitalisten, Industrielle und andere sprechen und schreiben gegen die Regierung, aber in ihren Handlungen tun sie deren Willen und profitieren sogar noch davon ... «

In Neu-Delhi regierte selbstherrlich General Wavell, Vizekönig von Indien seit 1944. Der Krieg hatte die Fronten im Land verhärtet, die Konflikte verschärft. Verheerende Hungersnöte in Bengalen und Orissa, ein sinkender Lebensstandard in den Städten, Streiks, religiöse Exzesse von Hindus und Moslems zeigten der Kolonialmacht Großbritannien, auf welch schwankendem Boden sie stand. Indien fieberte der Unabhängigkeit entgegen, aber es war in sich gespalten. Die Führer der Moslemliga verfolgten zäh ihren Pakistan-Plan und sprachen dem Nationalkongress jegliches Recht ab, die Inder islamischen Glaubens zu vertreten. Jinnah brandmarkte jeden Kongresshindu als einen Feind und jeden Kongressmoslem als einen Verräter. Der derzeitige Kongresspräsident, Maulana Azad, war ein Moslem. Zwar gehörten dem Kongress nicht mehr so viele Moslems an wie unmittelbar nach dem Ersten Weltkrieg, doch spielten sie nach wie vor eine große Rolle innerhalb der Organisation. Besonders stark war die Gruppe unter Abdul Gaffar Khan in der Grenzprovinz zu Afghanistan. Khan und seine »Rothemden« folgten Gandhis Weg der Gewaltlosigkeit und stritten für ein geeintes Indien. Die Verunglimpfungen Jinnahs wiesen sie entschieden zurück. Aber in einer von Emotionen aufgeheizten Atmosphäre gehen ruhig vorgebrachte Argumente im Geschrei der Fanatiker unter.

Den Briten kamen die Aktivitäten der Moslemliga sehr gelegen. Ihre Ölinteressen im Nahen Osten ließen sie einen Block ihnen freundlich gesinnter islamischer Staaten anstreben. Ein islamischer Staat Pakistan lag ganz im Sinne dieser Konzeption. Er konnte ein Gegengewicht zum indischen Nationalismus bilden, der keinen politischen Wert in ihrer Nahoststrategie besaß. Pakistan wurde zur Trumpfkarte der britischen Außenpolitik. Als im Juli 1945 in London die Labour Party die Wahlen gewann und der bisherige Staatssekretär für Indien, der stockkonservative Amery, durch den konzilianteren Pethick-Lawrence abgelöst wurde, änderten sich nur die Namen, nicht aber die Strategien der Briten.

Premierminister Attlee kündigte für Ende des Jahres Wahlen in Indien an. Danach sollte ein Exekutivrat unter dem Vorsitz des Vizekönigs gebildet werden. Zwischen den Briten, der Moslemliga, dem Nationalkongress und den indischen Fürsten begann ein diplomatisches Pokerspiel um Einfluss und Ämter. Einst unumstrittener Führer im nationalen Befreiungskampf, sank der Nationalkongress jetzt auf das Niveau einer bürgerlichen Partei herab. Unter dem Druck der rechten Kräfte in seinen Reihen verfocht er zunehmend fast nur noch die Interessen der Oberschicht. Nirgendwo zeigte sich das deutlicher als in seiner Haltung gegenüber dem Flottenaufstand. Im Februar 1946 protestierten die Matrosen der Königlich Indischen Marine gegen ihre schlechte Behandlung durch die englischen Offiziere. Ihnen schlossen sich die Matrosen und Landtruppen in Poona, Karatschi, Madras, Delhi und Kalkutta an. Arbeiter traten in den Streik, die Matrosen wurden durch Geschäftsschließungen und Demonstrationen unterstützt. Auf den Schiffen wehten die Fahnen des Nationalkongresses, der Moslemliga und der Kommunistischen Partei einträchtig nebeneinander. Die

Rebellion der Matrosen drohte in einen gesamtnationalen Aufstand gegen die britische Kolonialherrschaft einzumünden. Nichts fürchteten Großbritannien und die indische Oberschicht mehr. Die Briten handelten sofort. Mit Waffengewalt gingen sie gegen die Aufständischen vor. Der Nationalkongress und die Moslemliga, an die sich die Matrosen hilfesuchend wandten, lehnten es ab, ihnen beizustehen. Der einflussreiche Kongressführer Vallabhbhai Patel nannte die Aufständischen »Straßenräuber« und »Brandstifter« und forderte sie auf, sofort den Kampf zu beenden. Gandhi, der ein Leben lang für die Einheit von Hindus und Moslems eingetreten war, verurteilte den Aufstand als eine »unheilige Verbindung zwischen Hindus und Moslems«. Doch waren seine Motive andere als die Patels. Er hielt die Methode wie auch den Zeitpunkt für falsch, gegen die Briten vorzugehen. Hatten diese nicht ihre Bereitschaft kundgetan, Indien freiwillig zu verlassen? Setzten die Aufständischen nicht den friedlichen Abzug der Briten aufs Spiel und provozierten ein sinnloses Blutvergießen? Gandhi erkannte nicht, dass mit dem Scheitern des Flottenaufstandes am 23. Februar 1946 die letzte Chance vertan wurde, durch eine breite Einheitsfront die Spaltung Indiens in zwei Staaten zu verhindern. Die Führer der bürgerlichen Parteien fürchteten die Volksbewegung so sehr, dass sie eher auf ein einiges unabhängiges Indien verzichteten, als sich mit dem Volk zu verbinden. Der Flottenaufstand gab den Briten den letzten Anstoß, ihre Herrschaftsmethoden zu ändern. In London erkannte man, dass es an der Zeit war, dem indischen Volk die Macht zu übertragen. Das bot zwei Vorteile. Zum einen würde sich der Zorn der Volksmassen nicht mehr gegen Großbritannien richten, sondern gegen eine indische Regierung. Eine nationale Einheitsfront gegen die Briten kam damit nicht mehr zustande. Zum anderen konnten sich die alten Kolonialherren der bedrängten Regierung als Helfer anbieten, und diese würde, um ihre Macht zu behaupten, die »Hilfe« nicht ausschlagen können. Auf diese Weise sicherten die Briten ihre Profite und Einflusssphären dauerhafter als durch eine direkte Herrschaft. Die Teilung Indiens passte in dieses Konzept.

Im Mai verabschiedete das britische Kabinett ein so genanntes Weißpapier, das die Bildung einer Indischen Union vorsah. In ihr sollten die einzelnen Provinzen einen autonomen Status haben, der die Möglichkeit einschloss, sich untereinander zu Gruppen zusammenzuschließen. Die Frage der endgültigen Machtübernahme würde mit einer Interimsregierung ausgehandelt werden. Die Briten forderten den Nationalkongress und die Moslemliga auf, eine gemeinsame Regierung zu bilden. Sie ließen dennoch keinen Zweifel daran, dass sie die Absicht der Moslemliga, einen eigenen Staat zu gründen, guthießen. Damit ermutigten sie Mohammed Ali Jinnah, weiterhin seine Obstruktionspolitik zu betreiben. Zuerst Pakistan, dann die Unabhängigkeit! war die Devise der Moslemliga. Sie weigerte sich, in die gesamtnationale Interimsregierung einzutreten, und entfesselte aus Protest gegen die »Hinduherrschaft« am 16. August 1946 in Kalkutta einen »Tag der direkten Aktion«. Ein aufgehetzter moslemischer Mob ging mordend, plündernd und brandschatzend gegen die Hindus vor. Den Briten und dem Nationalkongress sollte auf diese Weise gezeigt werden, dass Hindus und Moslems niemals in einem Staat leben können. Die Unruhen griffen auf andere Landesteile über. In der Nachbarprovinz Bihar übten die Hindus grausame Vergeltung an ihren moslemischen Landsleuten, und auch der Punjab geriet in den Strudel religiöser Exzesse. Blutig stieg die Morgenröte der Freiheit über Indien auf.

Im Frühjahr und Frühsommer des Jahres 1946 lebte
Gandhi am Rande der Hauptstadt Delhi, unweit des
Tempels, der dem vom Räuber zum Heiligen bekehr-
ten Seher Valmiki, dem Verfasser des Heldenepos
»Ramayana«, geweiht ist. Er bewohnte eine Hütte im
Viertel der Straßenreiniger, in der Bhangi-Kolonie.
Tagsüber brannte die Sonne auf die flachen Dächer he-
rab. Der flimmernde Staub, die Myriaden von Fliegen
und der Geruch verfaulenden Unrats ließen das Atmen
schwer werden und verursachten Kopfschmerzen.

Tag für Tag pilgerten englische Minister, Diplomaten
aller Nationen, Presseleute, Kongressführer, Globetrotter durch die enge krumme Gasse, die zu Gandhis Hütte
führte. Der prunkvolle Palast des Vizekönigs mit seinen
weitläufigen kühlen Gärten konnte nicht mit der Anziehungskraft der Bhangi-Kolonie konkurrieren. Indien war
dort, wo Gandhi lebte – in armseligen Hütten, nicht in
den Palästen.

Der schmächtige halbnackte Greis empfing seine Besucher am Spinnrad. Er hörte zu, stellte Fragen, gab Ratschläge, und oft schallte herzliches Lachen durch den
Raum. An den Abenden strömten Tausende von Menschen zu seinen Andachten im Herzen der Bhangi-Kolonie, um die Botschaft des Mahatma zu vernehmen. Doch
auf demselben Platz, auf dem Gandhi seine Zuhörer allabendlich zur Wahrheit und Gewaltlosigkeit aufrief,
übten sich am Tage junge Hindus in körperlicher Er-
tüchtigung, im Nahkampf und Paradieren. Sie sannen auf
Rache wider das Unrecht, das die Moslems ihrer Meinung nach der Mutter Indien antaten. Die Organisation,
der sie angehörten, nannte sich Rashtriya Swayam-sevak
Sangh (RSS – Dienst an der Nation), eine militante

Hinduvereinigung, die den gnadenlosen Kampf gegen die Moslems auf ihre Fahnen geschrieben hatte. Aus ihren Reihen sollte Gandhis Mörder kommen.

Die Eskalation der Gewalt beunruhigte Gandhi tief. Seit dem Ende des Krieges war er durch das Land gereist. Ob in Bengalen, Assam oder Madras, überall begegnete ihm unvorstellbares Elend. Es fehlte an Nahrungsmitteln und Kleidung. Wie leicht erwachsen aus Armut und Verzweiflung terroristische Gewaltakte. Gandhi war nicht der Mann, den Hunger des Volkes mit pathetischen Reden zu stillen, die Menschen mit der Verheißung der Unabhängigkeit abzuspeisen. Er nannte die Schuldigen der Misere beim Namen: den unfähigen britischen Verwaltungsapparat und seine einheimischen Handlanger. Aber er hielt sich nicht dabei auf. Die Menschen mussten sich zuerst selber helfen. »Bebaut jedes Stückchen Land mit Gemüse!« riet er. »Haltet das Spinnrad in Gang. Wartet nicht, bis man euch hilft. Helft euch selbst!« So manchem Weltverbesserer erschienen diese Ratschläge kleinkariert und nutzlos. Er übersah dabei, worum es Gandhi ging. Wenn Indien wirklich unabhängig werden wollte, musste es jeder Einzelne seiner Bürger sein. Auch die Bewohner des letzten Dorfes sollten sich für ihr eigenes Schicksal und das ihrer unmittelbaren Umgebung verantwortlich fühlen. Veränderung von oben ist nicht denkbar ohne Demokratie von unten. Demokratie aber erwächst aus der Tat des Einzelnen.

Je näher der Zeitpunkt der Unabhängigkeit rückte, desto deutlicher traten die Meinungsverschiedenheiten zwischen Gandhi und Nehru über den zukünftigen Weg Indiens zutage. Nehru plädierte für eine Industrialisierung des Landes, ohne die eine echte Unabhängigkeit nicht möglich sei, und verwarf Gandhis »Dorfgesellschaft« als undenkbar in der technisierten Welt des zwanzigsten

Jahrhunderts. Gandhi argumentierte, dass das indische Volk in seiner überwältigenden Mehrheit auf den Dörfern lebe und nicht in den Städten. Das ideale Dorf, das er anstrebe, habe nichts mit den jetzigen verarmten und unhygienischen Dörfern zu tun, sondern es stelle ein in bescheidenem Wohlstand lebendes demokratisches Gemeinwesen dar. Dieses könne nicht auf den Reißbrettern moderner Konstruktionsbüros, nicht in Banken und an Vorstandstischen entstehen. Leben gewinne es nur in den Herzen und mit den Händen der Massen, die gerade durch die moderne Industriegesellschaft zur Untätigkeit verdammt seien. Nehru erwies sich in diesen Streitgesprächen als Realpolitiker, der Indien durch tausend Kanäle mit der Welt verbunden sah, und als Idealist hinsichtlich der schnellen Veränderbarkeit der indischen Gesellschaft. Gandhi wiederum gab sich der Illusion hin, er könne mit seinen Vorstellungen, würden sie in die Tat umgesetzt, die Welt von allem Übel befreien. Doch niemand kannte besser als er die Stimmung unter den verelendeten Massen. Hier war er der Realpolitiker und nicht Nehru. Ihre Meinungsverschiedenheiten änderten nichts an der tiefen Zuneigung, die beide Männer füreinander hegten. Gandhi sah in Nehru den für die Führung eines unabhängigen Indien am besten geeigneten Mann.

Nach wie vor wirkte der Name Gandhi auf die Massen wie ein Magnet. An allen Bahnstationen erwarteten ihn während seiner Reise unübersehbare Menschenmengen. Sie hielten die Züge an, schrien ihn in tiefer Nacht aus dem Schlaf, stürmten sein Abteil, um ihn zu sehen und zu hören. Das Geschrei zerrte an seinen Nerven, es machte ihn krank. Als ihm aber seine Begleiter rieten, sich die Ohren zu verstopfen, lehnte er ab. Er wollte und durfte sich nicht dem Ruf der Menschen entziehen. Übernächtigt trat er dann vor die Menschen und sagte, was er von ihnen erwartete. Sie sollten ihre Zeit und ihre Kraft nicht damit vergeuden, einen alten Mann um Mitternacht aus dem Schlaf zu reißen. Die erste Voraussetzung für ein neues Indien sei disziplinierte harte Arbeit, wie er es in seinem konstruktiven Programm formuliert habe. Geschrei und Massenaufläufe brächten Indien der Unabhängigkeit keinen Schritt näher.

Auf unzähligen Versammlungen überall im Land verwahrte sich Gandhi gegen jene, die mit dem Schlagwort »Gewaltlosigkeit« ihre eigene Feigheit bemäntelten, die tatenlos zusahen, wenn die Hindus und Moslems aufeinander losschlugen. Solch einer Feigheit ziehe er die disziplinierte und organisierte Waffengewalt gegen das Unrecht vor. Ob man Indien gewaltlos oder mit Waffen befreien wolle, ohne Disziplin sei das eine wie das andere nicht möglich. Er warnte, er mahnte: Widersteht der blindwütigen Gewalt! Gebraucht eure Vernunft!

Gandhi verschonte auch die Presse nicht mit seiner Kritik. Gerüchte, übertriebene Meldungen, verantwortungslose Kommentare peitschten die Volksstimmung auf. Die Zeitungen sollten dem Studium der Fakten dienen, meinte er. Ihnen sollte nicht erlaubt werden, das unabhängige Denken zu töten. Während der Verhandlungen mit der britischen Kabinettsmission im Frühjahr 1946 wurden die zahlreich angereisten Journalisten in Delhi zu einer Plage. Gandhi konnte sich ihrer kaum erwehren. Selbst mit Leib und Seele Journalist, verdross es ihn zu sehen, wie die Presse die Volksmeinung manipulierte, anstatt durch nüchterne Information die Vernunft zu befördern.

»Im Osten wie im Westen«, bemerkte Gandhi sarkastisch, »sind die Zeitungen für das Volk beinahe Bibel, Koran, Zend-Avesta und Gita in einem geworden. Alles, was in den Blättern erscheint, wird als letzte Wahrheit angesehen. Wenn beispielsweise eine Zeitung behauptet, dass Tumulte zu erwarten, dass alle Knüppel und Messer in Delhi ausverkauft sind, gerät jedermann in Panik.«

Die Mäßigung, die Gandhi predigte, passte all jenen nicht ins Konzept, die von einer siedenden Volksstimmung profitierten, vor allem den militanten Moslems und ihren Gegenspielern unter den Hindus. Am 28. Juni 1946 verübten Unbekannte einen Anschlag auf den Sonderzug, in dem Gandhi reiste. Der geistesgegenwärtige Lokomotivführer verhinderte das Schlimmste. Nur die Lokomotive wurde beschädigt. Zwei Stunden lang dröhnten die Hämmer der Reparaturkolonne durch die nächtliche Stille. Gandhi schlief fest. Als man ihm am Morgen erzählte, was sich in der Nacht abgespielt hatte, sagte er überrascht: »Oh! Ich habe nichts bemerkt!« Es war der siebente Mordanschlag auf ihn seit den Tagen von Südafrika.

Die Ereignisse vom 16. August 1946 in Kalkutta und die nachfolgenden Massaker in Bengalen versetzten das Land in einen bürgerkriegsähnlichen Zustand. Jinnah lehnte eine Teilnahme an der Interimsregierung und an der konstituierenden Versammlung strikt ab. Den rechten Hindus kam das nur gelegen. Die Briten, noch immer verantwortliche Macht in Indien, zuckten mit den Schultern. Sollte der Kongress doch sehen, wie er mit der Situation fertig wurde. Auf diese Weise konnten sie ihm die Teilung Indiens anlasten, die sie selbst im Verborgenen betrieben.

Am 2. September 1946 begann in Delhi die Interimsregierung unter Leitung von Jawaharlal Nehru zu arbeiten. Ihre Handlungsfähigkeit wurde durch das Vetorecht des Vizekönigs empfindlich eingeschränkt. In den frühen Morgenstunden des 2. September begaben sich die Minister zu Gandhi in die Bhangi-Kolonie. Dort begrüßte man sie mit Girlanden aus handgesponnenem Garn. Da es ein Montag, also Gandhis Schweigetag, war, empfing der Mahatma sie wortlos. Einer der Gefährten las den Ministern die Botschaft Gandhis vor. Sie lautete: »Seit dem Morgengebet denke ich an euch. Beseitigt die Salzsteuer. Denkt an den Dandi-Marsch. Vereinigt Hindus und Moslems. Beseitigt die Unberührbarkeit. Haltet an Khadi fest.« Es war der Appell der entrechteten, in tiefer Armut lebenden Massen Indiens an die Führer des Landes. Diese vernahmen ihn, aber ob sie ihm zu folgen bereit oder imstande waren, musste die Zukunft zeigen. Mit einem leichten Schlag auf die Schulter entließ Gandhi jeden der Minister auf seinen schweren Weg. Von nun an wurde er nicht müde, die Regierenden darauf hinzuweisen, dass Macht, wird sie verantwortungsvoll ausgeübt, ein Bett von Dornen sei. Zu Jubelfeiern bestand kein Anlass. Das Land erzitterte unter dem Wüten fanatischer Hindu- und Moslembanden. Auf den Straßen lagen Menschen, von denen niemand wusste, wer sie ermordet hatte und warum. Unruhe brodelte in den Dörfern, erschütterte die Städte. Die Landbesitzer und Industriellen dachten nicht daran, die ihnen von Gandhi zugedachte Rolle als Treuhänder des Volksvermögens zum Nutzen des Volkes zu spielen. Sie klammerten sich an die Kolonialmacht, um mit deren Hilfe ihre Positionen zu stärken, ehe die Briten das Land verließen. Der Klassenkampf, den Gandhi hatte verhindern wollen, stürzte das Land in einen Strudel der Gewalt.

Wenige Tage nachdem die Interimsregierung ihre Arbeit aufgenommen hatte, erklärte Vizekönig Wavell, er stehe auf der Seite der Moslemliga, obwohl diese die Regierung boykottiere. Gandhi sah klar, worauf die Politik der Briten abzielte: auf eine weitere Herrschaft mit anderen Mitteln. Deshalb sprach er sich gegen Pakistan aus. Wenn Indien schon geteilt werden musste, dann nur aus dem freien Willen seiner Bewohner und *nach* der Verkündung der Unabhängigkeit, sagte er. Um den Briten den Wind aus den Segeln zu nehmen, schlug Gandhi vor, Mohammed Ali Jinnah und seiner Moslemliga die Regierung zu übertragen und damit die Einheit wenigstens bis zu dem Zeitpunkt zu erhalten, da die Briten das Land verließen. Er stieß damit bei den am Pokerspiel um die Macht Beteiligten auf keine Gegenliebe. Die Fronten waren bereits so verhärtet, die Briten so tief in die Manipulationen verstrickt, dass der Kongress in diesem Fall Gefahr lief, seine Machtpositionen ganz zu verlieren. Wenn die indische Oberschicht nicht die Herrschaft über ganz Indien erlangen konnte, wollte sie wenigstens unangefochten die in der Indischen Union verbleibenden Provinzen regieren. Sie setzte auf weitere Verhandlungen mit der Moslemliga und dem Vizekönig. Im Spätherbst 1946 trat die Moslemliga zwar auf Drängen des Vizekönigs in die Regierung ein, aber nur, um sie von innen heraus lahm zu legen. Nach wie vor propagierte sie den offenen Bürgerkrieg. Anfang des Jahres 1947 stand vor dem Land nicht mehr die Frage: Einheit oder Teilung?, sondern: Wann und wie wird Indien geteilt? Die Rechnung der herrschenden Kreise in Großbritannien war aufgegangen. Erleichtert konnten sie für 1948 das Ende der britischen Herrschaft über die unregierbar gewordene Kolonie ankündigen.

Mission in Kalkutta

Gandhi wurde dem Kongress lästig. Zwar suchten die Parteiführer nach wie vor seinen Rat, aber sie gaben wenig darauf. Indien brauchte, so glaubten sie, in dieser

Stunde keine Heiligen, sondern Politiker, die die Gunst des Augenblicks zu nutzen verstanden. Gandhi konnte in Delhi nichts mehr ausrichten. Der Worte müde, verlangte es ihn nach Taten. Beunruhigende Nachrichten kamen täglich aus Bengalen. Menschen starben, weil sie einem anderen Glauben anhingen als ihre Nachbarn. Hindufrauen wurden von Moslems entführt, zwangsbekehrt und zwangsverheiratet, während man ihre Männer und Kinder ermordete. Trotz seines schlechten Gesundheitszustandes entschloss sich der siebenundsiebzigjährige Gandhi, Bengalen zu besuchen, um die Tränen der Frauen zu trocknen und ihnen neuen Mut zu geben. Er wollte sie lehren, dass »niemand eine Frau entehren kann, die den Tod nicht fürchtet«.

Am 28. Oktober 1946 reiste Gandhi nach Kalkutta. Entlang der Bahnstrecke warteten Hunderttausende von Menschen auf ihn. Sie erkletterten die Wagendächer, schlugen die Fenster ein, zogen wiederholt die Notbremse und schrien, dass es den Zuginsassen in den Ohren gellte: »Gandhi ki jai!« (»Es lebe Gandhi!«) Der so verehrte Mahatma hockte unterdessen, die Finger in den Ohren, mit schmerzverzerrtem Gesicht in seinem Abteil.

Seit mehr als dreißig Jahren versuchte er seinen Landsleuten klarzumachen, dass nicht Geschrei sie aus ihrer Not herausführen konnte, sondern nur geduldige disziplinierte Arbeit. Er war kein Gott, sondern ein alter Mann, der vorzuleben versuchte, was er verkündete. Die Menschen erwarteten Wunder von ihm, die zu vollbringen er nicht imstande war. Aber konnte er die Hände zurückstoßen, die sich ihm zitternd entgegenstreckten? Konnte er die Hoffnung zerstören, die in den Augen der Menschen brannte? Durfte er ihnen den Trost nehmen, den sie durch das bloße Ansehen seiner Person gewannen? So winkte er ab, als ihm seine Begleiter empfahlen, das Licht im Abteil zu löschen und dadurch die Menschen von sich fern zu halten. »Die einzige Möglichkeit, wie ich den einfachen Glauben der Massen beantworten kann, ist, ihnen mit dem letzten Tropfen meiner Energie zu dienen und niemals meine persönliche Bequemlichkeit vor die Pflicht ihnen gegenüber zu stellen.« Mit fünf Stunden Verspätung erreichte der Zug Kalkutta. Hier konferierte Gandhi mit dem britischen Gouverneur und dem moslemischen Chefminister Suhrawardy. Beide beteuerten, die Ausschreitungen würden übertrieben dargestellt. Dabei wusste jedermann in Kalkutta, dass die Behörden nicht nur nichts gegen die Massaker unternommen, sondern sie sogar noch begünstigt hatten. Suhrawardy versprach Gandhi schließlich, sich mit ganzer Kraft für die Versöhnung von Hindus und Moslems einzusetzen. Jenen, die dem Wort des Chefministers misstrauten – und sie hatten allen Grund dazu –, hielt Gandhi entgegen, dass man seinem Gegenspieler mit offenen Augen und furchtlos vertrauen müsse. Nur so würde er am Ende »unser Vertrauen rechtfertigen, vorausgesetzt, wir handeln entsprechend«. Ob sein Gegner ein Burengeneral in Südafrika, ein britischer Generalgouverneur oder ein indischer Minister war, immer hielt Gandhi an seinem Grundsatz fest, nur der könne der Wahrheit und Gerechtigkeit zum Sieg verhelfen, der an das Gute im Menschen glaube und ihm eine Chance biete, es zu verwirklichen.

Anfang November erregten Berichte von schweren Ausschreitungen der Hindus gegen die Moslems in der Nachbarprovinz Bihar die Bevölkerung von Kalkutta. Gandhis Friedensmission in Bengalen war sinnlos, solange die Hindus von Bihar ihre moslemischen Mitbürger verfolgten. Drei Mitglieder der Interimsregierung, unter ihnen Jawaharlal Nehru, reisten sofort nach Bihar.

Wiederholt versicherte Nehru Gandhi am Telefon, dass die Kongressregierung von Bihar alle Anstrengungen unternehme, die Exzesse unter Kontrolle zu bringen. Während der abendlichen Versammlungen im fiebernden Kalkutta beschwor Gandhi seine Zuhörer, nicht den Gefühlen der Rache nachzugeben. Man könne ein Unrecht nicht auslöschen, sagte er, indem man ein neues begehe. Die Morde an Andersgläubigen asozialen Elementen anzulasten zeuge von mangelnder Einsicht. Jedes Verbrechen brauche einen Nährboden, auf dem es wachsen kann. »Aus unserer Mitte kommen die asozialen Elemente, und wir ermutigen sie.« Gandhi kündigte ein Fasten bis zum Tode an, wenn das Morden in Bihar nicht aufhöre. Das kühlte die erhitzten Gemüter in Bihar ab. Die Lage entspannte sich zusehends. So konnte Gandhi am 6. November in das Noakhali-Gebiet reisen.

Menschenjagd in Ostbengalen

Der Bezirk von Noakhali liegt im Ganges-Delta, nordwestlich von Chittagong, einer Hafenstadt im heutigen Staat Bangladesh. Ein dichtes Netz von Kanälen und Wasserläufen durchzieht das Gebiet. Häufige Regenfälle und viel Sonne machen das vom Ganges angeschwemmte fruchtbare Land zu einem üppigen Garten. Kokospalmen, Betelnussbäume und dichte Mangowälder schützen mit ihrem immergrünen Schirm Mensch und Tier vor der heißen Mittagssonne. Überall und für jeden erreichbar wachsen Feigen und Ananas, Mango- und Zitrusfrüchte. Kräuter und Gemüse lassen sich leicht pflanzen und ernten. Die Flüsse sind reich an Fischen. Verstreut und durch dichten Dschungel voneinander getrennt liegen die Dörfer. Es gibt kaum Straßen, die Kanäle sind sechs Monate im Jahr oft die einzigen Verkehrsverbindungen. Auf ihnen verschiffen die Bauern ihre Ernte: Reis, Jute, Kokos- und Betelnüsse.

Dieses paradiesische Stück Erde war im Herbst 1946 zu einem Schauplatz blutiger Massaker geworden. Banden fanatisierter Moslems zogen durch die Dörfer, steckten die Häuser der Hindus in Brand, ermordeten ihre Bewohner, verschleppten die Frauen, plünderten und zerstörten alles, was ihnen in den Weg kam. Menschen, die seit Jahrhunderten friedlich miteinander gelebt hatten, wurden zu erbitterten Feinden. Wie konnte es dazu kommen? Von den mehr als zwei Millionen Bewohnern des Gebiets waren einundachtzig Prozent Moslems. Obwohl die Hindus nur achtzehn Prozent der Bevölkerung ausmachten, besaßen sie vierundsechzig Prozent des kultivierten Landes. Die Masse der Moslems, vor Jahrhunderten vom Hinduismus zum Islam bekehrt, arbeitete auf den Feldern der Hindus. Ungebildet, genügsam und friedliebend schickten sie sich in ihr Los, auf der untersten Stufe des sozialen Gefüges zu stehen. Das änderte sich mit dem politischen Erwachen Indiens Anfang dieses Jahrhunderts. Den Ausgebeuteten bedeutete der Ruf nach Unabhängigkeit vor allem soziale Gerechtigkeit. Die moslemischen Landarbeiter fragten nach den Ursachen ihrer Not. Sie fanden sie in den Hindu-Gutsbesitzern. Das kam den Briten sehr gelegen, lenkte es doch den Zorn der Massen in Bengalen von ihnen selbst ab.

Der Indische Nationalkongress, so verkündeten die Briten, sei eine Hinduorganisation, die die Unterdrückung der Moslems auch in einem unabhängigen Indien fortsetzen wolle. Nur die britische Kolonialmacht könne die Moslems vor den Hindus schützen. Die Moslemliga blies mit noch kräftigeren Tönen in das gleiche Horn. Ihre Propaganda traf in Noakhali auf offene Ohren. Dank der Unwissenheit und dem leicht erregbaren Temperament der Moslems hatten die Mullahs, die religiösen Lehrer des Islam, ein leichtes Spiel. Wie sehr kam ein Heiliger Krieg gegen die »Ungläubigen« der Sehnsucht nach sozialer Gerechtigkeit entgegen! Militante Moslems nutzten die Klassengegensätze im Noakhali-Gebiet, um ihre Glaubensbrüder zu Raub und Mord aufzuputschen. Der Interimsregierung in Delhi und den Briten sollte klargemacht werden, dass die Moslems, um sich wirksam vor der Unterdrückung durch die Hindus zu schützen, einen eigenen Staat brauchten – Pakistan. In Wirklichkeit aber ging es den Führern der Moslemliga um den Herrschaftsanspruch der Landbesitzer und der reichen Moslems, nicht um die soziale Gerechtigkeit und den »einzig wahren Glauben«, wie sie demagogisch verkündeten.

Am 10. Oktober 1946 brach der Sturm los. Heftige Monsunregen hatten die Flüsse über die Ufer treten lassen, die Straßen standen unter Wasser. Moslemische Banden brachten alle Boote an sich, zogen mordend, plündernd und brandschatzend von Dorf zu Dorf. Tag und Nacht gellten die Rufe über das Land »Allah-ho-akbar!« (»Allah ist groß!«), »Pakistan zindabad!« (»Es lebe Pakistan!«), »Muslim League zindabad!« (»Es lebe die Moslemliga!«), »Larke lenge Pakistan!« (»Wir werden Pakistan erzwingen!«). Von allen Verbindungswegen zu Lande abgeschnitten, waren die Dörfer den Banden ausgeliefert. Polizei und Militär, wenn sie überhaupt eingriffen, erreichten die Stätten des Grauens nicht oder zu spät. Sie fanden rauchende Trümmerhaufen, verkohlte Gebeine und verwüstete Tempel vor. Die Moslemliga und die bengalische Provinzregierung taten die Berichte über die Greuel mit einem Achselzucken ab. Alles sei maßlos übertrieben.

Gandhi kam nicht nach Bengalen, um einen Feldzug gegen die Moslems zu führen. Er wollte Wunden heilen, nicht neue aufreißen. Wo Fanatismus und Furcht regieren, bleibt die Menschlichkeit auf der Strecke. Nur kühle Vernunft und der Mut zu einem neuen Anfang konnten das Morden beenden. Gandhi verlor kein böses Wort über das Bandentum und wandte sich sogar dagegen, dass die Polizei eingriff. »Keine Polizei der Welt kann Feiglinge schützen«, meinte er. Der schlimmste Feind der Hindus seien nicht die Moslems, sondern ihre eigene Furcht. Nur wer dem Unrecht beherzt und gewaltlos die Stirn biete, könne dem blindwütigen Morden widerstehen. Die Tapferkeit eines Mannes oder einer Frau bewirke mehr als die Gewehre der Polizisten, die die Kette der Gewalt nur ins Unendliche fortsetzten. Gewaltloser Widerstand verlange die Bereitschaft, ohne Groll gegen den Mörder zu sterben. »Feiglinge«, sagte Gandhi, »sterben viele Tode vor ihrem eigentlichen Tod. Da wir alle einmal sterben müssen, ist ein tapferer Tod, um der Menschlichkeit willen auf sich genommen, besser als erniedrigende Furcht.« Den geflohenen Hindus riet er, in ihre Dörfer zurückzukehren, den Moslems, die Botschaft des Korans zu beherzigen und sich vor ihre bedrohten Hindubrüder zu stellen. In Chaumuhani, einer Stadt mit fünftausend Einwohnern, nahmen fünfzehntausend Menschen aus der Umgebung an Gandhis abendlicher Versammlung teil. Mehr als achtzig Prozent von ihnen waren Moslems. Argwöhnisch, viele sogar feindselig, beobachteten sie die bewaffnete Polizei und das Militär in Gandhis Gefolge. Es erstaunte sie zu hören, dass Gandhi darüber genauso unglücklich war wie sie. Er hatte die bengalische Regierung von den umfangreichen Sicherheitsvorkehrungen für seine Person nicht abhalten können. »Wer kann Gandhi töten außer Gott?« fragte er.

Der Tod schreckte ihn nicht. Ihn schreckte nur die Hilflosigkeit.

»An wen sollen wir uns wenden – an den Kongress, die Moslemliga oder an die britische Regierung?« fragte ihn ein Freund verzweifelt. »An keinen von diesen. Wendet euch an euch selbst und damit an Gott«, war die kurze Antwort Gandhis. In ihr lag sein ganzes Programm. In Chaumuhani sagte er den Moslems: »Sie (die Ausschreitungen, d. Verf.) geschehen im Namen des Islam. Ich habe den Koran studiert. Das Wort Islam selbst bedeutet Frieden … Jetzt und hier gestattet der Islam solche Dinge, wie sie sich in Noakhali und Tipperah abgespielt haben. Die Moslems sind in Ostbengalen in einer solchen überwältigenden Mehrheit, dass es an ihnen ist, über die Sicherheit der kleinen Hinduminorität zu wachen.«

Gandhis Glaube an die Menschen und seine eigenen Erfahrungen ließen ihn nicht einen Augenblick annehmen, dass die Moslems für die Massaker verantwortlich waren. Aber solange sie zusahen, wie Unschuldige terrorisiert wurden, machten sie sich mitschuldig. Was Gandhi auf seiner weiteren Reise mit dem Boot durch das Noakhali-Gebiet sah, erschütterte ihn. Über den Dörfern hing der Geruch des Todes. Ganze Familien waren ausgerottet worden. Tag für Tag besichtigte Gandhi verwüstete Wohnstätten, hörte die Klagen der Frauen an, wandte die Blicke nicht ab von den verkohlten Leichnamen. Er war erschöpft, doch er gönnte sich keine Ruhepause. Als er in Noakhali auf den Trümmern eines Hauses saß, lief ein Hund auf ihn zu und jaulte herzzerreißend. Die Begleiter wollten das Tier verjagen. Doch Gandhi hielt sie zurück: »Seht ihr nicht, dass er uns etwas sagen will?« Er erhob sich und folgte dem aufgeregten Tier. Es führte ihn zu den Gebeinen von sieben

Leichen. Von allen Bewohnern des Hauses hatte nur der Hund überlebt. Jetzt erwies er seinem Herrn den letzten Dienst – er brachte die Untat ans Licht.

Je tiefer Gandhi in das von Exzessen verwüstete Gebiet vordrang, umso feindseliger begegneten ihm die Moslems. Sie nahmen kaum noch an den Versammlungen teil, viele aus Furcht, dadurch den Zorn ihrer fanatischen Glaubensbrüder auf sich zu lenken. Moslemführer sagten ihm unverhohlen, er habe hier nichts zu suchen. Wenn es ihm mit seiner Friedensmission ernst sei, solle er nach Bihar gehen, wo Hindus die Moslems terrorisierten. Die Feindseligkeit entmutigte Gandhi nicht. Niemals hatte er sich vorschreiben lassen, was er tun und lassen sollte. Was er in Noakhali tat, tat er auch für Bihar. Den Mitgliedern der Moslemliga sagte er: »Ich bin hierher gekommen, um eure Zusammenarbeit zu suchen. Ihr seid eine machtvolle Partei. Was hier geschehen ist, zeigt den Islam nicht von seiner besten, ja nicht einmal von seiner schlechtesten Seite. Es ist die Negation des Islam. Die Frage, die wir hier zu klären haben, ist, ob es eine Zusammenarbeit zwischen Hindus und Moslems geben *kann*.« Jetzt und hier wurde über die Zukunft Indiens entschieden, über den Charakter des unabhängigen Staates. Jetzt und hier entschied sich, ob das Land in einem blutigen Bürgerkrieg zerfiel oder ob es die Kraft fand, seine Probleme friedlich und ohne Einmischung von außen zu lösen.

Der Verstand allein, wusste Gandhi, ist ein schlechter Berater. Er musste die Herzen der Menschen erreichen, in denen Furcht und Misstrauen wucherten. Dabei ließen ihn die sozialen Fragen, die unter der Oberfläche der blutigen Auseinandersetzungen nach einer Antwort drängten, durchaus nicht gleichgültig. Als ihn in Delhi Gutsbesitzer gefragt hatten, ob sie ihre althergebrachten

Rechte in einem unabhängigen Indien behalten würden, hatte er ihnen geantwortet: »Alles, was nicht mit den moralischen Werten übereinstimmt, muss verschwinden. Das Falsche besitzt kein Gewohnheitsrecht, bloß weil es althergebracht ist.«

Die sozialen Spannungen in Indien, jahrzehntelang von der Kolonialmacht mit eiserner Faust unterdrückt, entluden sich an der Schwelle zur Unabhängigkeit mit einer solchen elementaren Gewalt wie Blitze am Gewitterhimmel. Gandhi, die Blitze nicht fürchtend, bot ihnen unerschrocken die Stirn. Aber er war kein Gott, sie in den Himmel zurückzuschleudern. Er konnte die Furchtlosigkeit lehren, doch nicht die Gewalten bändigen. Je wilder das Unwetter tobte, umso mehr forderte es Gandhis Widerstand und Opferbereitschaft heraus. Wie die Helden der Mythen suchte er den Kampf, um zu siegen oder zu sterben. Sich abfinden war für ihn gleichbedeutend mit Feigheit, Leiden die höchste Form des Handelns. Sein Leben hatte ihn in der Überzeugung bestärkt: »Wenn man etwas wirklich Wichtiges bewirken will, muss man nicht nur die Vernunft befriedigen, sondern zugleich das Herz rühren. Der Appell an die Vernunft ist mehr eine Kopfangelegenheit, doch die Rührung des Herzens geschieht durch Leiden. Das erschließt das innere Verständnis im Menschen. Leiden ist das Kennzeichen des Menschengeschlechtes, nicht das Schwert.« Auf der Stufenleiter des Leidens erklomm Gandhi bewusst und freudig die höchste Sprosse. Am 20. November 1946 brach Gandhi, nur von einem sprachkundigen Mitarbeiter und einem Stenografen begleitet, nach Srirampur auf. Von dort aus wollte er schutzlos durch die Dörfer wandern, um den Teufelskreis von Furcht und Gewalt zu durchbrechen. »Viele Stimmen waren rau, viele Augen trübe von Tränen, als das winzige Boot mit ihm hinter der

Brücke in Richtung Srirampur verschwand«, berichtet sein Sekretär Pyarelal. Das Häuflein erprobter Mitstreiter blieb zurück. Die Freunde sorgten sich um den Mahatma. Seine Gesundheit war angegriffen. Wie wollte er die Strapazen durchstehen? Unvorstellbar, wenn ihm, auf dem die Hoffnung der Massen ruhte, etwas zustieß.

In Srirampur bereitete sich Gandhi auf seine Pilgerschaft vor. Sie sollte beginnen, wenn die Wasserfluten zurückgegangen und die Wege wieder begehbar waren. Sein Arbeitstag dauerte nicht selten achtzehn Stunden. Zwischen drei und vier Uhr morgens erhob er sich von seinem Lager, verrichtete sein Gebet und nahm ein erstes Mahl zu sich – warmes Wasser mit ein wenig Honig. Beim Schein der Petroleumlampe las und schrieb er und lernte Bengali, um sich mit den Einwohnern verständigen zu können. Vormittags ging er durch das Dorf und unterhielt sich mit den Bewohnern. Um elf Uhr aß er zu Mittag – gekochtes Gemüse, einige Früchte, Reis und etwas Ziegenmilch. Dabei sah er die Post durch. Obwohl er gebeten hatte, ihm nicht zu schreiben, damit er seine ganze Kraft der Friedensmission widmen konnte, wuchs der Strom der Anfragen und Berichte ständig. Nachmittags ruhte er oft für eine halbe Stunde. Später, während er sein Spinnrad in Gang hielt, ließ er sich aus Zeitungen vorlesen und sprach mit Besuchern. Gegen fünfzehn Uhr dreißig nahm er sein letztes Mahl ein. Eine halbe Stunde darauf begann die abendliche Andacht, an der die Einwohner von Srirampur und der umliegenden Gebiete teilnahmen. Danach besuchte Gandhi zu Fuß oder mit dem Boot die Armen in ihren Hütten, Flüchtlinge in provisorischen Unterkünften, hörte ihre Klagen an, gab Ratschläge. Am Abend schrieb er Artikel für »Harijan« und beantwortete die Briefe, zumeist eigenhändig, um eine persönliche Beziehung zu seinem Partner herzustellen. Routine und amtliche Schreiben waren ihm zuwider.

Trotz der Ruhe und Zuversicht, die Gandhi ausstrahlte, kam er seinem Ziel – dem Frieden – keinen Schritt näher. Nach wie vor gingen Furcht und Misstrauen um. Flüchtlinge weigerten sich, in die Dörfer zurückzukehren, aus denen sie vor dem Tod geflohen waren. Sie verlangten militärischen Schutz oder gar eine Umsiedlung in von Hindus bewohnte Gebiete, Dinge, die Gandhi strikt ablehnte. Wohin sollten militärische Aufgebote und Umsiedlungsaktionen führen? Auf dem ganzen indischen Subkontinent lebten Hindus und Moslems seit Jahrhunderten nebeneinander. Sie alle waren Bürger eines Landes und ihre unterschiedlichen Religionen nur Zweige desselben Baumes. Es gab keinen anderen Weg als den der Versöhnung zwischen Hindus und Moslems. Gandhi stellte sich dieser Aufgabe, doch sie überstieg seine Kräfte. Das war für ihn eine neue und bittere Erfahrung. Einem Freund schrieb er aus Srirampur: »Ich habe niemals zuvor in meinem Leben eine solche Dunkelheit gekannt. Die Nacht scheint ziemlich lang zu sein. Der einzige Trost ist, dass ich mich weder verwirrt noch enttäuscht fühle. Ich bin auf jede Eventualität vorbereitet. Meine Devise ›Handeln oder Sterben‹ muss sich bewähren. ›Handeln‹ heißt hier, dass Hindus und Moslems in Frieden und Freundschaft miteinander leben lernen. Wenn nicht, werde ich bei dem Versuch sterben. Es ist wirklich eine schwere Aufgabe.«

Zur Jahreswende erwartete Gandhi Jawaharlal Nehrus Besuch. Am Weihnachtstag 1946 erhielt er ein Päckchen von englischen Freunden. Es enthielt Zigaretten, Socken, Spielkarten, Seife und andere Dinge, die Soldaten auf dem Marsch gebrauchen können. Gandhi verschenkte alles, die Zigaretten hob er für Nehru auf. Seine rigorose Selbstdisziplin ließ ihn niemals intolerant gegenüber den Schwächen anderer sein. Zwar lehnte er Tee, Kaffee und Zigaretten wegen ihrer gesundheitsschädigenden Wirkung ab, aber jenen seiner Freunde, die nicht davon lassen konnten oder wollten, gestand er zu, nach ihrer Fasson zu leben. Er war ein viel zu guter Pädagoge, als dass er andere durch Zwang und Verbote auf den von ihm für richtig gehaltenen Weg hätte bringen wollen. Er mischte sich nicht in das Leben anderer ein, sondern bot nur Hilfe an, wo sie gebraucht wurde. Der Besuch Nehrus und des Kongresspräsidenten Kripalani entspannte den Mahatma. Den ehemaligen Lehrer Kripalani kannte er seit den Tagen von Champaran, Nehru liebte er wie einen Sohn. Für Stunden verloren die düsteren Wolken am politischen Horizont Indiens allen Schrecken. Die Männer scherzten und lachten wie früher, als sie noch unbeschwerter in die Zukunft gesehen hatten. Bei seiner Rückkehr nach Delhi bemerkte Nehru: »Es ist immer freudig und anregend, mit diesem jungen Mann von siebenundsiebzig Jahren zusammenzutreffen. Danach fühlen wir uns immer ein wenig jünger und stärker, und die Last, die wir tragen, erscheint ein wenig leichter.« Bei allen Meinungsverschiedenheiten mit Gandhi faszinierten Nehru die Tatkraft und die Volksverbundenheit des Mahatma. Er hätte ihn in dieser politisch schwierigen Zeit gern in Delhi gehabt, aber als Gandhi seine Bitte abschlug, drang er nicht weiter in ihn. Er kannte Gandhi gut genug, um zu wissen, dass der Mahatma auf nichts anderes hörte als auf die Stimme seines Gewissens. Wie wenig diese »innere Stimme« auch kalkulierbar sein mochte, wie unverständlich sie Nehru oft schien, sie war unbestechlich. Darin lag ihr Wert für die politische Führung. Gandhi würde seine einsame Pilgerschaft antreten, wie Nehru in sein »Dornenbett der Macht« zurückkehren musste.

EIN EINSAMER PILGER

»Kraft entstammt nicht körperlicher Fähigkeit,
Kraft entstammt einem unbeugsamen Willen.«

Auf dornigen Pfaden

»Der Mahatma zündet seine Kerze an beiden Enden an«,
sagten die Freunde, wenn sie von den übermenschlichen
Anstrengungen sprachen, mit denen sich der greise
Gandhi gegen die Woge von Gewalt und Fanatismus
stemmte.

Am Morgen des 7. Januar 1947 bei Sonnenaufgang begann Gandhi seine Pilgerschaft. In seinem Gepäck befanden sich neben den Dingen des täglichen Gebrauchs
eine Anzahl religiöser Bücher aller Weltreligionen, Wör-
terbücher und ein Exemplar von Jawaharlal Nehrus Buch
»Die Entdeckung Indiens«. Gestützt auf einen langen
Bambusstab, schritt der alte Mann barfüßig über die blut-
getränkte Erde Ostbengalens, auf den Lippen das Lied
von Rabindranath Tagore: »Wenn niemand deinen Ruf
erwidert, geh allein. Wenn sie sich fürchten und stumm
gegen die Wand drücken, öffne deinen Geist und sprich
allein./Wenn sie sich abwenden und dich verlassen, wenn
du die Wildnis durchschreitest, zertritt die Dornen unter
dir, und entlang der blutigen Spur geh allein./Wenn sie
nicht das Licht hochheben in der sturmgepeitschten
Nacht, mit der Donnerflamme des Schmerzes entzünde
dein eigenes Herz, und lass es brennen allein.«

Kein bewegenderes Bild ist vorstellbar als die Gestalt
des einsamen Pilgers inmitten einer wahnsinnig gewor-

denen Welt. Feindschaft brandete ihm entgegen, doch sie brach sich an ihm wie an einem Fels. In Noakhali wurde eines der ruhmvollsten Kapitel in der Geschichte der Menschlichkeit geschrieben. Seine eigene Verzweiflung überwindend, gab der greise Gandhi der Welt ein Beispiel. Sein Weg führte über schwankende Bambusbrücken und schmale Fußpfade, durch zerstörte Dörfer und eine Landschaft, deren Liebreiz in schreiendem Gegensatz zu den hier verübten Verbrechen stand. Schon am zweiten Tag bluteten die Füße des Mahatma, aber nichts konnte ihn dazu bewegen, Sandalen anzuziehen. Aufgehetzte Moslems bestreuten die Wege mit Dornen, verunreinigten sie mit Kuhdung und menschlichen Exkrementen. Gandhi säuberte die Pfade mit trockenen Blättern und wehrte jene, die ihm die schmutzige und mühselige Arbeit abnehmen wollten, mit den Worten ab: »Ich tue es gern. Mir schadet es nichts, und ihnen hilft es, Dampf abzulassen.«

So zog er zwei Monate lang von Dorf zu Dorf, nächtigte unter primitivsten Bedingungen in neunundvierzig Ortschaften im Gebiet von Noakhali und in sieben im Nachbarbezirk von Tipperah. Insgesamt wanderte er einhundertfünfundachtzig Kilometer durch das Land. Jeden Moslem am Weg grüßte er, auch wenn er keine Antwort erhielt. Er stand vor den während der Exzesse Hingemetzelten, aber er verlor sich nicht in Trauer. »Es ist nutzlos«, erklärte er, »sich Gedanken über die Toten hinzugeben. Worum wir uns kümmern müssen ist, dass in Zukunft niemand mehr so stirbt wie sie.« Dagegen rühmte er jene, die eher in den Tod gegangen waren, als davonzulaufen oder sich einen anderen Glauben aufzwingen zu lassen. Um Mensch zu sein, bedarf es des Mutes. Diesen Mut lehrte Gandhi durch die eigene Tat. Selbst seinen Gegnern flößten sein eiserner Wille und seine Furchtlosigkeit Bewunderung ein. Den bedrängten Hindus von Noakhali erschien er wie ein Gott. Ein alter Mann begrüßte Gandhi mit den Worten: »So lange haben wir Figuren aus Stein angebetet, aber nun erblicken wir einen Gott in Menschengestalt.« Der so Geehrte, jeglichem Personen- und Götterkult abhold, wies den Mann freundlich zurecht, dass steinerne Götter auf jeden Fall besser seien als menschliche, denn sie könnten wenigstens kein Unheil anrichten. Gandhi mochte kein Pathos, keine leeren Worte, keine erstarrten Symbole. Als man ihn bat, anlässlich der achtzehnten Wiederkehr der Unabhängigkeitserklärung durch den Kongress die Nationalflagge zu hissen, lehnte er ab. Seine Begleiter verstanden ihn nicht, hatte er sich dieses Zeremoniell doch niemals entgehen lassen, nicht einmal während der Haft in Poona oder danach, als die Briten besonders empfindlich darauf reagierten. Warum also jetzt? Trauer schwang in Gandhis Stimme, als er erwiderte: »Ich konnte damit gegen die Briten kämpfen. Aber wen soll ich hier bekämpfen? Meine eigenen Brüder? Die Moslems mögen sie (die Flaggenhissung, d. Verf.) tolerieren und nichts sagen. Aber ich weiß, dass sie innerlich empört darüber wären. Das möchte ich nicht. Ich habe eine dreifarbige Fahne gewählt, um alle Religionen, alle Gemeinschaften und das ganze Volk Indiens zu symbolisieren – Hindus, Moslems, Parsen, Christen und Sikhs. Sie alle betrachteten sie einst als ihre Fahne. Viele haben ihr Leben für sie gegeben. Aber heute sind wir in finstere Zeiten zurückgefallen. Wenn wir nicht aufwachen, wird die kommende Unabhängigkeit zu einem leeren Traum.«

Gandhi erkannte, dass die nationale Einheit, noch ehe sie staatliche Gestalt annehmen konnte, zerbrach. Wie sehr ihn auch die Teilung Indiens erschreckte, in Ostbengalen sah er, dass an Pakistan wahrscheinlich kein

Weg mehr vorbeiführte. Praktisch ging es nur noch darum, dass das indische Volk souverän und friedlich über eine Teilung entschied. Doch das Rad der Gewalt, einmal in Bewegung gesetzt, folgt seinen eigenen Gesetzen. Es zermalmt Schuldige und Unschuldige gleichermaßen.

Der Widerstand der Moslems gegen Gandhi erreichte in dem Dorf Bishkatali seinen Höhepunkt. Hier hatten vor dem blutigen Aufruhr dreihundertsechs Hindus inmitten von viertausendsechshundertvierundneunzig Moslems gelebt. Jetzt waren ihre Häuser zerstört, die Überlebenden geflohen. An den Bäumen klebten handgeschriebene Plakate, die sich an Gandhi richteten: »Denk an Bihar und verschwinde sofort aus Tipperah. Wir haben dich oft genug gewarnt, und noch immer bist du hier. Hau ab, sonst wird es dir schlecht ergehen!« – »Geh, wohin du willst. Gib deine Heuchelei auf und akzeptiere Pakistan.« – »Es lebe die Moslemliga! Es lebe ihr großer Führer! Es lebe Pakistan! Nieder mit dem Kongress!«

Gandhi las alles aufmerksam und setzte seinen Weg fort. Er hielt seine abendlichen Versammlungen ab, gleichgültig, wie viele Menschen kamen, rezitierte aus dem Koran und der Gita und stellte sich den Fragen seiner Zuhörer. Wo sich ein Moslem bereit fand, ihm Unterkunft zu gewähren, nahm er dankbar an. Aber er zeigte weder Ärger noch Enttäuschung, wenn ein moslemischer Gastgeber in letzter Minute von seinem Angebot zurücktrat, weil er die Schikanen der Moslembanden fürchtete. Dann nächtigte Gandhi zwischen Ruinen. Mit äußerster Härte gegen sich selbst und in tiefer Liebe zu seinem Volk trat er vor die Menschen und predigte Brüderlichkeit und Vernunft.

Am 30. Januar 1947 brach er vor Erschöpfung zusammen. Die Hilfe von Ärzten lehnte er ab. »Sie sind woanders notwendiger«, meinte er. Freunde drängten ihn, sich auszuruhen. Er hörte nicht auf sie. Erst in der zweiten Februarhälfte, als das Augenflimmern, gefährliches Anzeichen für einen zu hohen Blutdruck, fast unerträglich wurde, gönnte er sich einige Tage Ruhe. Nehru bat ihn, er möge nach Delhi zurückkehren. Gandhi verschloss sich dieser Bitte. Er glaubte, mehr für Indien tun zu können, wenn er in Noakhali blieb.

Die Schrecken von Bihar

Der Strom von Briefen aus der Nachbarprovinz Bihar schwoll an. Man bat den Mahatma, den bedrängten Moslems zu Hilfe zu eilen und die Hindus zur Vernunft zu bringen. Am meisten bedrückte Gandhi die Nachricht, dass auch Kongressmitglieder die Ausschreitungen gegen die Moslems billigten und sich sogar daran beteiligten. Anfang März 1947 entschloss er sich überraschend, nach Bihar zu reisen. Seit den Tagen von Champaran verbanden ihn mit Bihar viele gute Erinnerungen. Hier hatte er erfolgreich seinen ersten Satyagraha-Kampf geführt und dabei treue Freunde und aufopferungsvolle Mitstreiter gefunden. Er schätzte die sanften und zugleich männlichen Biharis und liebte die vom heiligen Fluss Indiens, dem Ganges, durchströmte Landschaft. Hier sollten einst der Prinz Rama und seine liebreizende Gattin Sita gelebt haben, von denen das Ramayana berichtet. Doch in den vergangenen Monaten hatte sich das Land der Götter in eine Hölle des Schreckens verwandelt.

Die Ereignisse von Kalkutta im August 1946 erregten die Hindus von Bihar aufs Äußerste. Viele ihrer Verwandten und Freunde lebten in Bengalen, viele Biharis arbeiteten in Kalkutta. Die vor dem Moslemterror Geflüchteten übertrafen einander in der Verbreitung von Schreckensnachrichten. Anonyme Flugblätter tauchten auf, die zum Mord an den Hindus aufriefen und zum Kampf für Pakistan. In Bihar nahmen die Moslems die sozial höheren Stellungen ein, sie waren Landbesitzer und Geschäftsleute. Unter den politischen Bedingungen des Jahres 1946 verschärften sich die sozialen Spannungen. In der aufgeheizten Atmosphäre kam es zu Tätlichkeiten, die von der Hindu-Mahasabha, einer religiösen Hinduorganisation, gefördert wurden. Häuser gingen in Flammen auf, Männer, Frauen und Kinder moslemischen Glaubens starben bei den Angriffen eines Hindumobs. »Vergeltung für die Toten von Kalkutta und Noakhali!« schrien die fanatisierten Mengen. Die unter britischem Kommando stehende Polizei verhielt sich auffallend zurückhaltend. Der britische Gouverneur verreiste. Die Kongressbehörden zeigten sich ratlos und untätig. Während Gerüchte und Presseberichte die Gemüter aufpeitschten, spielte die Verwaltung die Ereignisse herunter. Erst als Nehru am 3. November 1946 in der Provinzhauptstadt Patna eintraf, entspannte sich die Lage. Auf gewaltigen Massenversammlungen beschwor Nehru die Biharis: »Es ist für mich beschämend, zu euch zu kommen und euch zu bitten, die Grundprinzipien zivilisierten Benehmens zu beachten, während uns so viele nationale und internationale Probleme bedrängen und einer Lösung harren. Nichts rechtfertigt die Akte von Gewalt und Mord an den Nachbarn. Es gibt keine Rechtfertigung, sich der Bestialität zu beugen, bloß weil ein paar Leute irgendwo den Kopf verloren haben. Was hier geschieht, ist schlicht und einfach Aufruhr, und es ist eure erste und vornehmste Pflicht, ihn sofort und unter allen Umständen zu beenden. Ihr könnt die Verantwortung nicht von euch schieben, indem ihr einfach sagt, ihr

hättet persönlich nicht an den Ausschreitungen teilgenommen.«

Das entschlossene Auftreten Nehrus und Gandhis
Ankündigung, er werde ein Fasten bis zum Tode beginnen, wenn der Wahnsinn in Bihar nicht aufhöre, ließen
vorläufig Ruhe in der Provinz einziehen. Aber der ange-
richtete Schaden fraß weiter wie ein Krebsgeschwür. Die
Moslemliga nutzte die Ereignisse in Bihar propagandi-
stisch aus. Die Schlagzeilen der Moslempresse lauteten:
»Größtes Massaker der Geschichte durch den Hindu-
Kongress-Faschismus!« – »Völkermord in Bihar!« –
»Eine halbe Million heimatloser Flüchtlinge!« Das Feuer
des religiösen Hasses schwelte weiter und konnte jeder-
zeit wieder hell auflodern. Die Moslemliga schürte das
Misstrauen der Flüchtlinge in den Lagern von Bihar, indem sie die Hilfsaktionen der Regierung sabotierte und
sich selbst als Retter empfahl. Die Hindu-Mahasabha
hetzte gegen die Verwaltung, die es zugelassen hatte,
dass die Polizei auf randalierende Hindus schoss. In der
Provinzregierung selbst herrschten Korruption, Ämter-
jagd und Vetternwirtschaft.

Wie immer ließ Gandhi sich von verschiedenen
Seiten über die Situation berichten. In Bihar erwartete
ihn eine nicht weniger schwierige Aufgabe als in Noakhali. Auch hier musste er Liebe gegen Hass setzen,
innere Einkehr gegen blindwütige Rache, Trost gegen
Leid, Kritik gegen die erstarrte Parteimaschinerie des
Kongresses.

Nach einer anstrengenden Reise mit dem Dampfer
und dem Zug traf Gandhi in den ersten Märztagen in
Patna ein. Der Besucherstrom riss nicht ab, eine Flut von
Briefen verfolgte ihn. Er konferierte mit Mitgliedern der
Provinzregierung. Bedrängte Moslems baten ihn um
Hilfe. Vertreter der Moslemliga ergingen sich in halt-

losen Anschuldigungen. Regierungsbeamte wiesen jede Schuld von sich.

Gandhi hörte alle an. Manchmal überstiegen das geschilderte Leid und die Selbstgerechtigkeit der Ankläger seine Kräfte. Dies war nicht mehr »sein Bihar«, wie er es 1917 und danach gekannt hatte. Laut sprach er eine Erkenntnis aus, die ihn bitter bedrängte: Die Gewaltlosigkeit der Massen von Bihar war nicht die Gewaltlosigkeit der Tapferen gewesen, sondern eine Gewaltlosigkeit der Schwachen, die in Gewalt umschlug, wenn sie sich im Vorteil fühlten. Seinen Zuhörern sagte er, wer die Gewaltlosigkeit wähle, müsse zuerst die eigenen Schwächen bekämpfen und durch Leiden das Gute im Gegner freilegen. Er zitierte die Bibel: »Was siehst du aber den Splitter in deines Bruders Auge und wirst nicht gewahr des Balkens in *deinem* Auge?« Auf seinen Reisen durch Bihar mahnte Gandhi: »Richtet die Scheinwerfer nach innen! Baut auf, was ihr zerstört habt. Behandelt die Moslems als eure Brüder, so werden sie keinen Grund haben, gegen euch zu kämpfen.«

Anders als in Noakhali strömten Zehntausende von Menschen zu Gandhis Versammlungen. Sie versicherten ihm, in Zukunft ihre moslemischen Nachbarn zu schützen, bildeten Friedenskomitees, spendeten reichlich für einen Fonds zur Wiedergutmachung. Doch was nützte aller guter Wille, entzündet an Gandhis Worten der Vernunft und Mäßigung, wenn die politischen Führer entsprechend ihren jeweiligen Klasseninteressen das Feuer schürten, um darauf ihre eigene politische Suppe zu kochen? Die Massen waren ungebildet, leicht beeinflussbar durch Provokateure und wuchernde Gerüchte. Einzelne Hindus, die sich der aufgeputschten Menge entgegenstellten, blieben Inseln in einem reißenden Strom. Es fehlte ihnen an Zusammenhalt. Wie überwältigend

Gandhis Persönlichkeit auch auf die Menschen wirkte, sie allein konnte den inneren Frieden nicht wiederherstellen. Menschlichkeit muss sich organisieren, wenn sie der Unmenschlichkeit widerstehen will. Es schien, als habe Gandhi vergessen, warum seine Kämpfe in Südafrika und in Champaran, warum der Salzmarsch erfolgreich gewesen waren. Damals hatte er große Gruppen und schließlich das ganze Volk zu organisiertem Handeln geführt. Jetzt beschränkte er den Satyagraha-Kampf nur auf sich. Die Bitten von Hindus und Moslems, ihn auf seiner Friedensmission begleiten zu dürfen, schlug er rundweg ab mit der Begründung, erst wenn er selbst das Licht in der Dunkelheit gesehen habe, könne er andere führen. Diese Bemerkung offenbarte Gandhis verzweifelte Hilflosigkeit. Der gewaltlose Widerstand hatte während des nationalen Befreiungskampfes das Volk geeint. Er versagte, als das Ziel erreicht war und der Gegensatz zwischen Arm und Reich die Gesellschaft zerriss.

Gandhi blieb dennoch davon überzeugt, dass auf Dauer gesellschaftliche Konflikte nur gewaltlos gelöst werden dürfen, wenn die Menschheit der Selbstvernichtung entgehen will. Er glaubte nach wie vor an die Gewaltlosigkeit, aber er sah keinen Ausweg aus dem Teufelskreis von Gewalt und Gegengewalt. Er war nicht mehr die integrierende Persönlichkeit von einst, konnte es in dieser Situation auch nicht mehr sein.

Das spürte er, und es machte ihn traurig, einsam und unruhig. Doch größer als seine Verzweiflung war sein Mut. Er glich darin einem Kapitän, der bis zum Letzten für die Rettung seines Schiffes kämpft und eher mit ihm untergeht, als es aufzugeben.

Auch in den einsamsten Stunden verließ ihn niemals die Gewissheit: Was einmal Gutes getan wird, ist für alle Zeiten getan. 1927 hatte Romain Rolland geschrieben:

»Aber als das Unwetter (der Erste Weltkrieg, d. Verf.) vorüber war und sein wildes Tosen allmählich erlosch, hörte man von neuem, wie jenseits des Trümmerfeldes, gleich einer Lerche, die reine und feste Stimme Gandhis aufstieg. Sie wiederholte klarer und klangvoller das große Wort Tolstois, den Sang der Hoffnung auf eine neue Menschheit.« Dieser unbeirrbare Glaube an eine neue Menschheit trug Gandhi über seine Zeit und die Grenzen seines Landes hinaus.

DAS »WUNDER« VON KALKUTTA

»Mein Leben ist meine Botschaft.«

London schickt Mountbatton

Am 20. Februar 1947 gab Premierminister Attlee vor dem britischen Unterhaus eine Regierungserklärung zu der Situation in Indien ab: »Der gegenwärtige Zustand der Ungewissheit ist mit Gefahr geladen und kann nicht für unbestimmte Zeit aufrechterhalten werden. Die Regierung Seiner Majestät wünscht klarzustellen, dass es ihre endgültige Absicht ist, die für den Übergang der Macht in verantwortliche indische Hände erforderlichen Schritte bis spätestens Juni 1948 einzuleiten.« Die Macht sollte an eine indische Zentralregierung übergeben werden, sofern eine solche existierte, anderenfalls an die Provinzregierungen.

Großbritannien hatte es eilig, sich seiner Kolonie zu entledigen. Ehe das Land vollständig im Chaos versank, wollten die Briten für sich retten, was noch zu retten war: ihre Kapitalanlagen und den Verbleib Indiens im Commonwealth. Da zwischen dem Indischen Nationalkongress und der Moslemliga ein unüberwindbarer Graben klaffte, konnte die Kolonialmacht sicher sein, dass sie von dem Kampf der beiden Rivalen um ihre Nachfolge kräftig profitieren würde. Die britische Regierung tat ein Weiteres, als sie Admiral Mountbatton, während des Krieges Oberkommandierender der Alliierten Streitkräfte im Südwestpazifik, zum neuen und letzten Vizekönig von Indien ernannte. Der biedere und stockkonservative General Wavell, der stolz darauf war, nichts von Politik zu verstehen, passte nicht mehr auf den Sessel des Vizekönigs. Die Zeit verlangte einen wendigen und feinfühligen Politiker. Attlees Erklärung trieb die Moslemliga zu hektischem Handeln. Sie wollte keine Zentralregierung, sie wollte einen eigenen Staat Pakistan. Erneut brandeten Unruhen in Bengalen auf, der zu sechzig Prozent von Moslems bewohnte Punjab geriet in Aufruhr. Die Führung des Nationalkongresses beschloss, der Teilung Indiens in die Indische Union und den Staat Pakistan zuzustimmen. Jetzt ging es im politischen Spiel nur noch um die Modalitäten der Teilung, durch die der Nationalkongress hoffte, einen Bürgerkrieg verhindern zu können. Im Licht der nachfolgenden Ereignisse meinte Nehru später bedrückt: »Wir haben unseren Kopf abgeschnitten, um unseren Kopfschmerz loszuwerden.«

Gandhi wurde von der Entscheidung des Arbeitskomitees des Nationalkongresses überrascht, während er in Bihar war. Die Kongressführer, die behaupteten, ohne Gandhi nicht auskommen zu können, hatten nicht einmal seinen Rat eingeholt. So etwas wäre früher unvorstellbar gewesen.

Am 22. März 1947 nahm der neue Vizekönig Mountbatton seine Arbeit in Delhi auf. Sofort nach seiner Ankunft lud er Gandhi und Jinnah zu getrennten Gesprächen ein. Schweren Herzens folgte Gandhi dem Ruf Mountbattons. Was sollte er noch in Delhi? Doch er blieb seinem Grundsatz treu, niemals eine ausgestreckte Hand zurückzuweisen. Mountbatton bot ihm für die Reise sein Privatflugzeug an. Gandhi lehnte ab. Er war immer mit der Eisenbahn dritter Klasse gefahren und würde es auch künftig so halten. Einen Sonderzug akzeptierte er ebenfalls nicht. Endlich bestellte eine Mitarbeiterin für ihn und seine Begleiter zwei Abteile in einem fahrplanmäßigen Zug. Gandhi geriet in Zorn. In den überfüllten Zügen drängten sich die Passagiere auf engstem Raum zusammen, und für ihn belegte man gleich zwei Abteile! Auf der nächsten Station ließ er die Bahnbeamten wissen, dass eins der Abteile frei sei. In Delhi angekommen, traf Gandhi noch am selben Tag mit dem Vizekönig zusammen. Die britische Regierung hatte mit Mountbatton einen glücklichen Griff getan. Der einstige Kamerad des Prinzen von Wales in den zwanziger Jahren, der erfolgreiche Admiral, der geschickte Politiker, der schlanke Sportsmann mit dem Lächeln eines Playboys und der Arbeitskraft eines Napoleon war wie kein anderer geeignet, die britische Herrschaft in Indien zu einem glimpflichen Ende zu führen. Die Erfahrungen in Burma hatten ihn gelehrt, sich bei seiner diffizilen Aufgabe nicht auf die erstarrte, diskreditierte britische Kolonialbürokratie zu stützen. Er zog mit einem eigenen Stab von Mitarbeitern in den Palast des Vizekönigs ein, Mitarbeitern, die wie er die Zeichen der Zeit zu deuten und sich auf sie einzustellen wussten.

Vom ersten Augenblick verband Gandhi und Mountbatton höchste gegenseitige Wertschätzung. Und dennoch war kein größerer Gegensatz als zwischen diesen beiden Männern denkbar. Mountbatton liebte den Glanz der Macht, Paraden, Uniformen, die seine blendende Erscheinung so recht zur Geltung brachten. In dem dreihundertvierzig Räume umfassenden Palast des Vizekönigs mit seinen zweieinhalbtausend Meter langen Korridoren bewegte er sich mit der Selbstverständlichkeit eines britischen Aristokraten.

Der halbnackte Gandhi lebte in Lehmhütten und verachtete jeglichen Luxus und äußerlichen Prunk. Wie Mountbatton konnte er ohne ein Zeichen von Erschöp-

fung rund um die Uhr arbeiten. Doch ihre Arbeitsmethoden unterschieden sich. Während Mountbatten
exakt jeden seiner Schritte vorausplante, dabei alle ihm
zur Verfügung stehenden technischen Hilfsmittel nutzte
und sich durch nichts ablenken ließ, konnte Gandhi mitten in einem politischen Gespräch plötzlich Anweisungen für die Behandlung eines erkrankten Kongresskollegen geben oder sich um einen Aschenbecher für einen
kettenrauchenden Gesprächspartner bemühen. Gandhi
plante Gespräche nie im Voraus, er verließ sich ganz auf
seine Intuition, im rechten Augenblick das richtige Wort
zu finden. »Gott wird mir rechtzeitig den nächsten
Schritt anzeigen, keinen Moment vorher«, pflegte er zu
sagen. Politik und die Dinge des täglichen Lebens bildeten für ihn eine untrennbare Einheit.

Am 1. April trafen Gandhi und Mountbatten zu einem
zweiten Gespräch im Garten des Vizekönigs zusammen.
In der milden Sonne des Frühlingsmorgens leuchteten
die Blumen in allen Farben des Regenbogens. Gandhi bat
den Vizekönig, seiner jungen Begleiterin Manu zu ge-
statten, sich während der Unterhaltung im Garten um-
zusehen. »Natürlich«, sagte Mountbatten charmant zu
Manu, »alles gehört Ihnen. Wir sind nur die Verwalter
und gekommen, es Ihnen zu übergeben.« Gandhi fiel
lachend ein: »Sie können sie nach versteckten Waffen
durchsuchen.« Mountbatten lächelte. »Ich bin davon
überzeugt, dass bei einem Ihrer Schüler das nicht notwendig ist.« Dann wandten sie sich ernsten Dingen zu.
Was Gandhi dem Vizekönig zu sagen hatte, überraschte
diesen. Gandhi schlug vor, Jinnah die Regierung zu übertragen. Damit entfiel für die Moslemliga jeglicher Grund,
weiterhin zu Gewaltakten anzustacheln. Mountbatten
fand den Plan »attraktiv«, aber in der nun folgenden
Diskussion hielt er sich bewusst zurück. Er wollte mit

Gandhi nicht verhandeln, sondern nur ein klares Bild über dessen Stellung und Absichten gewinnen. Ein Skandal wie der Gandhi-Irwin-Pakt von 1931 durfte sich nicht wiederholen: auf der einen Seite Indien, vertreten durch Gandhi, auf der anderen Seite die Kolonialmacht. Großbritannien wollte mit den verschiedenen Parteien konferieren, sie gegeneinander ausspielen und Indien nach der Machtübergabe, an wen auch immer, im britischen Commonwealth halten.

Zur Erleichterung der Briten lehnte Jinnah jede Zentralregierung ab. Patel, neben Nehru der mächtigste Mann im Kongress, sprach sich entschieden gegen Gandhis Plan aus. Er und die hinter ihm stehenden wohlhabenden Hindus zogen ein geteiltes Indien der Herrschaft der Moslems vor. So waren sich die Briten, die Moslemliga und der Kongress einig, wenn auch aus unterschiedlichen Gründen. Gandhi konnte sich mit seinem Plan nicht durchsetzen. Sein letzter Versuch, die Teilung Indiens zu verhindern, schlug fehl. »Mister Gandhi«, sagte Mountbatton in einer ihrer sechs Unterredungen, »der Kongress steht auf meiner Seite.« – »Aber Indien steht heute auf meiner«, erwiderte Gandhi. Doch diese Aussage entsprach nicht ganz der Wirklichkeit. Viele bürgerliche Kongresspolitiker sahen in Gandhi, den man den »Vater der indischen Nation« nannte, jetzt einen Don Quichotte. In ihren Augen war er ein unmöglicher alter Mann, der mit seinen Mahnungen nur bei der Jagd nach den besten Positionen störte. Gandhi ging es wie allen Nationalhelden, die ihre historische Rolle gespielt haben und deren Ideen der neuen herrschenden Klasse gefährlich werden. Man erhob ihn zum Denkmal, ließ die Massen bewundernd zu ihm aufschauen, hörte respektvoll seine Wahrheiten und kümmerte sich nicht darum. Oder wie es der Brite Bertrand Russell ausdrückte: »Das unabhängige Indien hat Gandhi zu einem Heiligen gemacht und alle seine Lehren ignoriert.«

Wie tief Gandhis Trauer über den Gang der Ereignisse war, zeigen seine Bemerkungen: »Der Kongress hat Pakistan gutgeheißen und eine Teilung des Punjab und Bengalens verlangt. Ich bin gegen eine Teilung Indiens, wie ich es schon immer gewesen bin. Aber was kann ich tun? Das Einzige, was mir bleibt, ist, mich von diesem System zu distanzieren. Niemand außer Gott kann mich zwingen, es anzuerkennen … In dem Indien, das sich heute zu formen beginnt, ist kein Platz für mich. Ich habe die Hoffnung, hundertfünfundzwanzig Jahre zu leben, aufgegeben. Ich halte vielleicht noch ein oder zwei Jahre aus.«

Freunde schlugen ihm vor, einen gewaltlosen Widerstand gegen die Teilung einzuleiten. Gandhi winkte ab. Wie konnte er in dieser Situation gegen den Kongress kämpfen? Und außerdem: War Indien überhaupt bereit, auf seinen Ruf zu hören? Gandhi gab sich keinen Wunschvorstellungen hin. Das Unmögliche zu wollen hieß für ihn nicht, Unmögliches zu tun.

Der unbequeme Mahner

Der Sommer 1947 war so heiß, wie keiner der ältesten Einwohner Delhis sich erinnern konnte, je einen erlebt zu haben. Die Stadt kochte vor Hitze, und sie kochte vor politischer Erregung. Gandhi schützte sich vor der Glut mit feuchten Tüchern. Aber nichts vermochte den Feuersturm in seinem Innern zu lindern, die Pein, die ihm das fortdauernde Morden in Indien bereitete. Flüchtlinge moslemischen und hinduistischen Glaubens suchten ihn in der Lehmhütte in der Bhangi-Kolonie auf und erbaten Hilfe und Segen. Gleichzeitig erreichten ihn Droh- und

Schmähbriefe von Hindus, in denen er als »Mohammed Gandhi« und »Jinnahs Sklave« beschimpft wurde. Doch das störte ihn wenig. »Die Leute haben mir den Titel eines Mahatma verliehen, diese Beiwörter sind auch ein Geschenk von ihnen; sie sind mir gleichermaßen willkommen«, pflegte er zu sagen. Nach außen wirkte er heiter und gelassen wie immer, voller Energie und Tatkraft. Aber in Gedanken quälte er sich mit der Frage, was er tun könnte, damit das sinnlose Blutvergießen aufhöre. Sein Platz war nicht bei den Siegern, sondern bei den Verzweifelten, Hilflosen, bei den Opfern, welchem Glauben sie auch anhingen. Gandhi kehrte Delhi den Rücken und reiste nach Bihar, von dort wieder nach Bengalen, wo die Nachricht von der bevorstehenden Teilung neue Exzesse heraufbeschworen hatte.

Auf dem Bahnhof von Patna (Bihar) verabschiedeten sich die Minister der Provinzregierung von Gandhi. Der Zug gab bereits das Abfahrtssignal, aber die Minister fanden kein Ende. Schüchtern, doch sichtlich aufgeregt wegen der Verspätung, trat der Stationsvorsteher zu der Gruppe und fragte, ob der Zug abfahren könne. Gandhi sah den Mann erstaunt an. »Sie gehen zu keinem anderen Passagier und lassen sich Befehle geben. Warum dann jetzt diese Ausnahme? Sie sollten Ihre Pflicht tun und sich nicht vor Ministern fürchten. Das würde Ihnen und den Ministern gut tun. Sie dürfen sich nicht über die Regeln hinwegsetzen, sonst geht die Demokratie zugrunde.« Ehe der Stationsvorsteher sich mit einer tiefen Verbeugung zurückzog, meinte er: »Wenn es in jeder Dienststelle nur einen gäbe, der so diszipliniert ist wie Sie, würde unsere Verwaltung anders aussehen. Sie wissen nicht, welchen Preis kleine Beamte bezahlen müssen, wenn sie sich nicht nach ihren Chefs richten. Während meiner vierundvierzig Dienstjahre erlebe ich zum ersten Mal, dass uns jemand durch sein persönliches Beispiel solch eine Lehre für furchtlose Pflichterfüllung gibt. Kein Wunder, dass wir Sie den ›Vater der Nation‹ nennen.«

Hier wie überall packte Gandhi die Probleme an der Wurzel. Er konnte beißende Worte für die »Lehnstuhl-Sozialisten« finden, die von einem Auto und einem Haus für jeden Inder träumten und ihr eigenes komfortables Leben aufzugeben nicht bereit waren. »Taten, nicht Worte werden zählen«, mahnte Gandhi. Mochte sein Ruf auch nicht gehört werden, er konnte nicht schweigen. Am härtesten ging er mit seinen alten Freunden ins Gericht. Schon 1909 hatte er in seiner Schrift »Hind Swaraj« gesagt, Selbstregierung bedeute nicht, die Herrschaft der weißen Sahibs durch die der braunen zu ersetzen. Damit ändere sich für Indien gar nichts. Auf einer Versammlung in Bihar griff Gandhi die Kongressmitglieder direkt an: »Man berichtet mir, dass die Minister ganz anders mit mir sprechen, als sie dann handeln. Auf diese Weise werden wir niemals unabhängig sein … Wenn ihr Zustimmung nickt, nur um mir zu schmeicheln, handelt ihr pflichtvergessen gegen mich, euer Volk und das euch anvertraute Gut. Ich beanspruche nicht, unfehlbar zu sein. Wenn ihr mit dem, was ich sage, nicht einverstanden seid, solltet ihr es mir freiheraus sagen und mich von meinem Irrtum zu überzeugen versuchen. Aber wenn ihr formal zustimmt, während ihr in Wirklichkeit glaubt, ich sei im Unrecht, schadet ihr mir und euch. Ihr müsst erkennen, dass das, was sich in Punjab, in Bihar und in Bengalen abspielt, die indische Unabhängigkeit behindert.« Gandhi sah deutlich, wohin die Entwicklung trieb: Der Kongress trat in die Fußstapfen der britischen Bürokratie. Obwohl weiterhin loyal gegenüber dem Kongress, hielt Gandhi mit seiner Kritik nicht zurück. Gleich dem von ihm geschätzten Sokrates, der sich selbst als »eine Art Pferdebremse« bezeichnet hatte, den Staat durch ständige Stiche vorantreibend »wie ein großes und vornehmes Ross, das infolge seiner Größe träge in seinen Bewegungen ist«, hielt Gandhi die selbstgerechten Kongresspolitiker in Trab. Kompromisslos ergriff er Partei für die Elenden und Erniedrigten. Manch einer, der nach der Macht strebte, empfand diesen Mann als lästig und wagte dies nur nicht laut auszusprechen aus Furcht, die Massen gegen sich aufzubringen.

Auch das Volk verschonte Gandhi nicht mit seiner Kritik. Er riet den Menschen, für die Einheit von Hindus und Moslems zu arbeiten, anstatt ihm auf Bahnhöfen zuzujubeln. »In meinem Alter halte ich das Geschrei der Menge nicht mehr aus. Mehr noch, ich hasse diese Jai-(Sieg-)Rufe. Sie stinken mir in der Nase, wenn ich daran denke, dass Hindus mit diesen Jai-Rufen unschuldige Männer und Frauen umgebracht haben, wie Moslems mit dem Ausruf ›Allah-ho-akbar‹ Hindus getötet haben. Ich kenne keine größere Sünde, als Unschuldige im Namen Gottes zu tyrannisieren.«

Frei von allen Verlockungen der Macht, oder, wie er es ausdrückte: »Eine nackte Brust kann man nicht mit Orden behängen«, bereit, für seine Ideale zu sterben, nichts und niemandem als seinem Gewissen verpflichtet, erhob Gandhi furchtlos seine Stimme. Jetzt, da die Schlacht um die Einheit Indiens verloren war und die kommende Unabhängigkeit so gar nicht das Gesicht trug, das er sich erträumt hatte, erreichte er den Gipfel seiner menschlichen Größe.

Die Explosion der Atombombe über Hiroshima bestärkte ihn in der Ansicht, dass es nur einen Weg für das Überleben der Menschheit gibt: die Gewaltlosigkeit. Wenn die Menschen nicht lernten, miteinander zu leben und ohne Waffengewalt ihre Streitigkeiten beizulegen, würde sie ein maßloser Rüstungswettlauf dem Abgrund entgegentreiben. Diese Botschaft wollte er verkünden, solange sein Atem reichte, wollte er vorleben mit aller ihm verbliebenen Kraft. Mochte man ihn auch verhöhnen und beschimpfen. Und tötete man ihn, würde er noch aus dem Grabe heraus zu den Menschen sprechen.

In Bihar, Bengalen und Kaschmir, in Kalkutta und Delhi erklang seine Stimme in diesem heißen Sommer des Jahres 1947. Tausende von Kilometern legte der Greis in Eisenbahnen, Autos und zu Fuß zurück und konnte doch nicht überall dort sein, wo man ihn hinrief.

Indien wird geteilt

In Delhi kämpfte er einen letzten verzweifelten Kampf gegen die Teilung Indiens   vergeblich. Selbst wenn sie gewollt hätten, sahen die Kongressführer keinen Weg mehr, die Teilung zu verhindern. Die Vertreter der Moslemliga in der Interimsregierung hatten sich jeder gemeinsamen Aktion entgegengestellt; sie boykottierten die konstituierende Versammlung. Nehru, den der Gang der Ereignisse nicht weniger schmerzte als Gandhi, meinte, eine Teilung sei besser als unausgesetztes Morden. Am 15. Juni 1947 erklärte sich der Indische Nationalkongress offiziell damit einverstanden, dass künftig zwei voneinander unabhängige Staaten auf indischem Boden existierten. Gandhi musste sich damit abfinden. Sein klarer Sinn für politische Realitäten sagte ihm, dass es sinnlos sei, zu einer Massenbewegung gegen den Kongressbeschluss aufzurufen. Die Mehrheit zog die Teilung dem Chaos vor.

Einer seiner Mitarbeiter sagte erregt zu Gandhi: »Sie haben unsere Schlachten um die Unabhängigkeit geführt, aber in der Stunde der Entscheidung treten Sie nicht in Erscheinung. Man hat Sie und Ihre Ideale aufgegeben.«

»Wer hört heute schon auf mich?« erwiderte Gandhi.

»Die Führer vielleicht nicht, aber die Massen stehen hinter Ihnen.« – »Selbst sie nicht. Man rät mir, mich in den Himalaja zurückzuziehen. Jedermann schmückt eifrig meine Fotos und Statuen. Aber niemand will wirklich meinem Rat folgen.«

Der Mitarbeiter widersprach: »Vielleicht nicht heute, aber in naher Zukunft.«

Nachdenklich meinte Gandhi: »Wer weiß, ob ich dann noch lebe. Die Frage ist, was können wir heute tun. Zu Beginn der Unabhängigkeit sind wir gespalten, wie wir vereint waren im Freiheitskampf. Die Aussicht auf Macht hat uns demoralisiert.« Mit den kargen Worten »Unterstützt eure Führer!« bewies Gandhi seine Loyalität gegenüber dem Kongress. Zu Freunden sagte er niedergeschlagen und voller Trauer: »Ich habe jetzt nicht mehr die Kraft, sonst würde ich noch heute zur Rebellion aufrufen.« Aber der greise Mahatma war nicht der Mann, sich nach seiner Niederlage verbittert zurückzuziehen.

Die Teilung Indiens hatte zur Folge, dass 1947/48 etwa sechs Millionen Moslems aus Indien nach Pakistan flohen und sechs Millionen Hindus und Sikhs (aus dem Punjab) Pakistan verließen. Doch auch nach dieser beispiellosen Massenflucht lebten noch immer vierzig Millionen Moslems in der Indischen Union und machten die Nichtmoslems siebzehn Prozent der Gesamtbevölkerung des neuen Staates Pakistan aus. Auf sie würden die Herrschenden des jeweiligen Staates den Volkszorn lenken, wenn die Unabhängigkeit den Massen nicht das versprochene Paradies brachte.

Eindringlich warnte Gandhi den Indischen Nationalkongress davor, einen Hindustaat zu schaffen. Er forderte eine strenge Trennung von Staat und Religion und religiöse Toleranz, gleichgültig, wie sich der Moslemstaat Pakistan gegenüber den Hindus verhielt. Die Flüchtlinge mussten in Indien eine neue Heimat finden, und die Moslems durften nicht als die fünfte Kolonne Pakistans angesehen werden. Gandhis Stimme ging im Tosen der Leidenschaften unter. In zahllosen Briefen beschimpften ihn die Hindus, weil er sich für die verfolgten Moslems einsetzte, nannten Moslems ihn ihren Erzfeind, weil er sich gegen die Teilung aussprach. Gandhi ließ sich nicht entmutigen. Im August 1947 machte er sich wieder auf den Weg nach Noakhali, um seine Friedensmission fortzusetzen. Er kam nur bis Kalkutta. Die einstige Metropole Britisch-Indiens hatte sich in eine tote Stadt verwandelt. Nach der Teilung der Provinz gehörte die Millionenstadt zu Westbengalen und damit zur Indischen Union. Beamten- und Polizeistellen, die früher von Moslems besetzt gewesen waren, nahmen jetzt Hindus ein. Die Moslems fürchteten um ihre Sicherheit. Zu lebendig war die Erinnerung an die Herrschaft der Moslemliga und an den »Tag der direkten Aktion« vor einem Jahr, dem so viele Hindus zum Opfer gefallen waren. In Kalkutta regierte die Angst. Die Serie von Mordtaten riss nicht ab. Hindus und Moslems wohnten in getrennten Stadtteilen, und kein Hindu durfte sich in ein Moslemviertel, kein Moslem in ein Hinduviertel verirren, wenn ihm sein Leben lieb war. Überall zerstörte Häuser, geplünderte Läden, von Bomben aufgerissene Straßen, Tierkadaver und menschliche Leichname. Ein Geruch von Brand und Verwesung lag über der Stadt.

Moslemische Bürger Kalkuttas flehten Gandhi an, in Kalkutta zu bleiben und ihnen beizustehen. Er versprach zu tun, was in seinen Kräften lag. Gemeinsam mit dem ehemaligen moslemischen Chefminister von Bengalen,

Suhrawardy, wollte er, ungeschützt von Polizei und Militär, den Fanatikern beider Glaubensrichtungen die Stirn bieten. Suhrawardy sollte mit ihm in dem Moslemviertel Beliaghata wohnen. Dieser Vorschlag erschreckte Suhrawardy, wusste doch jedermann in Kalkutta, dass er an den Greueltaten der Moslems vor einem Jahr nicht unschuldig war. Doch er wollte nicht als Feigling dastehen, so stimmte er zögernd zu.

Am Nachmittag des 13. August fuhr Gandhi nach Beliaghata. Seine Wohnung war eine verwüstete Hütte, die einem geflohenen Moslem gehört hatte. Die Fenster, in die man eilig wieder Glas eingesetzt hatte, gaben einen trostlosen Blick auf die verwahrloste Umgebung frei. Die Toilette war verschmutzt, Regen und Fäkalien hatten den Erdboden in eine schlammige Masse verwandelt. Es stank infernalisch.

Eine Menge von jugendlichen Hindus erwartete Gandhi vor dem Haus. Sie schrien ihm entgegen: »Warum sind Sie hergekommen? Wo waren Sie, als *wir* in Schwierigkeiten waren? Um die Beschwerden der Moslems wird so viel Aufhebens gemacht. Warum gehen Sie nicht dorthin, wo Hindus vertrieben werden?« Die Tumulte schwollen an, als Suhrawardy und ein englischer Freund Gandhis eintrafen. »Gandhi, hau ab!« tönte es in Sprechchören. Steine flogen durch das Fenster, Glas splitterte, ein Geschoss verfehlte nur knapp Gandhis Kopf. Der Mahatma blieb gelassen. Wenig später empfing er eine Abordnung der Demonstranten. Die jungen Männer griffen ihn mit heftigen Worten an. Gandhi solle sich mitsamt seiner Gewaltlosigkeit zum Teufel scheren, schrien sie. Hindus und Moslems seien immer Feinde gewesen und würden es immer bleiben. Solange noch ein Moslem in Kalkutta lebe und der Verräter und Hindufeind Gandhi ihn verteidige, werde es keine Ruhe geben.

Gandhi hörte sie aufmerksam an. Als sie geendet hatten, sagte er: »Ihr möchtet mich zwingen, diesen Ort zu verlassen, aber ihr solltet wissen, dass ich mich niemals der Gewalt gebeugt habe. Ihr könnt mich an meiner Arbeit hindern, ja sogar töten. Ich werde nicht die Polizei um Hilfe bitten. Ihr könnt mich daran hindern, dieses Haus zu verlassen. Aber welchen Sinn hat es, mich einen Feind der Hindus zu nennen? Denkt doch einmal darüber nach: Wie kann ich, ein Hindu von Geburt, ein Hindu von meinem Glauben her und von meiner Art zu leben, ein ›Feind‹ der Hindus sein? Seid ihr nicht sehr intolerant?«

Die gelassene Freundlichkeit und die feste Haltung verblüfften die Jugendlichen. Wie konnten sie einen solchen Mann weiterhin anschreien und bedrohen? Ihre Leidenschaft wich der Nachdenklichkeit. Noch nicht voll überzeugt, doch ohne Argumente, wussten sie nicht weiter. Vor den zertrümmerten Fenstern stand schon die Dunkelheit. Verlegen sagte ein junger Mann: »Vielleicht sollten wir jetzt gehen?«

»Ja«, erwiderte Gandhi, »ihr müsst gehen. Es ist spät. Kommt morgen früh wieder, wenn ihr alles überdacht habt.«

Sie kamen wieder. Im Beisein von Suhrawardy erklärte Gandhi ihnen, dass er so lange in Kalkutta bleiben würde, bis die Hindus ihre geflohenen moslemischen Nachbarn zurückholten und friedlich mit ihnen zusammenlebten. Diesmal überzeugte er die Jugendlichen. Sein Mut überwand ihren Hass. Sie gaben nicht nur ihr Vorhaben auf, Gandhi zu vertreiben, sondern warben unter ihren Freunden für Gandhis Friedensmission und bildeten Friedenskomitees. Es geschah, was man in ganz Indien das »Wunder von Kalkutta« nannte. In den folgenden Tagen fanden sich immer mehr Menschen zu Gandhis Versammlungen ein, die er in den verschiedenen Stadtteilen abhielt. Am 16. August waren es 50 000, am 17. August 700 000! Schulter an Schulter standen die eben noch tödlich verfeindet gewesenen Hindus und Moslems auf den Plätzen nebeneinander, um die Botschaft des Friedens zu vernehmen. Sie kletterten auf Bäume, hockten auf Dächern, um Gandhi zu sehen. Hindus und Moslems zogen singend durch die Straßen, luden einander ein, feierten gemeinsam in Moscheen, Tempeln und auf Plätzen. Kalkutta erwachte zu neuem Leben. Es trocknete die Tränen und begrub seine Toten. Die Menschen umjubelten den Mann, der das »Wunder von Kalkutta« zuwege gebracht hatte. Die Glückwünsche, die ihn aus ganz Indien erreichten, wies Gandhi zurück. Sein Leben hatte ihn gelehrt, dass Wunder nur kurzlebig sind. Prophetisch schrieb er in einem Brief an eine Freundin: »Für den Augenblick bin ich kein Feind. Wer weiß, wie lange das anhält!«

Die Ein-Mann-Armee Mountbattons

Am 14. August 1947 verkündete Mohammed Ali Jinnah in Karachi die Geburt des Staates Pakistan. In Delhi wartete man mit der Unabhängigkeitserklärung bis Mitternacht. Als die Uhr zwölfmal geschlagen hatte, blies ein Mitglied der konstituierenden Versammlung nach altem indischem Brauch in ein Muschelhorn, was ein Glück verheißendes Ereignis ankündigt. Jubelrufe der Abgeordneten und der Menge stiegen in den Nachthimmel. Auf den Straßen tanzte das Volk. Immer wieder ließen die Menschen Gandhi und die Regierung unter Premierminister Nehru hochleben. An diesem 15. August 1947 drängte der Triumph über die Unabhängigkeit die Leiden der Vergangenheit und die Sorgen um die Zukunft in den Hintergrund. Wie auch immer, Indien war frei. Das Ziel, für das so viele gestritten und gelitten hatten, war erreicht.

Ein neues Kapitel der indischen Geschichte begann. Tief bewegt sagte Nehru zu den Abgeordneten des künftigen Parlaments: »Das ist ein schicksalsschwerer Augenblick für Indien, für ganz Asien und die Welt. Ein neuer Stern steigt auf, der Stern der Freiheit im Osten, eine neue Hoffnung erhebt sich, eine lang gehegte Vision gewinnt Gestalt. Möge der Stern niemals untergehen und diese Hoffnung niemals verraten werden.« Und Nehru gedachte auch jenes Mannes, dem Indien so viel verdankte. »An diesem Tag gehen unsere ersten Gedanken zu dem Architekten dieser Freiheit, dem Vater unserer Nation, der, den alten Geist Indiens verkörpernd, die Fackel der Freiheit emporhielt und die Finsternis erhellte, die uns umgab. Wir haben uns seiner oft unwürdig gezeigt, und wir haben uns von seiner Botschaft entfernt, aber nicht nur wir, auch die kommenden Generationen werden sich dieser Botschaft erinnern und das Bild dieses großen Sohnes Indiens im Herzen tragen, der so großartig in seinem Glauben, seiner Kraft, seinem Mut und seiner Bescheidenheit ist.« Als Nehru unter dem Jubel der Bevölkerung die indische Fahne auf dem Roten Fort hisste, saß der »große Sohn Indiens« in einer baufälligen Hütte in Kalkutta fastend am Spinnrad. Die Freiheit war gekommen, doch sie ließ ihn kalt. Es war nicht die Freiheit, die er meinte, die Freiheit, die in den Herzen der Menschen geboren wurde. Ein weiter Weg lag noch vor Indien, bis Freiheit gleichbedeutend war mit sozialer Gerechtigkeit und Toleranz.

Ein Beamter des Informationsministeriums bat Gandhi um eine Botschaft für das indische Volk. Gandhi lehnte ab, er sei »ausgetrocknet«. Auf den Einwand, es sei nicht gut, wenn er zu diesem bedeutungsvollen Tag nichts sage, entgegnete er schulterzuckend: »Es gibt überhaupt keine Botschaft. Wenn das schlecht ist, ist es eben schlecht.« Was sollten Worte? Sein Leben war seine Botschaft.

Ende August brachen in Kalkutta erneut Unruhen aus. Gandhis Voraussage traf schneller ein als von ihm selbst erwartet. Ganze neun Tage hatte das »Wunder von Kalkutta« gedauert. Wieder gingen Häuser der Moslems in Flammen auf, machte der rasende Mob alles nieder, was sich ihm in den Weg stellte. Abordnungen aus der Stadt kamen zu Gandhi und fragten verzweifelt, was sie tun sollten. »Geht unter die Anführer und haltet sie von ihrem Wahnsinn ab, auch wenn ihr dabei getötet werden solltet. Aber kommt nicht lebend zurück, um euren Misserfolg zu melden«, antwortete Gandhi. Er hätte gern selbst getan, was er den Menschen riet. Aber Mitarbeiter und Behörden fürchteten um seine Sicherheit. Ihre Sorge um sein Leben machte ihn krank. Was taugte dieses Leben noch, wenn man es nicht einsetzte? Man konnte ihn daran hindern, unter die aufgeputschte Menge zu treten, aber man konnte ihm nicht verbieten zu fasten. Er beschloss, keine Nahrung mehr zu sich zu nehmen, bis der Frieden in Kalkutta wiederhergestellt sein würde. Diese Ankündigung erschreckte die Freunde und die Politiker.

»Wenn Sie sterben, wird alles noch schlimmer«, gab einer von ihnen zu bedenken.

»Dann muss ich es wenigstens nicht mehr mit ansehen. Ich werde das Meine getan haben. Mehr ist einem Menschen nicht gegeben.« Gandhi war entschlossen zu sterben, wenn, sollte sein Fasten Erfolg haben, danach erneut Unruhen ausbrächen.

Am ersten Tage des Fastens rotteten sich Jugendliche vor dem Haus in Beliaghata zusammen, warfen Steine und schmähten Gandhi. Der Mahatma erhob sich von seinem Lager, trat vor die erregte Menge und faltete die Hände zum Hindugruß. Seine Worte gingen im Geschrei unter. Ein Knüppelschlag verfehlte ihn knapp. Ein Stein verletzte einen Moslem, der sich schützend vor den Mahatma gestellt hatte. Wieder mühten sich Friedensbrigaden um Ruhe und Ordnung in der Stadt. Am dritten Tag des Fastens ereignete sich kein einziger Zwischenfall mehr. Hindus setzten die zerstörten Häuser der Moslems instand. Gewaltige Friedensprozessionen wälzten sich durch Stadtteile, in denen vor wenigen Tagen noch blindwütige Gewalt geherrscht hatte. Obwohl Gandhi sehr geschwächt und seine Stimme kaum noch hörbar war, empfing er alle Besucher, erledigte seine umfangreiche Korrespondenz. Immer neue Bürgerabordnungen traten an sein Lager und baten ihn, angesichts der Ruhe in der Stadt sein Fasten zu beenden. Vertreter der Moslemliga und der Hindu-Mahasabha bürgten ihm mit ihrer Ehre und ihrem Leben für den Frieden in Kalkutta. Sie erklärten sich bereit, eine gleichlautende Deklaration zu unterzeichnen. »Wenn ihr jedoch nur unterschreibt, um mich am Leben zu erhalten«, warnte Gandhi sie, »besiegelt ihr meinen Tod.« Er legte sein Leben in die Hände der Bevölkerung von Kalkutta. Ihre Vertreter, die die Deklaration unterschrieben, wussten, welche Schuld sie vor ganz Indien auf sich luden, wenn sie den Frieden in der Stadt nicht bewahren konnten.

Am 4. September, nach dreiundsiebzig Stunden, beendete Gandhi sein Fasten.

Aus Delhi telegrafierte Mountbatton, nunmehr Generalgouverneur von Indien: »Im Punjab haben wir fünfundfünfzigtausend Soldaten und dennoch einen riesigen Aufruhr. In Bengalen besteht unsere ganze Streitmacht aus einem Mann, und dort gibt es keinen Aufruhr. Als

Offizier wie als Administrator sei mir erlaubt, der Ein-Mann-Armee meinen höchsten Respekt auszusprechen ... «

Am 7. September verließ Gandhi die befriedete Stadt. Aber sie war nur ein Punkt auf der indischen Landkarte. Indien brannte an allen Ecken und Enden.

IM ANGESICHT DES TODES

> »Ich bete Gott nur als Wahrheit an. Ich habe ihn
> noch nicht gefunden, aber ich suche ihn. Ich bin
> bereit, das mir Teuerste diesem Suchen aufzuopfern.
> Selbst wenn das Opfer mein Leben fordern sollte,
> hoffe ich, zu seiner Hingabe bereit zu sein.«

Delhi in Aufruhr

Am 9. September 1947 kehrte Gandhi in das von religiösen Exzessen geschüttelte Delhi zurück. An den Bahnstationen standen Tausende von Menschen, um ihn zu sehen. Legenden über seine Wunderkräfte wanderten durch die Massen. An ihnen entzündete sich ihre Hoffnung.

Auf den Straßen nach Delhi wälzten sich endlose Konvois von Flüchtlingen. Sie hofften, in der Hauptstadt Schutz und Unterkunft zu finden. Mehr als eine Million Menschen kamen aus dem Punjab, dessen westlicher Teil nun zu Pakistan gehörte. Die Flüchtlinge trieben ihr Vieh vor sich her, schleppten ihren Hausrat auf dem Rücken; vielen aber war nur das geblieben, was sie auf dem Leibe trugen. Unterwegs trafen sie auf moslemische Flüchtlinge, die aus Delhi kamen. Man hatte sie, nicht selten mit Hilfe der Polizei, aus ihren Häusern vertrieben, um für die Hinduflüchtlinge Platz zu schaffen. Apathisch zogen die Menschen aneinander vorbei, Opfer einer furchtbaren Tragödie, deren Wurzeln tief in die Vergangenheit reichten und die von ehrgeizigen und machthungrigen Politikern für ihre Zwecke ausgenutzt wurde.

In Delhi bot sich Gandhi ein Bild des Grauens. An den Straßenrändern verwesten in glühender Sonne die Toten. Tägliche Schießereien forderten immer neue Opfer. Die

Hospitäler waren hoffnungslos überfüllt, es fehlte an Ärzten und Medikamenten. In den Flüchtlingslagern vegetierten die Menschen unter primitivsten Bedingungen, die Herzen vergiftet von Hass und Verzweiflung. Die Flüchtlinge plünderten moslemische Häuser und Moscheen; war es ihnen in ihrer Heimat denn anders ergangen? In diesen Tagen wuchs der Premierminister der ersten freien Regierung Indiens, Jawaharlal Nehru, über sich selbst hinaus. Furchtlos trat er unter die aufgebrachte Menge und schrie den Plünderern zu: »Ich dachte, wir (die Regierung, d. Verf.) helfen unseren leidenden Brüdern. Ich wusste nicht, dass wir Diebe und Räuber beherbergen.«

Drohend umringten ihn die Menschen, ein junger Flüchtling sagte: »Sie müssen uns gerade belehren! Sie wissen nicht, was wir durchgemacht haben!«

Nehru, außer sich vor Zorn, griff den jungen Mann am Hemd und schüttelte ihn. Der Flüchtling blickte ihn traurig an und fuhr fort: »Ja, machen Sie nur weiter. Was kann ich noch Besseres erhoffen, als von Ihrer Hand zu sterben?«

Der Premierminister ließ beschämt ab, schaute in die Runde und sagte mit bewegter Stimme: »Dies ist nicht der Augenblick, euch zu sagen, was ich für euch empfinde und wie mein Herz angesichts eurer Leiden schmerzt. Aber was ich euch sagen muss, ist dies: Haben diese Moslems euch irgendetwas getan? Wenn nicht, dann müsst ihr sie in Ruhe lassen. Wir müssen gerecht sein. Wenn es die Gerechtigkeit erfordert und es notwendig ist, können wir gegen Pakistan kämpfen, und ihr könnt daran teilnehmen. Aber was ihr hier tut, ist würdelos und feige!«

Atemlose Stille folgte diesen Worten. Dann löste sich die Spannung in jubelnden Zurufen: »Jawaharlal Nehru zindabad!«

Als Nehrus Kollege, der Innenminister Patel, von diesem Vorfall hörte, rügte er den Regierungschef. Schließlich war er für die Sicherheit der Regierungsmitglieder verantwortlich. Wie konnte er sie schützen, wenn sie sich in solche gefährlichen Situationen begaben! Es war bekannt, dass Patel mit den militanten Hindus sympathisierte, denen Nehru entschieden entgegentrat. Gandhis Ankunft in Delhi bescherte Patel neue Sorgen. Zwar konnte er den Mahatma mit dem Hinweis, dass die Bhangi-Kolonie von Flüchtlingen überfüllt sei, in dem sichereren Birla-Haus unterbringen, aber er konnte ihm nicht vorschreiben, was er zu tun und zu lassen hatte.

Gandhi sprach zu den Mitgliedern der militanten hinduistischen Vereinigung Rashtriya Swayam-sevak Sangh (R.S.S.). Sie empfingen ihn mit den Rufen »Gandhi murdabad!« (»Tod Gandhi!«) und bewarfen ihn mit Steinen. In einem Flüchtlingslager, wo fünfundsiebzigtausend Moslems auf ihre Evakuierung nach Pakistan warteten, hielt man den Wagen Gandhis an und zwang ihn auszusteigen. Verwünschungen brandeten ihm entgegen. Gandhis Stimme ging im Geschrei der Menge unter. Ein Begleiter wiederholte seine Worte, so laut er konnte. Langsam entspannten sich die Gesichter der Umstehenden, das Geschrei verstummte. Gandhi versprach zu helfen, soweit das in seinen Kräften stand. Aber jeder müsse zuerst sich selbst fragen, was er getan habe, dem Unrecht zu widerstehen. Böses mit Bösem zu vergelten vergrößere nur das Unrecht. Als er geendet hatte, begleitete man ihn ehrerbietig und still zum Wagen zurück.

Gandhi kümmerte sich um die sanitären Anlagen in den Lagern, um warme Kleidung für den nahenden Winter. Allabendlich erklang seine Stimme im All India Radio, das seine abendlichen Andachten in das ganze Land übertrug. Quälender Husten unterbrach seine

Worte. Er fieberte. Ärztliche Behandlung und Medikamente lehnte er ab. Er wohnte warm und trocken, während Millionen von Flüchtlingen unter freiem Himmel kampierten. Wie konnte er sich da schonen! Sein Leben, sollte es noch einen Sinn haben, musste er im Dienst an den Menschen verströmen. Prophetisch meinte er: »Es besteht keine Aussicht, dass ich jemals nach Sevagram zurückkehre.« Und: »Die Menschen müssen sich von nun an von dem leiten lassen, was sie von mir übernommen haben. Es ist nicht gut für sie, immer nach meiner Führung auszuschauen. Ich bete zu Gott, dass er mich von dem Folterbett erlöst, das das Leben für mich geworden ist.«

Seinen achtundsiebzigsten und letzten Geburtstag beging er mit Fasten und Gebeten und am Spinnrad. Zahlreiche Besucher und Freunde stellten sich ein. Die Mitglieder des Diplomatischen Korps überbrachten Glückwünsche. Lady Mountbatton gratulierte persönlich. Doch alle Liebe und Verehrung, die ihn an diesem Tag verschwenderisch umhüllten, vermochten ihn nicht aus seiner Trauer zu reißen. Er, der früher so fest geschlafen hatte, erwachte jetzt schweißgebadet aus Alpträumen, in denen ihn fanatische Hindu- und Moslembanden umringten. Auf die Glückwünsche zu seinem Geburtstag anspielend, sagte er während der Abendandacht: »Wäre es nicht passender, mir zu kondolieren?« Er spürte, wie seine alte Gegnerin, die Gewalt, nun auch nach seinem Leben griff. Er fürchtete nicht den Tod, er fürchtete nur die Hilflosigkeit, in die ihn das Übermaß des Leides um sich herum stürzte. In ihm war »alles dunkel«. Aber die sorgenbeladen zu ihm kamen, lachten bei ihm und gingen mit fröhlichen Gesichtern: Politiker, Flüchtlinge, Ausländer. Sein Sekretär Pyarelal schrieb, dass sich Gandhi durch eine fast übermenschliche Willensanstrengung seine seelische Balance und sogar seinen Humor bewahrte. »Jeder, der ihn besuchte, fand ihn aufmerksam, heiter, liebenswürdig und wie immer von vortrefflichem Humor. Er schien Zugang zu einem Reservoir von Kraft, Optimismus, Freude und Frieden zu haben, das sich jedem mitteilte, der mit ihm in Berührung kam.« Doch seine Nerven waren bis zum Äußersten angespannt. Mehr zu sich selbst als zu den Freunden sagte er: »Seht ihr nicht, dass ich schon auf dem Scheiterhaufen liege?«

Seine Hoffnung, Indien könne trotz der Teilung eine Einheit bleiben, zerschlug sich. Indien, das nach den Vorstellungen Gandhis der Welt ein Beispiel der Gewaltlosigkeit hatte geben sollen, zerstörte sich in einem sinnlosen Krieg. Im Oktober 1947 fielen bewaffnete Banden aus Pakistan in Kaschmir ein, um die Provinz Pakistan anzugliedern. Auf den Hilferuf des Maharadschas von Kaschmir, der für die Indische Union votierte, entsandte diese Truppen nach Kaschmir. Daraufhin erklärte Pakistan den Krieg gegen die Indische Union zum Heiligen Krieg. Die von den Briten gesäte Drachensaat ging auf. Gandhis Voraussagen, die Teilung Indiens löse keine Probleme, sondern schaffe nur neue, bestätigte sich. Als der Kongress der Teilung zustimmte, hatten Männer wie Nehru den Bürgerkrieg vermeiden, das Blutvergießen beenden wollen. Aus dem drohenden Bürgerkrieg war eine bewaffnete Auseinandersetzung zwischen zwei Staaten geworden. Die Hindus in Pakistan und die Moslems in der Indischen Union litten am meisten darunter. Die Chauvinisten beider Seiten machten sie für die politischen und militärischen Schritte der jeweils anderen Seite verantwortlich. Gandhi mahnte die Mitglieder des Indischen Nationalkongresses Ende November: »Es ist eure erste Pflicht, die Moslems als eure Brüder zu behandeln, ganz gleich, was in Pakistan passiert!« Diese

Sprache missfiel all jenen, die aus diesem Konflikt politische und wirtschaftliche Vorteile für sich gewinnen wollten. Immer öfter ließen sich Stimmen wie diese vernehmen: »Warum ist der alte Mann nicht am Tag der Unabhängigkeit gestorben? Er hat uns in die Unabhängigkeit geführt, und nun verpfuscht er sie uns.« Auch im Kongress regte sich offener Widerspruch. Der alte Mann ging entschieden zu weit. Er warf der Regierung vor, sie führe das Volk am Gängelband, anstatt es sich auf seine eigenen Kräfte besinnen zu lassen. Er geißelte Postenjägerei und Korruption. Warum umgaben sich die Politiker mit Leibwachen, veranstalteten auf Kosten des hungernden Volkes teure Diners, bewohnten luxuriöse Paläste? Warum trieben indische Botschafter im Ausland solch eine kostspielige Repräsentation? Stand es ihnen nicht an, Indien durch Einfachheit und Geist zu vertreten? Bohrende Fragen, die der herrschenden Schicht missfielen, umso mehr, als sie Gandhi auf Versammlungen und in seiner Zeitschrift »Harijan« stellte. Besorgt fragte ein Leser, ob die Kongressführer Gandhi nicht lebendig begraben hätten. Gandhi erwiderte: »Solange mein Glaube hell brennt, auch wenn ich allein stehe, werde ich noch im Grabe lebendig sein und, was mehr ist, aus ihm heraus sprechen.«

Der Winter verschärfte die Not der Flüchtlinge. Angestiftet von der extremistischen R.S.S., besetzten sie Moslemhäuser und töteten ihre Bewohner, wenn sie ihre Wohnstätten nicht freiwillig verließen. Innenminister Patel nahm die R.S.S. gegen Nehru in Schutz und weigerte sich, sie zu verbieten. Ihre Mitglieder waren nach seiner Meinung Patrioten, wenn auch irregeleitete. Intrigen förderten den Streit zwischen Nehru und Patel. Die Regierung stellte sich auf den Standpunkt, sie könne Pakistan nicht seinen Anteil am Banknotenumlauf von ehemals Britisch-Indien auszahlen, solange der Kaschmir-Konflikt andauere. Gandhis Vermittlungsversuche blieben ergebnislos. Am 12. Januar 1948 ließ er wissen, dass er keinen anderen Ausweg mehr sehe, als ein Fasten bis zum Tode zu beginnen, wenn in Delhi nicht endlich die Vernunft regiere. Die Moslems hörten die Kunde mit Schrecken. Wenn Gandhi starb, waren sie verloren. Jene, die über Gandhis Parteinahme für die Moslems, wie sie es nannten, verärgert waren, reagierten erbittert. Der alte Mann stand ihnen überall im Weg. Er musste sterben, wenn nicht freiwillig, dann durch Gewalt.

Am Abend des 13. Januar, dem ersten Tag des Fastens, demonstrierten Flüchtlinge aus dem Westpunjab vor dem Birla-Haus. Sie schrien: »Blut für Blut!« – »Wir wollen Revanche!« – »Lasst Gandhi sterben!« Nehru verließ um diese Stunde das Birla-Haus, wo er mit Gandhi konferiert hatte. Schon im Wagen sitzend, hörte er die Rufe. Er sprang aus dem Auto und eilte zu den Demonstranten. »Wer wagt es zu schreien: ›Lasst Gandhi sterben!‹?« rief er aufgebracht. »Wer es wagt, soll diese Worte in meiner Gegenwart wiederholen! Er muss zuerst mich töten.« Die Schreihälse verschwanden im Dunkel der Nacht.

Gandhi hatte den Lärm gehört. Von seinem Lager aus fragte er: »Was schreien sie?«

Jemand antwortete: »Sie schreien: ›Lasst Gandhi sterben!‹«

»Wie viele sind es?«

»Nicht viele.«

Gandhi seufzte leise und begann zu beten.

Der körperliche Zustand des Mahatma verschlechterte sich rasch. Doch sein Geist war ruhig und klar. Es drängte ihn nicht, das Fasten zu beenden, als die Regierung am dritten Tag erklärte, Pakistan das vorenthaltene

Geld auszahlen und jedem Flüchtling innerhalb einer Woche ein Dach über dem Kopf schaffen zu wollen. Hinduflüchtlinge versprachen, die besetzten Moslemhäuser zu räumen. Geflüchtete Moslems ließen aus Karatschi wissen, dass sie in ihre alte Heimat Delhi zurückkehren wollten. Friedensprozessionen schoben sich am Birla-Haus vorbei, beschwörend erklang des Mahatma Name. Aus ganz Indien trafen Botschaften der Sympathie und Hilfsbereitschaft ein. Die Moslemliga feierte ihren ehemaligen Erzfeind als »ihren größten Freund«. Pakistan betete zu Allah um Gandhis Leben. Minister, Mullahs und Maharadschas versammelten sich um das Lager des Fastenden. Lord Mountbatton, Generalgouverneur der Indischen Union, brach alle Vorschriften des Protokolls und eilte mit seiner Frau ins Birla-Haus. Besorgt um das Leben des Mannes, der in ihm Achtung und Liebe erweckt hatte wie kein zweiter, drängte es ihn, der Welt und Gandhi zu zeigen, dass er des Mahatmas Ansichten voll teilte. Gandhi empfing ihn mit einem Scherz: »Es braucht ein Fasten meinerseits, den Berg zu Mohammed zu bringen.«

Am sechsten Tag des Fastens vereinigten sich die Bewohner Delhis zu gewaltigen Friedenskundgebungen; Restaurants und Hotels blieben geschlossen. Politiker und Vertreter aller Gesellschaftsschichten tagten in Permanenz. Gandhis Zustand verschlechterte sich dramatisch. Er wog nur noch hundertsieben Pfund. Die Nieren versagten ihren Dienst, er fiel in Fieberphantasien.

Am 18. Januar 1948 unterzeichneten alle Bevölkerungsgruppen von Delhi einen Friedensappell, in dem es hieß: »Wir geloben, das Leben, das Eigentum und den Glauben der Moslems zu schützen, und versichern, dass die Ereignisse von Delhi sich nicht wiederholen werden.« Es unterschrieben auch der Vertreter Pakistans in der Indischen Union, die extremen Hinduorganisationen Hindu-Mahasabha und R.S.S., die Flüchtlinge aus dem Punjab und die Stadtverwaltung von Delhi. Das »Wunder von Kalkutta« wiederholte sich. Am Mittag des 18. Januar beendete Gandhi mit einem Glas Orangensaft sein Fasten. Nehrus Augen waren nass von Tränen. Als die anderen gegangen waren, gestand er Gandhi, dass er ebenfalls seit zwei Tagen heimlich fastete. Bewegt schrieb ihm Gandhi eine Stunde später: »Nun beende dein Fasten … Mögest du viele Jahre leben und weiterhin der Jawahar (das Juwel) Indiens sein. Bapus Segen.«

Inmitten all der Betriebsamkeit und Freude erinnerte sich Gandhi an seinen alten Freund, den englischen Journalisten und ehemaligen Verleger Arthur Moore. Seit jeher skeptisch gegen das Fasten als Methode, soziale Probleme zu lösen, hatten Moore die Ereignisse von Kalkutta überzeugt. Als Gandhi zu fasten begann, nahm auch er keine Nahrung mehr zu sich. Gandhi wusste davon. Besorgt dachte er jetzt daran, dass der Engländer keine Erfahrung im Fasten besaß und dass man ihm sagen musste, wie er es ohne Schaden für seine Gesundheit beenden sollte. Eine Mitarbeiterin rief Arthur Moore sofort an und kam mit der Nachricht zurück, Moore habe von dem glücklichen Ausgang des Fastens gehört und schon eine Tasse Kaffee getrunken und eine Zigarre geraucht. Gandhi schüttelte lächelnd den Kopf.

Auch viele Flüchtlinge hatten gefastet. Noch am 18. Januar unterschrieben fast eine viertel Million Einwohner Delhis das Friedensabkommen. Am Abend sprach Gandhi von seinem Lager aus über Mikrophon zu der vor dem Haus in strömendem Regen harrenden Menge. Mit eindringlichen Worten mahnte er zur Einigkeit. Als er geendet hatte, wichen die Menschen nicht von der Stelle. Sie wollten Gandhi sehen. Man trug ihn auf einem Stuhl zur Veranda, hob ihn hoch und zeigte ihn der wartenden Menge.

Aus aller Welt trafen Glückwunschtelegramme ein. In Leitartikeln suchte die Weltpresse das Phänomen Gandhi zu ergründen. Man bewunderte die moralische Autorität dieses Mannes, der kraft seines persönlichen Einsatzes die Menschen zur Besinnung bringen konnte, wo Waffen und Appelle versagten.

Fasten war für Gandhi das letzte und wirksamste Mittel des gewaltlosen Widerstandes. Siebzehnmal hatte er in seinem Leben gefastet. Wo Argumente Vorurteile nicht zu durchbrechen vermochten, suchte er die Vernunft durch sein Leiden zu stärken. Nicht der physische Akt des Fastens, sondern dessen geistiger Inhalt verlieh ihm Wirkung. Wenn auch die Skepsis vieler gegenüber dem Fasten als Universalmittel zur Lösung gesellschaftlicher Probleme vollauf berechtigt war, so übertrafen Gandhis Erfolge dennoch die kühnsten Erwartungen. Doch Gandhi vollbrachte keine Wunder. Seine Wirkungen beruhten auf der Kenntnis der menschlichen Psyche. Angst gebiert Feigheit, Feigheit Hass, Hass Gewalt, Gewalt Angst – ein teuflischer Kreislauf, den Gandhi erkannte und zu durchbrechen versuchte.

Alexander zerhieb mit dem Schwert den Gordischen Knoten, weil er glaubte, es komme nur darauf an, *dass* und nicht *wie* der Knoten gelöst werde. Wo nur Gewalt das Gesetz des Handelns bestimmt, bleibt nach Gandhis Meinung die Wahrheit auf der Strecke, wo blinder Hass im Spiel ist – die Gerechtigkeit, wo Furcht waltet – der Friede. Menschlichkeit erwächst nur aus Menschlichkeit. Indem Gandhi sein Leben furchtlos für andere einsetzte, gab er ein Beispiel, wie die Angst zu besiegen sei. Seine Opferbereitschaft appellierte an die Vernunft der Menschen, an ihr besseres Ich. Er ließ sie stärker sein, als sie selbst geahnt hatten. Dafür liebten sie ihn. »Liebe«, hatte Gandhi einmal geschrieben, »ist tollkühn im Sichverschwenden, unbekümmert, was sie dagegen empfängt. Liebe kämpft mit der Welt so gut wie mit dem Selbst und erlangt schließlich die Herrschaft über alle anderen Gefühle. Sie verschmilzt mit dem Gesetz der Wahrheit und der Nicht-Gewalt zum Gesetz des Lebens schlechthin. Es wird die Zeit kommen, da das Gesetz der Liebe genauso wirkt wie das Gesetz der Gravitation, wenn wir es bewusst, organisiert und tapfer anwenden.«

Vollendung

Mit dem letzten Fasten beschwor Gandhi sein Todesurteil herauf. »Gegen Tyrannen kann man nicht fasten«, hatte er oft genug gesagt. Auch bei den Fanatikern stieß seine ewige Botschaft von Wahrheit und Liebe auf taube Ohren.

Am 20. Januar 1948 detonierte während der Abendandacht im Garten des Birla-Hauses eine Bombe. Zwanzig Meter hinter dem sitzenden Gandhi zerstörte sie die Mauer. Panik breitete sich aus. Die Rundfunkhörer vernahmen die Explosion, dann die ruhige Stimme Gandhis: »Wenn wir wie jetzt wegen nichts in Panik geraten, was soll dann erst werden, wenn wirklich etwas passiert …? Hört! Hört! Hört doch alle … Nichts ist passiert …« (Ein kurzes gequältes Lachen und Stille.)

Der Attentäter, ein fünfundzwanzigjähriger Flüchtling aus dem Westpunjab, wurde gefasst und abgeführt. Man fand eine Handgranate bei ihm. Gandhis Kaltblütigkeit versetzte viele in Erstaunen. Er wies die Bewunderung zurück. Erst nach der Versammlung habe er erfahren, dass es sich um ein Attentat gegen ihn gehandelt habe.

»Wer kann sagen«, meinte er, »wie ich mich verhalten hätte, wenn ich gewusst hätte, dass die Bombe mir galt und wenn sie vor mir explodiert wäre?« Er wusste, dass sein Leben in höchster Gefahr war. Eine Bemerkung einem Freund gegenüber verriet es. »Siehst du nicht, dass dahinter eine schreckliche und weit verzweigte Konspiration steckt?« Gandhis Ahnungen bestätigten sich, als es schon zu spät war. Das Zentrum der Verschwörung saß in Bombay, wo extreme Hinduorganisationen wie die R.S.S. seit jeher einen starken Stand hatten. Sie schürten den Hass gegen die Moslems, warben willfährige Werkzeuge unter den Flüchtlingen, beschafften und verteilten Waffen. Als Zielscheibe für Schießübungen benutzten die Mitglieder Fotos von Gandhi, Nehru und anderen Kongressführern. Nach dem missglückten Attentat vom 20. Januar deckte ein Professor in Bombay eine Verschwörung auf. Die Polizei, von fanatischen Hindus durchsetzt, unternahm nichts. Innenminister Patel schlug Gandhi lediglich vor, die Sicherheitsmaßnahmen zu verstärken und jeden Teilnehmer an den Abendandachten nach Waffen durchsuchen zu lassen. Gandhi lehnte entschieden ab. Er stellte sich unter keinen anderen Schutz als den Gottes. Was ihm bestimmt sei, würde so oder so geschehen, erklärte er. Patel gab nach.

Gandhi erholte sich rasch von seinem Fasten. Er trug sich mit dem Plan, nach Kaschmir oder nach Pakistan zu gehen und dort seine Friedensmission fortzusetzen. Nach wie vor war er rastlos tätig. Besucher fanden ihn heiter und scheinbar auf der Höhe seiner Kraft. Er sagte: »Ich muss Frieden inmitten der Unruhe finden, Licht inmitten der Finsternis, Hoffnung in der Verzweiflung.« So lebte er. Am 29. Januar besuchten ihn Flüchtlinge, die knapp einem Massaker entgangen waren. Einer von ihnen sagte zu Gandhi: »Warum setzen Sie sich jetzt nicht zur Ruhe? Sie haben genug Unheil angerichtet. Sie haben uns vollkommen ruiniert. Sie sollten uns allein lassen und sich in den Himalaja zurückziehen.« Gandhi erwiderte: »Ich kann mich nicht auf irgendjemandes Wunsch zurückziehen. Ich habe mich unter Gottes Befehl gestellt.« Der Flüchtling entgegnete: »Es ist Gott, der durch uns zu Ihnen spricht. Wir sind außer uns vor Kummer.«

Gandhi sagte leise: »Mein Kummer ist nicht geringer als der eure!« Während der abendlichen Versammlung berichtete er von diesem Gespräch und wiederholte, dass er sich nicht in den Frieden der Berge zurückziehen könne. Und wenn alle in den Himalaja gingen, würde er ihnen als ihr Diener folgen. Sein Kampfesmut war ungebrochen.

Am Abend des 29. Januar fühlte sich Gandhi sehr müde. Der Tag hatte seine ganze Kraft gefordert. Sein Kopf schmerzte. Während der Massage vor dem Schlafengehen meinte er unvermittelt, wenn er an einer Krankheit sterbe, solle man der Welt verkünden, er sei ein falscher Mahatma gewesen. »Wenn aber, wie in der letzten Woche, eine Explosion stattfindet oder jemand auf mich schießt und seine Kugel meine bloße Brust durchbohrt und ich ohne einen Seufzer, mit Ramas Namen auf den Lippen sterbe – nur dann sollt ihr verkünden, dass ich ein wahrer Mahatma gewesen bin.«

Am 30. Januar, einem Freitag, erwachte Gandhi wie immer um drei Uhr dreißig. Vormittags ging er mit seinem Sekretär den Entwurf einer Kongressverfassung durch, den er am Vorabend niedergeschrieben hatte, brachte Vorschläge zu Papier, wie man der Nahrungsmittelknappheit in Madras begegnen könne, lernte Bengali wie jeden Tag. Dann verlangte er nach den wichtigsten Briefen. »Ich muss sie heute beantworten, denn morgen bin ich vielleicht nicht mehr.«

Am Nachmittag empfing er Besucher – Flüchtlinge aus Sindh, ceylonesische Gäste, eine Journalistin vom Magazin »Life«. Gegen sechzehn Uhr kam Patel mit seiner Tochter. Während Gandhi am Spinnrad saß, teilte er Patel mit, dass er zu dem Entschluss gekommen sei, Nehru und Patel müssten trotz ihrer ideologischen Differenzen im Interesse Indiens zusammenarbeiten. Indien könne weder auf den Verwaltungsexperten Patel noch auf den außenpolitisch erfahrenen Nehru verzichten. In diesem Sinne wolle er nach der Abendandacht auch mit Nehru sprechen. Gegen sechzehn Uhr dreißig aß Gandhi zu Abend. Das Gespräch mit Patel zog sich in die Länge. Die Mitarbeiterin Abha wusste, welch großen Wert Gandhi auf Pünktlichkeit legte. Die Andacht begann um siebzehn Uhr. Abha zeigte auf die Uhr. Gandhi erhob sich. Jemand sagte ihm, zwei Männer aus Kathiawad wollten ihn sprechen. Gandhi erwiderte: »Sie sollen nach der Andacht kommen. Ich werde sie dann sehen – wenn ich am Leben bin.«

Mit zehn Minuten Verspätung betrat er, die Arme auf die Schultern seiner jungen Begleiterinnen Abha und Manu gelegt, den Garten. Die drei scherzten und lachten. Als sie die Terrasse erreichten, sagte Gandhi: »Ich habe mich um zehn Minuten verspätet. Ich hasse es, zu spät zu kommen. Ich möchte immer pünktlich um fünf Uhr bei der Andacht sein.« Damit verstummte die Unterhaltung. Die Menge teilte sich, um den Weg zum Podium freizugeben. Gandhi nahm seine Arme von den Schultern der Mädchen und erwiderte mit aneinander gelegten Handflächen die Grüße der Menschen. Von rechts bahnte sich ein Mann mit dem Ellbogen einen Weg zu Gandhi. Manu versuchte, den Mann, von dem sie annahm, er wolle Gandhis Füße berühren, am Handgelenk zurückzuhalten. Er riss sich los und fiel vor dem Mahatma mit aneinander gelegten Händen auf die Knie. Dann riss er blitzschnell eine Pistole aus seiner Kleidung und schoss dreimal auf Gandhi. Der Mahatma sank getroffen zu Boden. Erst jetzt begriffen die Mädchen an seiner Seite und die Menge, was geschehen war. Ein Zittern lief durch die Leiber der dicht gedrängt stehenden Menschen, als man den Mahatma an ihnen vorbei ins Haus trug. Jemand versuchte, ihm in heißem Wasser aufgelösten Honig einzuflößen. Vergeblich. Der Tod war sofort eingetreten.

Die unfassbare Nachricht flog auf schnellen Flügeln. Zuerst kam Patel. Ihm folgte Nehru. Er sank neben dem Toten in die Knie, vergrub sein Gesicht in dessen Kleidern und weinte wie ein Kind. Devadas, der jüngste Sohn Gandhis, hielt seines Vaters Hand und brach in Tränen aus. Die Politiker und Freunde mussten sich ihren Weg durch eine rasch größer werdende Menschenmenge bahnen. Lord Mountbatton erfuhr von dem Attentat auf dem Flugplatz von Delhi, wo er, aus Madras kommend, gerade seine Maschine verließ. Auch er eilte sofort zum Birla-Haus. Als er durch das Eingangstor trat, sagte jemand laut: »Es war ein Moslem, der ihn ermordet hat.« Geistesgegenwärtig erwiderte Mountbatton: »Du Dummkopf, jedermann weiß, dass es ein Hindu war!« Augenblicklich beruhigte sich die erregte Menge: Ein Begleiter fragte Mountbatton verwundert: »Woher wissen Sie, dass es ein Hindu war?« – »Es *muss* ein Hindu gewesen sein«, erwiderte Mountbatton lakonisch, »denn wenn es ein Moslem war, sind wir verloren.« Mountbatton hatte Recht. Der inzwischen gefasste Attentäter war der Herausgeber der extremen Hinduzeitung »Hindu-Rashtra« in Poona, der fünfunddreißigjährige Nathuram Vinayak

Godse. Der spätere Prozess ergab, dass hinter dem Attentat die militante R.S.S. stand.

Mountbatton verweilte einige Augenblicke am Lager des toten Gandhi. Dann besann er sich sofort wieder auf seine staatsmännischen Pflichten. An Patel und Nehru gewandt, sagte er: »Gandhis letzte Bitte an mich war, alles in meinen Kräften Stehende zu tun, Sie zusammenzubringen und Freunde sein zu lassen.« Die beiden Männer nickten und umarmten sich schweigend.

Es blieb nicht viel Zeit, sich der Trauer zu überlassen. Gandhis Beisetzung musste vorbereitet werden. Mountbatton schlug vor, den Leichnam einzubalsamieren und so wenigstens einige Zeit zu erhalten. Der Sekretär Pyarelal widersprach: »Eure Exzellenz, es ist meine Pflicht, Ihnen zu sagen, dass Gandhi gegen das Einbalsamieren war und mich eindringlich angewiesen hat, dass sein Körper bestattet werden soll, wo immer sein Tod eintritt.« Nachdenklich meinte Mountbatton: »Wenn er normal gestorben wäre, in Alter und Ehren, wäre das richtig gewesen. Aber angesichts der besonderen Umstände – meinen Sie nicht …?«

Pyarelal beharrte auf seinem Standpunkt. »Gandhi hat mir gesagt«, erklärte er, »selbst im Tode werde ich dich schelten, wenn du diesbezüglich nicht deine Pflicht tust.« Mountbatton gab seine Idee auf.

Freunde und Gefährten wachten die ganze Nacht an Gandhis Totenlager. Gesänge aus der Bhagavadgita füllten den Raum. Draußen stöhnte und weinte die Menge. Die trauernden Menschen belagerten das Haus, klopften gegen die Fenster, drängten gegen die Türen, um einen letzten Blick auf den Mahatma zu werfen. Man musste die Leiche auf den Balkon tragen und sie der Menge zeigen. Spät am Abend erklang Nehrus gefasste Stimme im Radio: »Freunde … Das Licht in unserem Leben ist erloschen, und überall ist Dunkelheit, und ich weiß nicht, was ich euch sagen und wie ich zu euch sprechen soll. Unser geliebter Führer, den wir ›Bapu‹ nannten, der Vater der Nation, ist nicht mehr ... Wir werden ihn nie wieder sehen, wie wir ihn in diesen vielen Jahren gesehen haben. Wir werden ihn nicht mehr um Rat fragen und Trost bei ihm suchen können. Das Licht ist erloschen, habe ich gesagt, und doch ist das falsch. Denn das Licht, das dieses Land erhellte, war kein gewöhnliches Licht. Das Licht, das dieses Land seit vielen Jahren erhellte, wird es noch viele Jahre erhellen, und noch tausend Jahre später wird man dieses Licht in unserem Land sehen, und die Welt wird es sehen, und es wird unzähligen Herzen Trost spenden. Denn dieses Licht verkörperte die lebendige Wahrheit, der unsterbliche Mensch mit seiner unsterblichen Wahrheit war mit uns, uns auf den rechten Weg zu bringen, uns vor Irrtum zu bewahren und dieses alte Land zu Freiheit zu bringen.«

Am Mittag des nächsten Tages trug man die blumenübersäte Bahre mit den sterblichen Überresten Gandhis aus dem Birla-Haus und hob sie auf eine geschmückte Lafette. Zweihundert Soldaten der Armee, der Luftwaffe und der Seestreitkräfte zogen das Gefährt. Viertausend Soldaten und Polizisten gaben das Ehrengeleit. Der Verteidigungsminister persönlich zeichnete für das Begräbnis verantwortlich. Ein nichtiger Anlass konnte die vor Erregung und Trauer bebende Stadt explodieren lassen und eine Kette von Gewalttaten im ganzen Land auslösen. Ein Riesenaufgebot von Armee und Polizei kontrollierte die millionenköpfige Menge.

Fünf Stunden lang schob sich der Trauerzug im Schritttempo durch Delhi, bis er die Verbrennungsstätte am Fluss Jumna erreichte. Fast reglos säumten die Menschen die Straßen. Sie hockten auf Bäumen, Lampen und

Telefonmasten, um den Zug besser sehen zu können. Hin und wieder wurde die unwirkliche Stille der sonst so geschäftigen Stadt durch die Rufe »Mahatma Gandhi ki jai!« unterbrochen. An der Verbrennungsstätte erwartete seit den frühen Morgenstunden eine schier unübersehbare Menschenmenge den Trauerzug. Als er endlich eintraf, drängten die Menschen zu dem hoch aufgerichteten Holzstoß, auf den die Bahre mit dem Toten gehoben wurde. Die Truppen hatten Mühe, die Menge zurückzuhalten. Devadas Gandhi bedeckte den Körper seines Vaters mit Sandelholz, und zum Gesang vedischer Hymnen entzündete sein Bruder Ramdas den mit Räucherwerk versehenen Holzstoß. Während der Beerdigungsriten saßen die Trauernden auf dem Erdboden. Sie erhoben sich in ehrfurchtsvollem Schweigen, als die Flammen an dem Holzstoß emporleckten. Dann stieg ein vieltausendstimmiger Schrei in den Himmel: »Mahatma Gandhi amar ho gaye!« (»Mahatma Gandhi ist unsterblich geworden!«). In der Nähe des Holzstoßes wurde es immer heißer, die Menschen zogen sich zurück. Als die Sonne am Horizont versank, war der Leichnam zu Asche zerfallen. Langsam leerte sich der weite Platz. Vierzehn Stunden lang brannte der Holzstoß, zweiundsiebzig Stunden ließ man die Asche erkalten, bis man das, was von Gandhis Körper übrig geblieben war, in eine Urne aus Kupfer füllte und ins Birla-Haus zurückbrachte.

Zehn Tage später setzten die Eisenbahnbehörden zum letzten Mal einen Sonderzug für Gandhi ein. Zum letzten Mal zog Gandhi Abertausende von Menschen an die Bahnstrecke. In Allahabad, der Endstation, gaben ihm Hunderttausende das Geleit. Am Ufer des heiligen Ganges wurde die Urne von dem blumenbedeckten Wagen auf ein Boot gehoben. Drei Millionen Menschen sahen zu, wie das Fahrzeug auf die Flussmitte zuhielt, wo sich die drei legendenumwobenen geschichtsträchtigen Flüsse Ganges, Jumna und Sarasvati vereinigten. Zu dem Gesang vedischer Hymnen wurde die Asche in den Fluss gestreut. Die Wellen nahmen sie auf, trugen sie mit sich fort, ostwärts, dem Meer entgegen, hinein in den ewigen Kreislauf des Werdens und Vergehens.

Der Sicherheitsrat der UNO unterbrach seine Sitzung, die Fahnen der UNO wehten auf halbmast. Auf dem ganzen Erdball verneigten sich Freunde wie Gegner in Liebe und Achtung vor einem Mann, der sein Leben in den Dienst der Menschheit gestellt hatte.

Indien war wie gelähmt vor Trauer. Menschen starben an dem Schock, den sie durch Gandhis Tod erlitten hatten, andere verübten Selbstmord, weil sie ohne den Mahatma keine Hoffnung und kein Licht mehr für Indien sahen. Gandhis Stimme war verstummt, aber sie erklang, wie er einst prophezeit hatte, noch über seinen Tod hinaus: »In den Zeiten, die kommen werden, werden die Menschen uns nicht einschätzen nach dem Glauben, zu dem wir uns bekennen, oder nach der Bezeichnung, die wir tragen, oder nach den Losungen, die wir schreien, sondern nach unserer Arbeit, unserem Fleiß, unserer Opferbereitschaft, unserer Aufrichtigkeit und der Reinheit unseres Charakters. Sie werden wissen wollen, was wir tatsächlich für sie getan haben.«

CHRONOLOGISCHE ÜBERSICHT

	Bekämpfung der Pest in Bombay. Bekanntschaft mit Tilak, Gokhale und Pherozeshah Mehta
Dez.	Rückkehr nach Südafrika mit Kasturba und den beiden Söhnen
1897	Sohn Ramdas geboren
1899–1902	Großbritannien unterwirft die Burenrepublik Oranje und Transvaal (Burenkrieg)
1899	Gandhi nimmt am Burenkrieg als Leiter einer indischen Sanitätstruppe teil
1900	Sohn Devadas geboren
1901	Familie Gandhi kehrt nach Indien zurück. Gandhi nimmt an der 17. Tagung des Indischen Nationalkongresses teil. Reise durch Indien
1902	Rechtsanwalt in Bombay
	Südafrika wird britische Kolonie
1903	Gandhi kehrt nach Südafrika zurück
1904	Rechtsanwalt in Johannesburg. Leitet die Zeitung »Indian Opinion«. Gründet die Phoenix-Farm
1905	Teilung Bengalens
1905–1908	Aufschwung der nationalen Befreiungsbewegung in Indien
1906	Gandhi leistet während des Zulu-Aufstandes Sanitätsdienste. Er legt das Keuschheitsgelübde ab
	Beginn des Kampfes gegen die Zwangsregistrierung der Asiaten in Südafrika
Okt.	Gandhi reist nach England, um dort die Sache der Inder in Südafrika zu vertreten
Dez.	Rückkehr nach Südafrika
	Gründung der Allindischen Moslemliga in Karatschi (Indien)
1907	Die Inder in Südafrika boykottieren die Zwangsregistrierung. Gandhi entwickelt Satyagraha und wird im Dezember zu zwei Monaten Gefängnis verurteilt
	Der Indische Nationalkongress spaltet sich in einen gemäßigten Flügel unter Gokhale und einen radikalen Flügel unter Tilak
1908 Jan.	Gandhi verhandelt mit General Smuts und verspricht freiwillige Registrierung

	Febr.	Mordanschlag auf Gandhi
	Aug.	In der Moschee von Johannesburg verbrennen die Inder ihre Registrierkarten. Beginn des zivilen Ungehorsams
	Sept.	Gandhi wird zu zwei Monaten Zwangsarbeit verurteilt
1909	Febr.	Gandhi wird zu drei Monaten Zwangsarbeit verurteilt
	Juni	Verhandlungen mit der britischen Regierung in London
		Briefwechsel mit Lew Tolstoi
	Nov.	Rückreise nach Südafrika. Gandhi schreibt sein Buch »Hind Swaraj«
1910	31. Mai	Südafrika erhält Dominion-Status
	Juni	Gandhi gründet Tolstoi-Farm und gibt seine Rechtsanwaltspraxis auf. Experimente mit dem Gemeinschaftsleben
1911		Briten verlegen die Hauptstadt Britisch-Indiens von Kalkutta nach Delhi
1912		Gandhi legt das Gelübde der Armut ab
	Okt.	Gokhale besucht Südafrika
1913		Diskriminierung asiatischer Ehen und neue Einwanderungsbeschränkungen für Inder durch die südafrikanische Regierung
	Sept.	Kasturba und die Frauen von Phoenix eröffnen den Satyagraha-Kampf
	Okt.	Indische Bergleute von Newcastle treten in den Streik
		Marsch der 60000 von Newcastle (Natal) nach Transvaal
	9. Nov.	Gandhi wird verhaftet und zu neun Monaten Zuchthaus verurteilt
	18. Dez.	Proteste in England und Indien erzwingen Freilassung Gandhis
	Dez.	Rabindranath Tagore erhält den Nobelpreis für Literatur
1914	21. Jan.	Übereinkommen zwischen Gandhi und General Smuts
	Juli	Abreise aus Südafrika nach London
	Aug.	Beginn des Ersten Weltkrieges. Gandhi bietet Großbritannien seine Hilfe im Krieg an

	Dez.	Schlechter Gesundheitszustand zwingt Gandhi, nach Indien zurückzureisen
1915	Febr.	Gokhale stirbt
	März	Gandhi besucht Tagores Heim in Santiniketan. Reise durch Indien
	Mai	Gandhi gründet einen Ashram in Ahmedabad
1916	Febr.	Aufsehenerregende Rede Gandhis in Benares
	Dez.	Wiedervereinigung des radikalen und des gemäßigten Flügels des Indischen Nationalkongresses in Lucknow
		Indischer Nationalkongress und Allindische Moslemliga beschließen Zusammenarbeit
1917	April–Okt.	Satyagraha in Champaran (Bihar)
	Juni	Gandhi verlegt seinen Ashram aus der Stadt Ahmedabad an das Ufer des Sabarmati
1918	Febr.–März	Gandhi leitet den Streik der Textilarbeiter von Ahmedabad
	März	Satyagraha in Kheda (Gujarat)
		Gandhi wirbt für die Unterstützung Großbritanniens im Krieg. Physischer Zusammenbruch
1919	Febr.	Aufruf zu Satyagraha gegen Rowlatt-Gesetze
	13. April	Blutbad von Amritsar, Terror im Punjab
	18. April	Gandhi verkündet Einstellung des Satyagraha
	Okt.	Gründung der Zeitschriften »Young India« und »Navajivan«
	Nov.	All-India-Khilafat-Konferenz. Gandhi prägt den Begriff der Nicht-Zusammenarbeit (Non-Cooperation)
1920	März	Bericht der indischen Untersuchungskommission über die Ereignisse im Punjab
	Juni	Hindu-Moslem-Konferenz in Allahabad
	1. Aug.	Tilak stirbt
		Bewegung der Nicht-Zusammenarbeit beginnt
	4.–9. Sept.	Sondertagung des Indischen Nationalkongresses. Unter Führung Gandhis wird der Kongress zur Massenorganisation
	30. Okt.	Gründung des Allindischen Gewerkschaftskongresses (AITUC)
1921		Boykotte und Streiks in ganz Indien, Massenverhaftungen
1922	Febr.	Ereignisse von Chauri-Chaura. Gandhi bricht die Massenbewegung ab

344

	10. März	Gandhi wird verhaftet
	18. März	Prozess in Ahmadabad, Gandhi wird zu sechs Jahren Gefängnis verurteilt
1923		In Europa erscheint Romain Rollands Buch über Gandhi
1924	5. März	Gandhi wird vorzeitig aus der Haft entlassen
	Sept.	Hindu-Moslem-Konflikte führen zu den blutigen Ereignissen von Kohat. Gandhi fastet einundzwanzig Tage
	Dez.	39. Tagung des Indischen Nationalkongresses. Gandhi wird zum Kongresspräsidenten gewählt. Er gründet die All-India-Spinner's Association
1925		Gandhi unternimmt ausgedehnte Reisen durch ganz Indien
1926		»Jahr des Schweigens«. Gandhi schreibt seine Autobiographie
1927		Gandhi reist durch Indien und Ceylon (Sri Lanka) und wirbt für sein Reformprogramm
1928		Aufschwung der nationalen Bewegung in Indien
1928		Steuerstreik in Bardoli. Boykott der Simon-Kommission
1929		Streiks und Demonstrationen in ganz Indien. Prozess gegen dreiunddreißig Führer der Kommunistischen Partei und der Gewerkschaften in Meerut. Jawaharlal Nehru wird zum Kongresspräsidenten gewählt. Gandhi reist durch Indien und Burma
1930	26. Jan.	Unabhängigkeitserklärung durch den Indischen Nationalkongress
	2. März	Gandhi schreibt an Lord Irwin
	12. März	Beginn des Salzmarsches
	7. April	Gandhi bricht das Salzgesetz, das ganze Land folgt seinem Beispiel
	4. Mai	Verhaftung Gandhis
1931	25. Jan.	Freilassung Gandhis und der verhafteten Kongresspolitiker
	5. März	Unterzeichnung des Gandhi-Irwin-Paktes
	29. Aug.	Gandhi reist nach London zur Round-table-Konferenz
	22. Sept.	Gandhi besucht die Arbeiter in Lancashire
	1. Dez.	Die Round-table-Konferenz endet ergebnislos

	5.–11. Dez.	Gandhi besucht Rolland in Villeneuve, anschließend Reise nach Rom
1932	4. Jan.	Gandhi wird bei seiner Rückkehr nach Indien verhaftet
	Mai	Abbruch der Bewegung des zivilen Ungehorsams
	Sept.	Gandhi fastet im Gefängnis für die Unberührbaren
	26. Sept.	Unterzeichnung des Yeravda-Paktes
1933	Febr.	Erste Ausgabe der Zeitschrift »Harijan« erscheint in Poona
	8. Mai	Gandhi beginnt einundzwanzigtägiges Fasten für die Unberührbaren, wenig später wird er aus dem Gefängnis entlassen
	26. Juli	Gandhi löst den Sabarmati-Ashram auf
	1. Aug.	Erneute Verhaftung Gandhis, er wird zu einem Jahr Gefängnis verurteilt
	23. Aug	Gandhi wird wegen seiner schlechten Gesundheit aus der Haft entlassen
	7. Nov.	Beginn einer neunmonatigen Tour durch Indien zugunsten der Unberührbaren
1934	25. Juni	Orthodoxe Hindus verüben einen Mordanschlag auf Gandhi
	28. Okt.	Gandhi legt seine Mitgliedschaft im Kongress nieder
	14. Dez.	Gandhi gründet in Wardha eine Organisation zur Förderung des dörflichen Handwerks (All-India Village Industries Association)
1935	Aug.	Großbritannien erlässt das »Gesetz über die Regierung Indiens«
1936	April	Der Indische Nationalkongress gibt sich ein sozialistisches Programm
	Juni	Gandhi lässt sich in Segaon, dem späteren Sevagram, nieder und gründet einen Ashram
1937		Gandhi reist durch Indien und setzt sich für die Rechte der Unberührbaren ein
	Febr.	Wahlen zu den Provinzparlamenten, überwältigender Wahlsieg des Indischen Nationalkongresses
	1. April	Großbritannien erklärt die Verfassung von 1935 zum Gesetz, Indien antwortet mit Protesten
	Juli	Der Kongress bildet in sieben von elf Provinzen die Regierungen

	Okt.	Der Kongress beschließt das von Gandhi ausgearbeitete nationale Erziehungssystem
1938	April	Gespräche zwischen Gandhi und Jinnah über ein einheitliches Vorgehen von Kongress und Moslemliga scheitern
	Okt.	Gandhi reist in das nordöstliche Grenzgebiet von Indien
1939	Febr.	S. Ch. Bose tritt vom Amt des Kongresspräsidenten zurück
	Juli	Gespräche zwischen Nehru und Jinnah über nationale Einheitsfront bleiben ergebnislos
	3. Sept.	Britischer Vizekönig erklärt Indien zum kriegführenden Land
	14. Sept.	Der Kongress verurteilt Überfall Deutschlands auf Polen
1940	März	Die Moslemliga verkündet in Lahore ihre Zweistaatentheorie
	Okt.	Beginn der individuellen Satyagraha-Bewegung gegen die Teilnahme Indiens am Krieg
1941		Massenverhaftungen in Indien
	21. Juni	Deutschland überfällt die Sowjetunion
	Juli	Churchill und Roosevelt unterzeichnen die Atlantic-Charta, die das Recht der Völker auf Selbstbestimmung anerkennt
	7. Aug.	Rabindranath Tagore stirbt
	7. Dez.	Japanische Truppen überfallen Pearl Harbor
1942	März	Cripps-Mission in Indien; Verhandlungen mit dem Kongress scheitern
	8. Aug.	Der Kongress nimmt die »Quit India!«-Resolution an
	9. Aug.	Verhaftung Gandhis und der führenden Kongresspolitiker
		Massenunruhen in Indien werden blutig niedergeschlagen
1943	Febr.	Gandhi beginnt einundzwanzigtägiges Fasten im Gefängnis
1944	22. Febr.	Kasturba stirbt im Gefängnis
	6. Mai	Gandhi wird aus dem Gefängnis entlassen
	Aug.	Rückkehr nach Sevagram
	Sept.	Gespräche zwischen Gandhi und Jinnah scheitern
1945	Juni	Konferenz in Simla über die Zukunft Indiens. Gandhi reist durch Indien

1946	Febr.	Flottenaufstand in Indien, Generalstreik in Bombay
	2. Sept.	Nehru bildet Interimskabinett in Delhi
	August	Ausschreitungen der Moslemliga in Kalkutta
	Sept.	in Bombay
	Okt.	in Dacca und Ostbengalen
	Okt.	Gandhi reist nach Kalkutta und Ostbengalen
	Nov.	Ausschreitungen der Hindus gegen die Moslems in Delhi, Ahmedabad und Bihar
1947	2. Jan.	Gandhi beginnt seine siebenwöchige Friedensmission durch die Dörfer von Noakhali
	2. März	Aufbruch nach Bihar
	30. März	Rückkehr nach Delhi, Gespräche mit dem neuen britischen Vizekönig Mountbatton
	15. Juni	Indischer Nationalkongress stimmt offiziell der Teilung Indiens zu
	Aug.	Gandhi reist nach Kalkutta und beginnt dort ein »Fasten bis zum Tode«, um die Stadt zu befrieden
	14. Aug.	Jinnah verkündet in Karachi die Gründung des Staates Pakistan und wird dessen erster Regierungschef
	15. Aug.	In Delhi wird die Unabhängigkeit Indiens proklamiert, Nehru wird Ministerpräsident der Indischen Union
	9. Sept.	Gandhi kehrt nach Delhi zurück und mahnt zur Ruhe und Einheit
	Okt.	Pakistan überfällt Kaschmir, Krieg zwischen der Indischen Union und Pakistan
1948	13. Jan.	Gandhi beginnt ein »Fasten bis zum Tode«, um Delhi zu befrieden
	18. Jan.	Bevölkerung Delhis unterzeichnet Friedensaufruf
	20. Jan.	Bombenattentat auf Gandhi
	30. Jan.	Gandhi stirbt unter den Schüssen eines fanatischen Hindu

QUELLENNACHWEIS

Barr, F. M.: Bapu-Conversation und Correspondence with Mahatma Gandhi, o. J. Bombay

Brown, J.: Gandhi's rise to power, London 1974

Doke, J. J.: Gandhi in Südafrika, Leipzig 1925

Dutt, R. P.: Indien heute, Berlin 1951

Fischer, H.: Mahatma Gandhi, Berlin 1981

Fischer, L.: Mahatma Gandhi, Frankfurt a. M. 1962

Furtwängler, F. J.: Indien, Berlin 1931

Gandhi, M. K.: Autobiographie, München 1960; Handeln aus dem Geist, Freiburg i. Br. 1977

Guseva, N. R.: Indien, Leipzig 1978

Komarov, E. A.: Mirovozrenie M. K. Gandhi, Moskau 1969

Kripalani, K.: Gandhi – a life, Kalkutta 1968

Larsen, E.: Rebellen für die Freiheit, Frankfurt a. M. 1963

Mehta, V.: Mahatma Gandhi and his Apostles, London 1977

Mukerjee, H.: Gandhiji, Kalkutta 1958

Namboodiripad, E. M. S.: The Mahatma and the Ism, New Delhi 1958

Nanda, B. R.: Mahatma Gandhi, London 1959

Narayan, S.: Mahatma Gandhi – The Atomic Man, Bombay 1957

Nehru, J.: Indiens Weg zur Freiheit, Berlin 1957

Pyarelal: Mahatma Gandhi – The Early Phase, Ahmedabad 1965; Mahatma Gandhi – The Last Phase, 2 Bde., Ahmedabad 1958

Rau, H.: Mahatma Gandhi, Hamburg 1970

Rau, M. C.: Gandhi and Nehru, New Delhi 1967

Rolland, R.: Mahatma Gandhi, o. O. 1923

Sethi, J. D.: Gandhi Today, New Delhi 1978

Shahani, R.: Mr. Gandhi, New York 1961

Tendulkar, D. G.: Mahatma – Life of M. K. Gandhi, Bd. I–VIII, New Delhi 1969

Watson, F.: Talking of Gandhi, London 1969

Wilde, H.: Politische Morde unserer Zeit, Frankfurt a. M. 1966

Woodcock, G.: Mahatma Gandhi, München 1975

Zimmer, H.: Philosophie und Religion Indiens, Zürich 1961

BILDQUELLENNACHWEIS

1 Vithalbhai Jhaveri / GandhiServe
2 Bundesarchiv, Bild 183/R 96330
3 Vithalbhai Jhaveri / GandhiServe
4 Vithalbhai Jhaveri / GandhiServe
5 Kanu Gandhi / GandhiServe
6 Vithalbhai Jhaveri / GandhiServe
7 dpa
8 Bundesarchiv, Bild 183/K 0219/204/5
9 Bundesarchiv, Bild 183/R 682333
10 Bundesarchiv, Bild 183/K 0219/204/8